Konsum als Mittel der Lebensweltstilisierung

Europäische Hochschulschriften
European University Studies
Publications Universitaires Européennes

Reihe V
Volks- und Betriebswirtschaft

Series V Série V
Economics and Management
Sciences économiques

Band/vol. 1061

PETER LANG
Bern · Frankfurt am Main · New York · Paris

Christof Haudenschild

Konsum als Mittel der Lebensweltstilisierung

Eine Konfrontation der neoklassischen Nachfragetheorie mit der Erfahrung des Konsums im Alltag

PETER LANG
Bern · Frankfurt am Main · New York · Paris

CIP-Titelaufnahme der Deutschen Bibliothek

Haudenschild, Christof:
Konsum als Mittel der Lebensweltstilisierung: eine Konfrontation der neoklassischen Nachfragetheorie mit der Erfahrung des Konsums im Alltag / Christof Haudenschild. – Bern; Frankfurt am Main; New York; Paris: Lang, 1989
(Europäische Hochschulschriften: Reihe 5, Volks- und Betriebswirtschaft; Bd. 1061)
ISBN 3-261-04158-7
NE: Europäische Hochschulschriften / 05

Nachfolger des Verlages der
Herbert Lang & Cie AG, Bern

Druck: Weihert-Druck GmbH, Darmstadt

Für
Richard Haudenschild

VORWORT

Wegen ihrer paradigmatischen Kohärenz wird die Oekonomie oft als die Krönung der Sozialwissenschaften gepriesen. Solange man als Student noch nicht ganz vom ökonomischen Denken eingenommen ist, kommen dann und wann Zweifel auf, ob die beeindruckende Eleganz des Theoriegebäudes auch zuverlässige Abbildungen der erlebten Alltagswirklichkeit erzeugt. Der unbesiegbare Verdacht, die Konsistenz und die formale Präzision des Erklärungsmusters gehe zuweilen auf Kosten des Bezugs zur Wirklichkeit, hat mich schliesslich dazu veranlasst, das ökonomische Denkmuster mit der Alltagserfahrung zu konfrontieren. Dass ich für dieses Unternehmen den Bereich des "privaten Produktekonsums" gewählt habe, liegt einerseits an dessen historisch zentraler Bedeutung für die Entwicklung der Mikroökonomie, andererseits an der eigenen Alltagserfahrung, auf die ich mich als geübter Teilnehmer am gegenwärtigen Konsumgeschehen stützen konnte. Den theoretischen Hintergrund für die Darstellung der Alltagserfahrung haben verschiedene moderne philosophisch/soziologische Ansätze gebildet: Semiotik, Strukturalismus, Poststrukturalismus, Phänomenologie, Ethnomethodologie.

Dass ich als philosophischer Amateur den langen Weg in derart fremden Gebieten bis zum vorliegenden Text gegangen bin, verdanke ich zu einem guten Teil meiner Partnerin Corinne Haudenschild, die mich nicht nur ökonomisch unterstützt, sondern mir auch einige Male über Zweifel am ganzen Unterfangen hinweggeholfen hat. Meine Eltern haben ihren Teil beigetragen, indem sie mich auf den akademischen Weg gebracht und mich mit dem notwendigen Durchhaltevermögen versehen haben. Speziell danken möchte ich Prof. Armin Wildermuth, der mir schon während des Studiums, aber auch während dem Schreiben der Dissertation viele grundlegende Denkanstösse gegeben hat und schliesslich die Arbeit ausführlich begutachtet hat. Herrn Prof. Alfred Meier danke ich insbesondere für seine Toleranz, die eine Dissertation in der vorliegenden Form erst ermöglichte. Schliesslich möchte ich all jenen danken, die mir in zahlreichen Diskussionen über verschiedene "tote Punkte" hinweggeholfen und wesentlich zu den guten Erinnerungen beigetragen haben, die sich mit der Arbeit verbinden: Prof. Dean MacCannell und Prof. Juliette Flower MacCannell, die mich nach Davis, Kalifornien eingeladen haben, Prof. Eugene Lunn und Prof. Susan Kaiser von der UCD, meine amerikanischen "Arbeitskollegen" Marc Campbell, Stan Martin, Grace Oseki, Trudy Wishemann und mein Studienkollege Stephan Rippstein in St.Gallen, der das Manuskript durchgelesen und kritisiert hat. Zu erwähnen bleibt schliesslich, dass mein Aufenthalt in den Vereinigten Staaten durch ein Nachwuchsstipendium des Nationalfonds ermöglicht wurde.

23. Juli 1989 Christof Haudenschild

INHALTSVERZEICHNIS

EINLEITUNG

Oekonomisches Handeln heisst, knappe Ressourcen möglichst effizient einzusetzen. Bei Becker (1965) habe ich gelernt, dass die Menschen mit der Zeit genauso ökonomisch umgehen, wie mit irgendeinem andern Produkt. In der Annahme, dass zumindest die ökonomisch geschulten Leser dieses Prinzip als natürliche Prämisse ihres Handelns verstehen, will ich speziell für die Oekonomen das Anliegen der vorliegenden Arbeit am Anfang in aller Kürze vorwegnehmen. Dies fällt mir umso leichter, als das fundamentale Problem, mit dem sich die Arbeit befasst, mit den einleitenden Sätzen bereits aufgeworfen ist.

Die ökonomische Theorie unterstellt dem Menschen explizit oder zumindest implizit ein ökonomisches Handeln im obigen Sinn. Hat diese Unterstellung lediglich axiomatische Gültigkeit, d.h. sie ist per definitionem vorausgesetzt, kann die Oekonomie mit der Geometrie verglichen werden. Wie diese beschreibt sie mit den die Theorie konstituierenden Gesetzen eine beobachtete Realität, mit der sie nicht in Konflikt geraten kann, da sie nur erfasst, was in den Rahmen ihrer Gesetze passt. Die Konsequenz dieses Theorieverständnisses ist allerdings, dass sie nicht mehr den Status einer Sozialwissenschaft beanspruchen kann, weil sie nicht mehr die beobachtete Wirklichkeit erklärt.

Nimmt die ökonomische Theorie - bspw. im Falle der Neuen Nachfragetheorie, wie sie Becker vertritt - aber für sich in Anspruch, das menschliche Verhalten so zu erklären, wie es wirklich ist, stellt sich die Frage nach der Begründung dieser Annahme. Für diesen Fall muss es ein Kriterium geben, mit dem sich die Unterstellung überprüfen lässt, soll die Theorie nicht tautologischen Charakter haben. Mit andern Worten, es muss eine Möglichkeit geben, die Rationalität des menschlichen Verhaltens zu untersuchen, um festzustellen, ob diese der ökonomischen Annahme entspricht. Da sich die ökonomische Theorie menschlichen Handelns aus der Konsumnachfrage entwickelt hat, wird in dieser Arbeit die aufgeworfene Frage eben am Phänomen des gegenwärtig beobachtbaren Güterkonsums überprüft. Von der Untersuchung erhoffe ich mir eine Antwort auf die Frage, welchem Anspruch die ökonomische Nachfragetheorie in der gegenwärtigen Situation gerecht werden kann.

Ein Punkt, der nach meinem Dafürhalten ebenfalls verdient, in der Einleitung erwähnt zu werden, ist die Entstehungsgeschichte einer derart aufwendigen Arbeit. Eine wissenschaftliche Arbeit kann durch einen Auftrag in Gang gesetzt werden. Dann sucht sich der Auftraggeber einen Verfasser aus, der ihm geeignet scheint, das gestellte Problem zu bearbeiten. Eine wissenschaftliche Arbeit kann aber auch ohne Auftrag entstehen, dann sucht sich der Verfasser - aus welchem Grund auch immer - ein Thema aus, das ihm lohnend scheint, bearbeitet zu werden. Der Ansporn stammt in diesem Fall, so vermute ich (zumindest für den Bereich der Sozialwissenschaften,) meist aus der eigenen alltäglichen Erfahrungswelt. Nietzsches Behauptung, die Philosophen schrieben in ihren Theorien nichts weiter, als Autobiographie, lässt sich, so vermute ich, auf die meisten sozialwissenschaftlichen Arbeiten übertragen. Ist man sich dieser Bedingtheit bewusst, steigen die Chancen, dass die Arbeit etwas mehr zutage fördert, als nur den wissenschaftlichen Nachweis des ursprünglich im Kontext des Alltags intuitiv ausgemachten Problems. Da die vorliegende Arbeit ohne Auftrag entstand, will ich versuchen, das Problem das sich mit ihrem Entstehen im Kontext des Alltags verband, aufzuzeigen.

Der Anstoss ging von einem diffusen Gefühl aus, das zur Klärung aufforderte: dem Missmut gegenüber den Produkten, die mit attraktiven Farben und Formen den Blick des Passanten auf sich ziehen, immer gewiss, dass sie durch eine Glasscheibe vor dem unkontrollierten Zugriff des animierten Konsumenten geschützt sind. Nur wer die Aechtung der Gesellschaft für einen Moment ignoriert, wagt es, der Aufforderung spontan nachzukommen und das trennende Medium unter enormem Krach zu zerstören. Mein Missmut fand Nahrung in den Produkten, die sich in den Wohnräumen, Bastelräumen, Garagen und Parkplätzen anhäufen und bald alt und belastend wirken, in den Produkten, für die der Zeitpunkt gekommen ist, um entsorgt zu werden und Platz für neue, fröhlichere Erscheinungen zu schaffen. Bald warten sie, mit einer Marke versehen, oder säuberlich verpackt in einen Abfallsack, am Strassenrand auf die Abfallpost. Irgendwo - vielleicht in einer mir völlig fremden Kultur - wurden die Produkte durch eintönige Bewegungen zusammengesetzt. Nun sind sie auf dem Weg in den Verbrennungsofen oder zur Schutthalde. Sichtbare Spuren hinterlassen sie im Alltag der Konsumenten kaum. Immer zahlreicher und lauter werden dafür die Stimmen, die vor den unsichtbaren Spuren warnen, die sie in der Umwelt hinterlassen und die, indem sie zur Bedrohung des Konsumenten selbst werden, die unbeschränkte Fortsetzung des Konsums in Frage stellen.

Aus dieser Sicht erschien der Kreislauf der Produkte so sinnlos, dass ihm im Alltag nur mit einem zynischen Lächeln angemessen begegnet werden konnte. Dennoch musste ich bemerken, dass in meinem Alltag etwas fehlt, seit die Aufschrift auf unserm Briefkasten höflich darum bittet, unsere Post nicht mit Werbung zu durchmischen. Ich erfahre nicht mehr, welche Produkte gerade zu einem Aktionspreis verkauft werden, ebenso wie mir durch die Weigerung, die Werbung entgegenzunehmen, die Information über kulturelle Anlässe in unserer Stadt und der Umgebung entzogen wird. Ich habe eingesehen, dass die Werbung nicht nur unbemerkten Füllstoff des Briefkastens bildet.

Im Sinne der einleitenden Mahnung (nicht unreflektiert dem Eindruck des Alltags nachzugeben) war mein zynisches Lächeln als Aufforderung zu verstehen, gerade danach zu fragen, weshalb auch mir der Verzicht auf die Werbung und den Flirt mit den Produkten in den Schaufenstern nicht ganz einfach fällt. Warum betrachte ich ab und zu mit unleugbarem Interesse die Produkte in den Schaufenstern oder die Frau, die mit ihrem Venuskörper auf ein Mineralwasser hinweist und habe Freude an neuen Kleidern, einem neuen Buch, einem neuen Fahrrad oder gar Auto? Die Frage war damit formuliert - beantwortet werden durfte sie nur durch eine

Analyse, die mir ermöglichte, Abstand von meinem Alltagsurteil zu nehmen und das Interesse der Konsumenten am Konsum vorbehaltslos ernst zu nehmen.

Fragen wir die Oekonomie nach einer Antwort, die sie uns in der gegenwärtigen Situation geben würde, werden wir von der Neuen Nachfragetheorie auf die "grundlegendsten Aspekte des Lebens, wie Gesundheit, Prestige, Sinnenfreude, Wohlwollen und Neid" (Becker 1982, 4) aufmerksam gemacht. Alles menschliche Handeln richtet sich letztendlich auf das Erreichen dieser zentralen Werte. Die Konsumgüter bieten sich als Mittel an, um die Werte zu realisieren. Da deren Erreichen jedoch von den individuellen Voraussetzungen abhängt, über die der jeweilige Konsument als Ergebnis seiner Ausbildung, seines Einkommens und seiner Fähigkeiten im Allgemeinen verfügt, wird auch seine Wahl der Konsumgüter durch die Voraussetzungen bestimmt. Insofern die Voraussetzungen verschiedener Konsumenten voneinander abweichen, wird auch die Wahl der Konsumgüter als Mittel zur Selbstverwirklichung divergieren. Kennen wir die massgebenden Voraussetzungen, ist die Wahl der Konsumgüter eine logische Folge, die sich aus dem Bestreben der Konsumenten ergibt, die grundlegenden Werte mögichst ungehindert zu erreichen.

Wer allerdings glaubt, in dieser Erklärung eine Antwort auf die Frage nach dem Interesse der Menschen an den Konsumgütern zu erhalten, die auf ihre Plausibilität geprüft und angepasst werden kann, erlebt eine Enttäuschung. Die Antwort der Oekonomie will sich nämlich nicht als Erklärung des beobachtbaren Verhaltens verstanden wissen! Die Oekonomie definiert vielmehr das Handeln der Konsumenten auf solche Weise und bezeichnet es unter den entsprechenden Voraussetzungen als ökonomisch.

Die Oekonomie, die noch im neunzehnten Jahrhundert darum bemüht war, das beobachtbare Verhalten durch den Nutzen zu erklären, den die Güter den Konsumenten stiften, ermüdete um die Wende zum zwanzigsten Jahrhundert endgültig über der Diskussion um die

Bedeutung des Nutzens. Allmählich wurde klar, dass es auf diese Diskussion keine wissenschaftliche Antwort geben konnte. So entschied sich die Oekonomie, anstatt die Handlung durch den Nutzen zu erklären, die ökonomische Handlung als Streben nach einem maximalen Nutzen zu definieren. Um das verlorene Interesse an der erlebten Wirklichkeit nicht offen eingestehen zu müssen, beruft sich der Oekonome in einem Vorwort ab und zu in autoritärer Weise darauf, dass der Mensch so ist, wie man ihn definiert. "The behavioral assumptions I invoke [...] are bounded rationality and opportunism. Both are intended as concessions to 'human nature as we know it'" (Williamson 1985, XIIf).

Unbefriedigt von einer Definition, die nicht will, dass man sie an der Wirklichkeit misst, fand ich mich dazu veranlasst, nach einer Erklärung zu suchen, mit der sich argumentieren und über die Wirklichkeit urteilen lässt. Unausweichbar traf ich auf dieser Suche auf Theorien, die das Interesse der Menschen am Konsum durch "äussere" Ursachen (Motive) erklären, die auf "innere" Dispositionen (Bedürfnisse) stossen. Irgendwelche vom Menschen bemerkte oder unbemerkte Impulse wirken auf ihn ein und lassen ihn, durch den Anklang, den sie als Folge seiner biologischen oder sozialen Konstitution im Innern finden, bestimmte Produkte begehren. Eine derartige Theorie nimmt allerdings dem Konsumenten gegenüber eine objektivierende Haltung ein. Sie sucht nach Zusammenhängen zwischen einem äusseren Anlass und einem Handeln als Reaktion auf die innere Verarbeitung des Anlasses. Die verschiedensten Motive lassen sich so als Ursachen für den Konsum konstruieren. Gerade die marxistische Interpretation, die das Verhalten des Konsumenten als Ergebnis eines gezielt aufgebauten, interessengesteuerten Einflusses interpretiert, weist auf die Bedeutung hin, die dabei der Interpretation der Bedürfnisse zukommt: Die Konsumenten, die in der gegenwärtigen Situation die Problematik des Konsums eigentlich längst erkannt haben müssten, sind unschwer als Opfer einer unbemerkten Verführungsstrategie auszumachen, die über die heimliche Situation aufgeklärt werden müssen.

Das auf- oder treffender noch das abgeklärte Lächeln, das die marxistische Interpretation begleitet, macht es einem zwar leicht, das naive Verhalten der Konsumenten zu verurteilen. Es bringt aber zum Ausdruck, dass die Theorie, auf der es beruht, dem offensichtlichen Interesse der Menschen am Konsum nicht gerecht wird. Es führt vor Augen, dass eine Theorie, die den Konsum durch objektive Faktoren erklären will, Gefahr läuft, dem Verhalten eine Erklärung überzuziehen, die mit der Erfahrung der Konsumenten wenig gemein hat. Nicht durch objektive Grössen, nur durch die Erfahrung des faszinierten Konsumenten selbst, durch seine eigene intentionale Leistung (Husserl 1987, 104ff), wird man seinem Interesse ohne abgeklärte Ueberlegenheit gerecht. Diese Sicht schien mir am ehesten Gewähr zu leisten, den Konsum nicht zu verurteilen, sondern ihn in angemessener Weise auszuleuchten.

Allein der Erfahrung als sinnstiftender Leistung des Individuums verpflichtet, gelangt man, wie ich feststellen konnte - allerdings nicht zu einer Darstellung, die sich auf eine Masse (nun im neutralen Sinn) übertragen lässt. Während die Motivforschung bei der Schematisierung beginnt und die Konsumenten ihrem Schema entsprechend statistisch ordnet, oder die Typen direkt durch statistische Häufungen konstruiert (bspw. "Die sechs Typen von Schweizern", Wyss 1983), fehlt der Theorie, die von der individuellen Sinnkonstitution ausgeht, zunächst eine gesellschaftliche Basis. Vor das Problem der individuellen Wahrnehmung gestellt, fand ich eindrückliche Hilfe in Bourdieus Theorie der Geschmackskonstitution, die nachweist, wie in Abhängigkeit bestimmter materieller und immaterieller Voraussetzungen ein typisches Wahrnehmungsschema zustandekommt. Bourdieu deckt als Struktur der Gesellschaft eine Sozialtopographie (1985, 9) auf, die "Felder" von Menschen mit weitgehend vergleichbaren Wahrnehmungsschemata nachzeichnet. Obwohl Bourdieu der individuellen Konstitutionsleistung der Konsumenten verpflichtet bleibt, sind ihm infolge der wahrnehmungsprägenden Bedeutung bestimmter, zentraler Lebensumstände Aussagen über die gesellschaftliche Verteilung typischer Wahrnehmungsstrukturen möglich.

Im Banne von Bourdieus Theorie des Geschmacks fand allerdings das beurteilende Lächeln bald wieder Nahrung. Vertraut mit dem Schema, das der Sozialtopographie zugrunde liegt, fand ich mich rasch in der Lage, die soziale Position der Konsumenten auszumachen und sie an ihrem verräterischen Bestreben zu erkennen, sich dem richtigen Geschmack der gesellschaftlichen Spitze zu nähern. Zum Beurteilungsraster geworden, mahnte mich die Theorie, meinem Vorhaben treu zu bleiben und den Konsum zu analysieren, anstatt Gründe zu suchen, um ihn zu beurteilen und zu verurteilen. Bourdieus Theorie, die von einem gesellschaftlich als richtig anerkannten Geschmack ausgeht, schien der gegenwärtigen Konsumsituation nicht angemessen. Eine, meinen Ansprüchen entsprechende Lösung fand ich schliesslich in der Lebensstil-Theorie, die zwar noch nicht allzuweit ausgearbeitet ist, dafür aber das Bestreben der Individuen, der Wirklichkeit Sinn abzugewinnen, ins Zentrum der Analyse stellt. Auf dieser aufbauend gelangte ich zum Schluss, dass die Definition des Konsumenten, wie sie von der Oekonomie vorgegeben wird, in der gegenwärtigen Situation nicht mehr der von den Konsumenten erlebten Wirklichkeit entspricht. Für die Neue Nachfragetheorie ergab sich schliesslich - und damit will ich den Bezug zur Oekonomie wieder herstellen - ein zwar nicht neues, dennoch aber vielleicht unter einem neuen Aspekt nachgewiesenes Ergebnis: Unter den dargestellten Bedingungen muss sich diese Oekonomie entweder dazu bekennen, rein axiomatische Wissenschaft zu betreiben, in der die Definition des Konsumenten denselben Bezug zur erlebbaren Wirklichkeit hat, wie die Aussage der Geometrie, dass die Summe der Winkel eines Dreiecks 180 Grad ergibt. Oder sie muss sich, was gemessen am Stellenwert, der ihr im wissenschaftlichen Betrieb zuerkannt wird, plausibler scheint, als Sozialwissenschaft verstehen und als solche darum bemüht sein, ihre Grundlagen auf der erlebbaren Wirklichkeit zu basieren.

Abschliessend sei auf einen für das Lesen der vorliegenden Arbeit wesentlichen Punkt hingewiesen. Die Mehrzahl der potentiellen Leser - ich nehme nicht an, dass die tatsächliche Leserschaft repräsentativ ist - wird wahrscheinlich dem Wandel in der Wirklichkeit des Konsumenten, wie er in der Arbeit aufgewiesen wird, zustimmen. Allerdings vermutlich fast ausnahmslos mit dem Vorbehalt, dass es sich dabei um Entwicklungen handelt, die von marginaler Bedeutung sind, und dass diese demzufolge jederzeit wieder ins Gegenteil umschlagen können. Dementsprechend erleben wir nicht einen tatsächlichen Wandel der Wirklichkeit, sondern viel eher in der gewohnten Wirklichkeit, die um ein paar neue Optionen angereichert oder - je nach Standpunkt - beeinträchtigt ist.

Ich bin mir bewusst, dass ich diesen Vorbehalt seitens der Leserschaft durch den praktisch völligen Verzicht auf statistische Angaben selbst verschulde. Obwohl ich mir über die wissenschaftlichen Autorität, die statistische Angaben ausüben, im klaren bin, habe ich auf dieses Instrument verzichtet, da es kaum der Methodik meiner Analyse entspricht. Die Entwicklungen, die ich aufzeige, beziehen sich auf die erlebte Wirklichkeit der Konsumenten, d.h. auf ihr Bewusstsein. Dieses statistisch irgendwie in den Griff zu bekommen, stellt - wie die Ethnomethodologie zeigt - Anforderungen, denen ich im Rahmen dieser Dissertation nicht hätte genügen können. Wie die Arbeit unübersehbar zum Ausdruck bringt, bin ich selbst zur Ansicht gelangt, dass uns die aufgezeigten Aenderungen tatsächlich in eine neue Wirklichkeit geführt haben. Im Wissen, dass diejenigen, die die Entwicklung eher marginalisieren wollen, den argumentativen Vorteil haben, auf gewohnte Strukturen der "natürlichen Einstellung" (Husserl 1987, 82ff) zurückgreifen zu können, kann ich nur dazu auffordern, den vorgeschlagenen Perspektivwechsel mitzumachen und aus reiner Neugier zur Beobachtung des Alltags anzuwenden. Je nach eigenem Lebenskontext wird der eine oder andere feststellen müssen, dass das traditionelle Wirklichkeitsverständnis eher marginale Bedeutung in der eigenen Wirklichkeit einnimmt. Eines wurde mir im Verlaufe des Erarbeitens der vorliegenden Arbeit klar: Zu einem absoluten Standpunkt können wir unter den heute konkurrierenden Wirklichkeitsinterpretationen gar nicht gelangen. Wenn diese Botschaft beim einen oder andern Leser etwas Zweifel an der Selbstverständlichkeit des Wirklichkeitsbezugs der ökonomischen Grundannahmen auslöst, hat sie ihren öffenlichen Zweck erreicht.

1. TEIL

Die Antwort der neoklassischen Nachfragetheorie auf die Herausforderung des sich wandelnden Konsums

1. WANDEL DES KONSUMS IM ALLTAG UND IN DER THEORIE

Weizen, Brot, Wein und Wasser, Tuchware und Brennholz waren typische Produkte, an denen die Plausibiltät der ökonomischen Nachfragetheorien, die noch heute die Grundlage der gängigen neoklassischen Nachfragetheorie bilden, demonstriert wurde. Um der gegenwärtigen Form des Massenkomsums gerecht zu werden, wären die Beispiele etwa zu ersetzen durch tiefgefrorene Fertigpizza, organische Getreideflocken, Mineralwasser aus Frankreich, Wein aus Kalifornien, modische Coretex-Daunenjacken, Mountainbike und Schmerzmittel.

Schon diese Beispiele geben zu erkennen, dass Konsum nicht mehr das bedeutet, was er in der Zeit war, als die vorangehenden Beispiele wegweisend waren:
Die Entwicklung von Bruttosozialprodukt-Zahlen sowie von durchschnittlich verfügbarem Einkommen pro Kopf weist in diesem zwanzigsten Jahrhundert - insbesondere seit dem Zweiten Weltkrieg in den westlichen Industrieländern rein wertmässig unmissverständlich auf eine Expansion des Konsums, wie sie in der Geschichte bis anhin nicht bekannt war.
Gleichzeitig wurden für den Konsumenten durch Konsumkredit, Abzahlungsvertrag, und Leasing Instrumente bereitgestellt, die ihm die Finanzierung eines über sein Einkommen hinausreichenden Konsumniveaus ermöglichen. Die Beanspruchung der neuen Instrumente dokumentieren auch eine geänderte Einstellung des Konsumenten gegenüber seinen Ausgaben. Die Beziehung von Konsum und Einkommen hat sich insofern gelöst, als das Sparen nicht auf eine in Zukunft geplante Anschaffung ausgerichtet werden muss, sondern als fixer Abzahlungsbetrag für das bereits besessene Produkt überwiesen werden kann. Aus dieser Sicht ist auch das "Zwangssparen" der Erwerbstätigen, das ein eigenes Sparen als Vorsorge für eine unbekannte Zukunft überflüssig macht, nicht zu unterschätzen.
Schliesslich - darauf werden wir im 2. Teil der vorliegenden Arbeit detailliert eingehen - wandelt sich für die Mehrzahl der Konsumenten der durch den Alltag dominierte Konsum in einen, den

Alltag dominierenden d.h. gestaltenden Konsum. Unter diesen veränderten Voraussetzungen einer Wohlstandsgesellschaft, in der "[d]er Durchschnittskonsument", der sich "vormals an der kurzen Leine ökonomischer Zwänge" bewegte, sich "vielleicht erstmalig in der Menschheitsgeschichte, innerhalb eines beträchtlichen Spielraums frei verfügbaren Einkommens sehr verschiedenartigen Impulsen hingeben" kann (Strümpel/Peter 1987, 418f), ist die Frage nach der Angemessenheit der bestehenden ökonomischen Theorie als Erklärungsansatz naheliegend.

So ist wohl auch die teilweise heftige Kritik, die sich seit den sechziger Jahren zunehmend gegen die neoklassische Nachfragetheorie richtet, als Reaktion auf die Erfahrung eines sich radikal ändernden Konsumphänomens im Alltag zu verstehen. Im Vordergrund stehen dabei die Tautologiekritik und die Kritik an der individuellen Entscheidungsfreiheit (vgl. Muellbauer 1985, 159).

Sweezy wies erstmals darauf hin, dass sich der Nutzen selbst erkläre, falls als Nutzen das verstanden werde, was die Konsumenten als nützlich erachten (Kauder 1965, 128). Die Tautologiekritik, die die Grundlage der neoklassischen Nachfragetheorie hinterfragt, verunsichert - gerade vor dem Hintergrund der divergierendsten Konsumphänomene im Alltag und deren Begründung durch die Theorie - die Oekonomen bis in die Gegenwart. Strümpel/Peter (1987, 419f) schreiben:

> "Wenn sich alle Handlungen auf das Motiv der Wohlfahrts- oder Nutzenmaximierung reduzieren lassen, wenn die individuellen Nutzenfunktionen nicht mehr nur wirtschaftliche Güter und Dienstleistungen, sondern ebenso psychische und soziale Grössen umfassen, wird die Frage nach den unterschiedlichen Präferenzen aufgeworfen. Wenn man nicht diese Präferenzen kennt, die wiederum auf individual- oder gruppenspezifische Ziele, Ansprüche oder Lebensstile zurückgehen, bleibt wieder offen, wie Individuen auf Veränderungen ihrer wirtschaftlichen Umwelt reagieren. Wenn umgekehrt jedwede materielle und nicht-materielle Motivation für wirtschaftliches Verhalten als möglich zugelassen wird, verkommt die Rationalitätsannahme zur Leerformel" (Strümpel/Peter 1987, 419f).

Vor dem Hintergrund dieses Nutzenkonzepts wird jede Handlung per definitionem zu einer ökonomisch rationalen.

Die Rationalitätsannahme erfährt Kritik aus verschiedenen Perspektiven. Explizit auf die moderne Erscheinung des Konsums gerichtet, kritisiert Galbraith die Rationalitätsannahme, die der neoklassischen Nachfragetheorie im Prinzip der Nutzenmaximierung zugrundeliegt. Galbraith ist der Ansicht, dass nicht das Individuum das Zentrum unabhängiger Konsumentscheide bildet, sondern die Produzenten bei den Konsumenten durch die Werbung neue Bedürfnisse künstlich erzeugen (vgl. Galbraith 1984 (Orig. 1959), 168ff; ders. 1973). Nachdem der Konsum an die natürlichen Grenzen der Bedürfnisse gestossen ist, wird die Förderung der Bedürfnisse im Gleichschritt mit der Produktion zum vitalen Unternehmen. In diesem fortgeschrittenen Stadium des Kapitalismus besteht dessen zentrales Problem nicht mehr in der Güterproduktion, sondern im Absatz der unbeschränkt produzierten Güter. Die Wünsche, die oberflächlich betrachtet vom Konsumenten ausgehen, sind unter den herrschenden Marktbedingungen auf das Kommando des Mechanismus zurückzuführen, der sie befriedigt. Der Produzent kontrolliert das Verhalten des Konsumenten, indem er ihm mit überreichlichem Angebot, Preisgestaltung und Werbung zum er-wünschten Verhalten überredet. Im Sinne Galbraiths beklagt Vogt, dass sich die herrschende Theorie weigert, die notwendige Umkeh-rung ihrer Sichtweise zu vollziehen und dies, obwohl "[d]ie moderne Konsum- und Welfaretheorie [..] eingesehen [hat], dass individuelle Präferenzen nicht Konstrukte der Natur, sondern in der einen oder andern Form Produkte der Gesellschaft sind" (Vogt 1973, 193). (Für eine eingehende Diskussion der Bedürfnisentwicklung und -beeinflussung im modernen Kapitalismus siehe insbesondere Leiss 1976, Radkowski 1980.)

Ein weiteres Argument, das gegen die individuelle Entscheidungsrationalität des nutzenmaximierenden Konsumenten oft angeführt wird, ist in der sozialen Eingebundenheit des einzelnen begründet. Für die Güterauswahl ist oft nicht das Individuum, sondern der soziale Kontext (Klassenbewusstsein, Gruppennormen, sozialer

Druck usw.) ausschlaggebend. Das Verhalten des Individuums ist durch die Gesellschaft, nicht wie im Falle der neoklassischen Oekonomie - das gesellschaftliche Muster durch das Verhalten des einzelnen - zu erklären (Rowthorn 1973, 237). Nuntzinger führt ebenfalls die Bedeutung an, die der individuellen Bedürfnisbefriedigung in der "bürgerlichen Nachfragetheorie" beigemessen wird. Eine derartige "Annahme vorgegebener individueller Präferenzen [...] abstrahiert nicht nur von der Realität gesellschaftlicher Machtbeziehungen, sondern beschränkt überdies das individuelle Entscheidungsverhalten auf einen reaktiven, wenn nicht gar mechanistischen Ablauf von Handlungen [...]. Damit verlagert sich der Schwerpunkt der Analyse von der Untersuchung der Faktoren, welche die menschliche Entscheidungsbildung bestimmen [...], zur Untersuchung der Handlungsabläufe, die aus letztlich beliebig wählbaren Prämissen folgen" (Nuntzinger 1973, 213).

Balough fasst die Kritik am Konsumenten, wie er von der neoklassischen Theorie idealtypisch vorausgesetzt wird, zusammen:

> "A consumer's behaviour must not be impulsive; he must be assumed to have considered all the possible choices open to him and to have fully understood their implication. The consumer must not only be rational, but his tastes must be constant; any change in tastes would make the kind of comparisons discussed here impossible in principle. Hence this 'ideal' consumer does not explore new possibilities; nor can he be influenced by persuasive advertising. In particular, he must not be influenced by the consumption, conspicious or otherwise, of others. In other words, in sociological parlance, the consumer must be entirely 'inner-directed' - an 'island of utility'." (Balough 1982, 79)

Diese Beispiele weisen auf die zentralen Vorwürfe hin, die dem Idealbild eines nutzenmaximierenden Konsumenten aus verschiedenen Perspektiven entgegengehalten werden. Da sich diese Kritiken sicherlich zumindest teilweise mit den Alltagserfahrungen des zeitgenössischen Konsumenten decken, wäre es zu einfach, diese mit dem Hinweis, dass sie meist durch Missachtung der epistemologischen und methodologischen Unterschiede der kritisierten Theorie zustande kommen (vgl. Caldwell 1982, 119), aus der Theoriediskussion auszuklammern. Statt uns mit dem Hinweis auf die

Divergenzen in den Grundannahmen der sich kritisierenden Perspektiven zu begnügen, wollen wir die aufgegriffenen Vorwürfe auf der Basis der neoklassischen Nachfragetheorie selbst prüfen. Um der Unsicherheit gegenüber den eigenen wissenschaftstheoretischen Grundlagen vorzubeugen, die ein dauernder Begleiter der Diskussion ökonomischer Theorien zu sein scheint (vgl. O'Sullivan 1987; Sassower 1985; McCloskey 1985; McKenzie 1982), werden wir im folgenden einen Ueberblick über die Entwicklung der Nachfragetheorie, bis hin zur momentan neusten Form der "Neuen Nachfragetheorie" geben.

2. UEBERBLICK UEBER DIE ENTWICKLUNG DER NACHFRAGETHEORIE

Die eigentliche Grundlage der gegenwärtig modernsten Version der neoklassischen Nachfragetheorie findet sich in der Grenznutzentheorie, die nach 1870 in gegenseitiger Unabhängigkeit von Jevons, Walras und Menger entwickelt wurde (Campus 1987, 320). Ein wesentlicher Schritt in der Entwicklung der Nachfragetheorie in Richtung ihrer heutigen Ausprägung wurde von Fischer, Pareto und Edgeworth um die Jahrhundertwende durch die Verdrängung des Nutzenbegriffs durch Indifferenz- respektive Präferenzkurven unternommen (Böhm/Haller 1987). Dieser Schritt ist dafür verantwortlich, dass bei einer gegenwärtigen neoklassischen Begründung der Nachfrage die Frage nach der Bedeutung des Nutzens ausgeklammert bleibt. Der Nutzen wurde durch das Instrument der Indifferenzkurven auf eine Weise neutralisiert, die den Oekonomen erlaubt, ihre Wissenschaft zu betreiben, ohne sich auf die philosophische Nutzendiskussion einzulassen (Kauder 1965, 127). In dem Mass wie dadurch die Theorie von lebensweltlichen Bezügen (im Sinne der Einbindung der Theorie in die Erfahrungswelt der Konsumenten) befreit wurde und sich in eine "reine Theorie" entwickelte, büsste sie an substantiellem Gehalt ein (vgl. Ulrich 1988, 201).

Trotz den anhaltenden Neutralisierungsbemühungen spielt der Nutzen, wie sich gerade bei Beckers Version der "Neuen Nachfragetheorie" zeigt, bis in die Gegenwart eine nicht zu unterschätzende Rolle und gibt (Beispiel Tautologiekritik) weiterhin Anlass zur Diskussion. Um die Neutralisierung des Nutzens in der Nachfragetheorie zu verstehen und seinen weiterhin wirksamen Einfluss beurteilen zu können, beginnen wir die Darstellung der Entwicklung der Nachfragetheorie bei der Nutzentheorie, wie sie für die Entstehung der Grenznutzentheorie massgebend war. Dabei müssen wir bis auf die klassische Oekonomie zurückgreifen. Zwar richteten die Klassiker aus Interesse am natürlichen Preis ihre Aufmerksamkeit vor allem auf die Produktionsseite, weshalb die Verbindung von Nachfrage und Nutzen noch von untergeordneter Bedeutung war; zur Begründung des Interesses des Nachfragers an einem Produkt rekurrierten sie aber auch schon auf den Nutzen des Gutes.

Während schon Adam Smith, um zu begründen, warum ein Gut begehrenswert ist, auf den Nutzen des Gutes verwies, scheint seine Vermischung von subjektiver Nutzenbeurteilung und Nutzen im objektiven Sinn (als Angemessenheit oder Brauchbarkeit) allerdings für erhebliche Verwirrung gesorgt zu haben (Black 1987, 776). Erst Jeremy Benthams Moralphilosophie, der erstmals die Bezeichnung "Utilitarismus" verliehen wurde, schuf für die Interpretation des Nutzens eine Grundlage, die später von John Stewart Mill in die klassische Theorie eingebracht und schliesslich den frühen Vertretern der Grenznutzentheorie als Grundlage diente (vgl. Ulrich 1988, 181).

2.1 Der Einfluss der klassischen Begründung der Nachfrage

Der eigentlichen Ursprung der ökonomischen Nachfragetheorie lässt sich, auch wenn die Oekonomie am Rande seines Interesses stand, bei Jeremy Benthams Version des Utilitarismus ausmachen (vgl. O'Sullivan 1987, 85). Kauder nennt Bentham den vermutlich einzigen, nicht philosophisch orientierten Nutzentheoretiker, der eine konsistente Nutzentheorie vertrat (Kauder 1965, 127). Benthams Utilitarismus, der auf sensualistischer Psychologie, egoistischem Hedonismus, klassischer Oekonomie und demokratischer Politik beruht (Welch 1987, 770), geht davon aus, dass das menschliche Handeln insgesamt durch die Suche nach Lust und das Vermeiden von Unlust bedingt ist ("felicific calculus") und allgemein kausal auf diese Motive zurückgeführt werden kann (Harrison 1987, 226). Einer reduktionistischen Version empirischer Theorie des menschlichen Geistes folgend, ging er von der Annahme aus, dass Lust als zentraler Antrieb menschlichen Handelns homogen und quantifizierbar sei (Welch 1987, 770). Das Interesse des Konsumenten an Produkten kann aus dieser Sicht auf den, einem Gut innewohnenden Nutzen zurückgeführt werden: "that property in any object, whereby it tends to produce benefit, advantage, pleasure, good, or happiness [..] to the party whose interest is considered" (Bentham, cit. in: Georgescu-Roegen 1968, 236). Nutzen und Vergnügen werden bei Bentham gleichgesetzt.

Aus wissenschaftstheoretischer Sicht ist Benthams Theorie, die nach Wissenschaftlichkeit und Systematik strebt, für den Utilitarismus von zentraler Bedeutung. Seine Version der empirischen Theorie des Geistes, die die Entstehung von Ideen auf geistige Assoziationen, ausgelöst durch Lust und Schmerz, zurückführt (vgl. Welch 1987, 770), kann als Ausgangspunkt für die Psychologie als eigene, von der Philosophie losgelöste Wissenschaft erachtet werden (Vgl. Sassower 1985, 134). Die als "physiopsychology" benannte Psychologie gibt ihr Streben nach Wissenschaftlichkeit durch die angebliche Messbarkeit der Lust in Abhängigkeit von physischen Quantitäten zu erkennen. Bentham, der ein spezielles Interesse am Problem legaler Bestrafung hatte, hoffte durch die exakte Bestimmung von Lust und Unlust ein effizientes System der Bestrafung einzurichten, das wissenschaftlich begründet werden und das Konzept göttlicher Bestrafung ersetzen konnte. Er markierte damit den Anfang der empirischen Beschreibung des psychologischen Antriebs menschlichen Handelns.

In den Versionen der klassischen Theorie von David Ricardo bis

John Stuart Mill (der letzte bedeutende Vertreter der klassischen Theorie) ist der Nutzen gegenüber dem Tauschwert ein notwendiges, nicht aber hinreichendes Merkmal für den Wert eines Gutes (Black 1987, 776). Wo er speziell Beachtung findet, wird der Nutzen in der Regel als Gesamtnutzen verstanden, den ein Gut oder eine Menge von Gütern dem Konsumenten stiftet. Von Benthams Version weicht diese Nutzenvorstellung insofern ab, als der Nutzen eindeutig nicht mehr als Eigenschaft eines Produktes, sondern als die Beziehung des Konsumenten zum Produkt verstanden wird (vgl. Georgescou-Roegen 1982, 934). (Sie entspricht damit der Kritik, die Bentham kurz vor seinem Tod selbst an seiner Nutzentheoerie angebracht hat.) Gleichzeitig gerät, wie bei J.S. Mill deutlich wird, die Gleichsetzung von Nutzen und Vergnügen unter Kritik.

J.S. Mill beruft sich als Schüler und Freund Benthams zwar auf dessen Version des hedonistischen Utilitarismus, verwirft hingegen dessen "enge materialistische Vorstellung der Lust" und den egoistischen Hedonismus (Welch 1987, 772). An der engen Sicht der Lust kritisiert Mill, dass die Lust, die dem Menschen zum Handeln veranlasst, nicht nur in einer einzigen Form, sondern in verschiedenen Qualitäten auftritt. Während ihm dieser erste Kritikpunkt seinerseits viel Kritik eingebracht hat, hat er mit dem zweiten Punkt den Utilitarismus um einen bedeutsamen Schritt ausgebaut. Entgegen seinen Vorgängern basiert Mill den Utilitarismus nicht auf einem egoistischen sondern einem ethischen Hedonismus. Dies erlaubt ihm, die Frage nach der Motivation moralischer Handlung (bspw. Märtyrertum, Altruismus) mit einer Theorie, die davon ausgeht, dass jede Handlung auf einen Gewinn an Lust oder Befriedigung ausgerichtet ist, neu zu beantworten. Die moralische Handlung, d.h. das Interesse um andere Menschen, kann auf die Sozialisierung des Handelnden zurückgeführt werden, die dafür verantwortlich ist, dass die Berücksichtigung des Interesses anderer nicht nur ein Mittel zur eigenen Befriedigung ist, sondern in der Form einer direkten Teilnahme dem moralisch handelnden Menschen unmittelbar Befriedigung stiftet (Ryan 1987,

469). Dementsprechend argumentiert Mill, dass Glück, das er an die Stelle von Lust setzt, nicht ein einfacher Gefühlszustand sei, sondern eine Folge der Ziele, denen die Menschen nachstreben. Die erwarteten Konsequenzen einer Handlung, seien diese im eigenen Interesse oder im Interesse anderer, bilden den Antrieb jeder Handlung.

In seinem Bestreben, die Moralwissenschaften den Naturwissenschaften einzuverleiben - im 4. Band seiner "Logik" zeigt er, dass alle Wissenschaft Naturwissenschaft ist -, beweist er die Grundlage der Handlungstheorie, nämlich, dass das menschliche Handeln durch das Streben nach Glück bestimmt wird: "If we ask how we know that something is visible, the reply that we've seen it is enough; if we ask how we know something is desirable, says Mill, the proof is that people desire it." (Ryan 1987, 469). Aus diesem Beweis leitet er ab, dass alles Erstrebenswerte entweder ein Mittel zum Glück oder das Glück selbst ist und dass ein Gut, das für einen Handelnden Glück bedeutet, dieselbe Bedeutung für alle andern hat.

2.2 Die Begründung der Nachfrage durch die Grenznutzentheorie

Wie weiter oben bereits erwähnt, wurde die Verbindung von Nachfrage, Nutzen und Marktpreis erst in der Folge der "marginalen Revolution" durch die Grenznutzentheorie hergestellt. Die Grenznutzentheorie, die, wie schon ihr Name verrät, die individuelle Nutzenbewertung zu ihrem archimedischen Punkt erhebt, bildet die eigentliche theoretische Grundlage für die Entwicklung der Nachfragetheorie bis in die Gegenwart. Bezeichnenderweise wurde das Grenznutzenkonzept in Verbindung mit einer Nachfragekurve zum ersten Mal von einem Techniker, nämlich dem französischen Ingenieur Dupuit im Aufsatz "De la mesure de l'utilité des travaux publics" (1844), vorgestellt. Dupuit nimmt darin sowohl zum abnehmenden Grenznutzen als auch zur Konsumentenrente Stellung.

1854 veröffentlichte Gossen die "Entwicklung der Gesetze des menschlichen Verkehrs", worin nicht nur das Gesetz des abnehmenden Grenzertrags sondern auch das Gesetz des Ausgleichs der Grenznutzen beim Erwerb verschiedener Güter zur Maximierung der Befriedigung, enthalten war. Weder Dupuit noch Gossen wurde durch die herrschende Oekonomie gebührend Beachtung geschenkt (Kauder 1965, 55). Bis in die siebziger Jahre des neunzehnten Jahrhunderts fand das Konzept des Grenznutzens in der ökonomischen Theorie kaum Anerkennung. Erst durch die in gegenseitiger Unabhängigkeit erarbeiteten, kurz aufeinanderfolgenden Darstellungen der Grenznutzentheorie durch Jewons (1871: Theory of Political Economy) Menger (1871: Grundsätze der Volkswirtschaftslehre), und Walras (1874: Eléments de l'économie pure) hielt sie Einzug in die ökonomische Theorie. Keine dieser relativ kurz aufeinanderfolgenden Darstellungen der Grenznutzentheorie kann allerdings auf eine direkte Weiterentwicklung der klassischen Werttheorien zurückgeführt werden; ihr Ursprung scheint eher auf einer grösseren Sensibilität gegenüber der Marktposition der Konsumenten zu gründen (vgl. Welch 1987, 772). Ihre Anhänger brachten, wie Kauder schreibt (1965, 60), deutlich zum Ausdruck, dass das primäre ökonomische Interesse der Menschen im Konsum besteht. Die entscheidende Aenderung, die durch die Grenznutzentheorie in der Oekonomie herbeigeführt wurde, liegt, wie schon Hicks bemerkte, im Wechsel von einer, auf der Produktion basierenden zu einer auf Austausch begründeten Theorie (vgl. Black 1987, 777).

Mit der Einführung des Grenznutzenkonzepts wurde die Wertbestimmung endgültig subjektiviert, d.h. gänzlich der Beurteilung durch den Konsumenten überantwortet. Dennoch blieben die frühen Grenznutzentheoretiker dem utilitaristischen Nutzenverständnis verhaftet und beurteilten den Nutzen eines Gutes als das Vergnügen, das es dem Konsumenten bereitet (Welch 1987, 772). Trotz subjektiver Nutzenbestimmung wurde bis zu Edgeworth und Marshall in den meisten Fällen davon ausgegangen, dass der Nutzen in der Form des Vergnügens objektiv gemessen und das erreichte Nutzenniveau verschiedener Konsumenten numerisch verglichen werden könne (kardinale Anordnung individueller Nutzenkurven). In seinem Buch "Mathematical Psychics" (1881) vertritt Edgeworth die Möglichkeit der elektrischen Messbarkeit des Vergnügens mittels eines "Hedonimeters". Mit der Entdeckung der Grenznutzentheorie versprachen sich die Oekonomen, der Wissenschaftlichkeit der Naturwissenschaften einen Schritt näher zu rücken. Dies manifestiert sich insbesondere in ihrem Bestreben, die Theorie auf empirisch beobachtbare und damit wahre Gesetze zu begründen (O'Sullivan 1987, 133).

Im Unterschied zu den obgenannten Ansätzen, sind Menger zufolge die einfachsten Elemente, auf denen die Theorie aufbaut in den menschlichen Bewertungen zu finden. Die Oekonomie bemüht sich, kausale Zusammenhänge zwischen Geschehnissen und menschlicher Bewertung aufzudecken, was im Fall der Nachfrage heisst, dass die Oekonomie nicht nach einem psychologischen Genuss, der vom Konsum eines Gutes ausgeht, sondern nach der subjektiven marginalen Bewertung des erwarteten Genusses zu forschen hat. Durch diesen Ansatz, durch den Menger aufgrund der durchgehend subjektiven Perspektive der "Psychologischen Schule" zugerechnet wird, wird die Subjektivität sozusagen auf eine zweite Stufe gehoben. Während sich schon Mill durch die Individualität der Befriedigung, die allerdings noch objektiv feststellbar ist, von Benthams objektiven Nutzen des Produkts abhob, ist die Nutzenbewertung bei Menger nur noch dem Individuum zugänglich. Trotz dieser Begründung des Nutzens durch die individuelle Bewertung geht Menger allerdings nicht von einer absoluten Subjektivierung des Nutzens aus, die kein Urteil des Forschers zuliesse. An einer "Wohlfahrtshierarchie" zeigt er tabellarisch, dass die Bewertung der Produkte einer kulturell und physiologisch determinierten Bedürfnishierarchie gehorcht. Fälschlicherweise gab die "Wohlfahrtshierarchie" oft Anlass zu einer kardinalen Interpretation von Mengers Nutzenkonzept, wogegen er sich selbst ausdrücklich wehrte (vgl. Kauder 1965, 67).

2.3 Die Verdrängung des Nutzens durch Indifferenzkurven

Während schon Jevons die Schwierigkeit sah, die mit dem Erfassen einer "Vergnügungs-Einheit" verbunden ist, sich aber dennoch für die quantitative Vergleichbarkeit des Effekts auf die Gefühle aussprach, geriet die Vorstellung der Messbarkeit des Vergnügens und die Vergleichbarkeit des Nutzens, den verschiedene Personen in der Form des Vergnügens aus dem Konsum ziehen (interpersoneller Nutzenvergleich), erst in den zwanziger Jahren des zwanzigsten Jahrhunderts eindeutig unter Kritik. Die schon 1909 von Pareto veröffentlichte Kritik an der kardinalen Messbarkeit des individuellen Nutzens und sein Vorschlag die Nutzenkurven durch Indifferenzkurven zu ersetzen, fand erst durch Hicks und Allens Veröffentlichung einer Theorie des Konsumentenverhaltens (1934), die auf ordinalem Vergleich der Befriedigung beruhte, breite Beachtung.

Indifferenzkurven drücken den Geschmack eines Konsumenten aus, der eine bestimmte Menge zweier Güter besitzt. Ihr Verlauf ergibt sich aus der "empirischen" Situation, in der dem Besitzer jeweils so viel von einem Gut gegeben wird, dass er eine Einheit des andern Gutes aufgibt. Die derart konstruierte Indifferenzkurve drückt bei jeder Mengenkombination zweier Güter aus, wieviel von einem durch das andere ersetzt werden muss, damit der Konsument beide Situationen als gelichwertig beurteilt. Die Indifferenzkurven bilden folglich nicht die Auswahl irgendwelcher Güter durch den Konsumenten ab, sondern die gegenseitige Substitution zweier bestimmter Güter. Pareto ersetzt damit den unmöglichen Versuch (Sassower 1985, 25), Nutzen irgendwelcher Güter direkt zu messen, durch die indirekte Erzeugung von Indifferenzkurven, die allerdings untereinander nur ordinal vergleichbar sind. Dass seine Methode nicht eine echt empirische ist, wird sofort deutlich, wenn wir uns die Experimentalsituation vor Augen führen: Die Substitution der Güter durch das Individuum wird immer von der momentanen Situation beeinflusst, die nach wie vor eine Nutzenoptimierung ist, zudem bezieht sie sich nur auf zwei Güter, die im vornherein gegeben sind. Der "Testkonsument" sieht sich nicht einem tatsächlichen Güterangebot ausgesetzt. Die von Pareto zur Bestimmung des Verlaufs und der Anordnung der Indifferenzkurven beschriebene experimentelle Situation ist aufgrund der genannten Probleme nicht eine empirisch realisierbare. Viel eher kann sie als Konstruktion verstanden werden, die der grundlegenden a priori Annahme der Indifferenzkurven mehr Evidenz zu verleihen versucht, als dies die Nutzenkurve vermochte. Anstatt auf eine innere Nutzenbeurteilung bezieht sich die Präferenzkurve auf die durch die Substitution ausgedrückte Nutzenbeurteilung.

Wie schon Paretos Darstellung der Indifferenzkurven zeigt, war deren Begründung von allem Anfang an von einer wissenschaftstheoretischen Unsicherheit begleitet, die v.a. auf der Vermischung von empirischem Forschungsideal und a prioristischer Theorieentwicklung beruht. Paretos Wissenschaftsverständnis war geprägt von der Ueberzeugung, dass die in Gesetzen festgehaltenen Beziehungen von Ursache und Wirkung in jeder Wissenschaft konsistent beobachtbar sein müssen. Seine Grundsätze für die ökonomische Theorie - Uniformität empirischer Daten, quantitative anstatt qualitative Methode - verdeutlichen seine Hoffnung, die Oekonomie mit der Hilfe der Statistik in die Gemeinde der auf Beobachtung aufbauenden Naturwissenschaften zu führen (vgl. Sassower 1984, 21). "Social problems are essentially quantitative, even though we give them qualitative solutions". Und: "We start with facts to work out theories [...] we are looking for uniformities presented by facts (which) we may even call laws" (Pareto, zitiert in Sassower 1984, 22). Wenngleich aus diesen Zitaten Paretos Bevorzugung von Hypothesen gegenüber Theoremen und Axiomen hervorgeht, wird bereits bei der Darstellung seiner Konstruktion der Indifferenzkurven, die er der Nutzentheorie entgegenstellt, deutlich, dass er auch mit Axiomen arbeitet, die er mit der Methode des a priori herleitet.

Die von Samuelson 1938 vorgestellte "Revealed Preference Theory" (RPT), die die Nachfragetheorie von den letzten Resten der Nutzentheorie befreien sollte, weicht in der Grundidee nur unwesentlich von Paretos Konstruktion der Indifferenzkurven ab. Anstatt von der theoretischen Situation eines zwei-Güter-Falles auszugehen, zeigt Samuelson, wie eine Indifferenzkurve eindeutig anhand der beobachtbaren Auswahl von Güterbündeln durch den Konsumenten abgeleitet werden kann. Unter einer bestimmten Budgetrestriktion und gegebenen Preisverhältnissen wird der Konsument genau einen für ihn optimalen Punkt auf der Budgetgeraden angeben können. Durch Veränderung der Preisverhältnisse wird es möglich, beliebige Punkte der individuellen Indifferenzkurve aufzudecken. Die Indifferenzkurve, die den persönlichen Geschmack des Konsumenten ausdrückt, kann so wie schon bei Pareto, allein durch das "beobachtbare" Verhalten hergeleitet werden. Für die tatsächliche Produktewahl der Konsumenten auf dem Markt ist aber der persönliche Geschmack verantwortlich, dessen Erforschung ausserhalb des ökonomischen Bereichs liegt.

2.4 Die Neue Nachfragetheorie

An eben diesem Punkt - der Schliessung der Nachfragetheorie durch individuelle Präferenzen - setzt die Kritik der "Neuen Nachfragetheorie" an (insbesondere Lancaster (1966 und ders. 1971), Becker (1976), Stigler/Becker (1977)). Sie beabsichtigt, die Präferenzen durch einen produktionstheoretischen Ansatz aus der Nachfragetheorie auszuschliessen. Becker kritisiert an der herrschenden Nachfragetheorie, dass die Präferenzstruktur, auf die sich die Nachfragetheorie abstützt, "eine verführerische Grundlage für nutzlose ad-hoc Erklärungen des Verhaltens" bietet (1982, 13). So ist die ökonomische Literatur voll von Beispielen dafür, dass Veränderungen der Präferenzstruktur ad-hoc unterstellt werden, um missverständliches Verhalten ohne Schwierigkeiten zu erklären. Die Abstützung der Theorie der Wahlhandlungen, wie Becker die Nachfragetheorie bezeichnet, auf Präferenzen scheint ihm besonders verdächtig, da "sie [die Oekonomen] zugegebenermassen keine brauchbare Theorie der Bildung der Präferenzen besitzen und sich auch nicht auf eine entsprechend ausgereifte Theorie in anderen Sozialwissenschaften verlassen können," da es keine gibt (ebd., 147).

Lancaster errichtet mit seinem 1971 veröffentlichen Aufsatz (der im wesentlichen eine Verfeinerung des 1966 publizierten ist), einen wichtigen Pfeiler für die von Stigler und Becker (1977) veröffentlichte Version der Neuen Nachfragetheorie. Er geht zwar nach wie vor von subjektiven Präferenzen seitens des Konsumenten aus, zeigt aber, dass die durch den Konsumenten vorgenommene Produkteauswahl anhand der Produkte beurteilt werden kann, wenn diese als Kombinationen objektiver Eigenschaften aufgefasst werden und die Eigenschaften als Produktionsmittel interpretiert werden, mit denen der Konsument einen erwünschten Nutzen herstellt (vgl. Luckenbach 1980, 309f). Der von Lancaster beschriebene Konsument ist nicht an einem Produkt an sich, sondern an der im Produkt vereinigten Menge verschiedener Eigenschaften, deren individuelle Kombination ihm einen erwünschten "Dienst" erbringt, interessiert. Die Marktnachfrage nach Produkten ist das Ergebnis der Kombination von Gütereigenschaften mit dem Zweck, die dadurch gewonnenen Dienste unter Budgetrestriktion und individueller Präferenzstruktur zu optimieren. Auf diese Weise lässt sich die Nachfrage in ein Effizienzproblem und in ein Optimierungsproblem unterteilen, von denen das Effizienzproblem mit rein ökonomischen Mitteln lösbar ist.

Zur vollständigen Umgehung der individuellen Präferenzen schlägt Becker vor, die Konsumnachfrage analog zur Produktionstheorie der Unternehmung zu konstruieren. Anstatt den Konsumenten als ein in seinem Handeln durch individuelle Präferenzen gesteuertes Wesen zu erachten, wird der Konsument als Mitglied eines Haushalts, der einer Unternehmung entsprechend den Ertrag maximiert, betrachtet. Der Theorie des Unternehmensverhaltens entsprechend fragt der Konsument die Güter auf dem Markt nicht aufgrund ihres Nutzens nach. Er ist, wie bei Lancaster, vielmehr an den Charakteristiken des Produkts interessiert, die zusammen mit der verfügbaren Zeit der Haushaltsmitglieder, ihren Fähigkeiten und Wissen die Inputfaktoren für die Haushaltsproduktion bilden. Unter diesen Voraussetzungen ist eine mit der Zeit ändernde Güternachfrage nicht auf ändernde Präferenzen zurückzuführen, ebenso wie eine unterschiedliche Güternachfrage verschiedener Konsumenten nicht durch unterschiedliche Präferenzen zu erklären ist. Unterschiede in der Nachfrage sind eine, mit rein ökonomischen Mitteln erklärbare Konsequenz unterschiedlicher oder variierender "Faktorausstattungen".

Wie der von Stigler und Becker gewählte Titel "De gustibus non est disputandum" (1976) verrät, werden die Präferenzen durch den produktionstheoretischen Ansatz aus der Nachfragetheorie verbannt. Die Ziele oder "tieferliegenden Präferenzen" (Becker 1982, 4), auf die sich die Produktionsfunktion (analog zur Gewinnmaximierung der Unternehmung) letztlich ausrichtet, sind die "grundlegende[n] Aspekte des Lebens, wie Gesundheit, Prestige, Sinnenfreude, Wohlwollen oder Neid, die nicht immer in einer festen Relation zu Marktgütern und -leistungen stehen" (ebd.) und weder mit der Zeit ändern noch zwischen Individuen variieren. Wenn wir die tieferliegenden Präferenzen als Daten akzeptieren und uns nur auf die Faktorausstattung der "gewinnmaximierenden" Haushaltmitglieder konzentrieren, lässt sich alles menschliche Verhalten in das rationale Schema hineinsetzen (vgl. McKenzie 1983, 30). Jede menschliche Handlung lässt sich als ökonomische Maximierung unter der Nebenbedingung der individuell gegebenen Faktorausstattung erklären.

Wie schon ihre Vorgänger begründen die Vertreter der Neuen Nachfragetheorie ihre Theorie durch die a priori Annahme der Nutzenmaximierung, was sie dazu veranlasst, menschliches Verhalten auf einen mechanischen Zusammenhang von Ursache (Voraussetzungen, Restriktionen) und Wirkung (Auswahl) zu reduzieren. Die Güter werden als Bündel objektiver Eigenschaften, die für alle Konsumenten dieselben und objektiv messbar sind, erachtet. Auf diese Weise gelingt es auch noch den Geschmack als individuelle Voraussetzung für die Güterbeurteilung aus der Theorie auszuschliessen:

> "[T]astes neither change capriously nor differ importantly between people. On this interpretation one does not argue over tastes for the same reason that one does not argue over the Rocky Mountains - both are there, will be there next year, too, and are the same to all people." (Stigler-/Becker 1977, 76)

Alle Aenderungen im Verhalten der Konsumenten sind auf Preis- und Einkommensänderungen zurückzuführen. Das ökonomische Handeln (Becker zufolge gar sämtliche menschliche Handlungen) ist demnach vollständig durch ökonomische Voraussetzungen determiniert. Die Neue Nachfragetheorie ist somit nicht als Wissenschaft zu betrachten, die sich mit Wahlhandlungen befasst. Der "Mensch" sucht die vom Modell konstruierte Optimalposition nicht aus, sondern befindet sich an diesem Punkt durch die Definition des Modells. Wie McKenzie bemerkt, kann der "Mensch", wenn die Restriktionen und Präferenzen vom Modell bestimmt sind, durch einen Computer ersetzt werden (vgl. McKenzie 1983, 30), der ebenso wie der Mensch darauf programmiert ist, seinen Nutzen zu maximieren. Die Bemühung des Menschen, die tieferliegenden Präferenzen (Gesundheit, gesellschaftliche Differenzierung, Sinnenfreude) zu befriedigen, weist schliesslich auf den untrüglich hedonistischen Hintergrund des Ansatzes hin.

Mit der Darstellung der Neuen Nachfragetheorie sind wir bei der modernsten in sich geschlossenen Version der auf der klassischen-/neoklassischen Oekonomie-Tradition beruhenden Nachfragetheorie angelangt. Um das wissenschaftstheoretische Selbstverständnis, das die Entwicklung der Nachfragetheorie prägte, darstellen zu können, scheint es an dieser Stelle angebracht, den Einfluss der Aufklärung auf das sich allgemein wandelnde Wissenschaftsverständnis aufzuzeigen. Nur vor dem Hintergrund der sich während der Aufklärung wandelnden Beziehung des Menschen zu Natur und Gesellschaft und unter Beachtung des Eindrucks, den die entstehenden Naturwissenschaften auf die Gesellschaftstheoretiker ausübten, ist die Entwicklung der Nachfragetheorie seit der Klassik zu verstehen. Der Bezug zur Aufklärung lässt auch die wissenschaftstheoretischen Unsicherheiten, wenn nicht gar Verwirrungen, die die Entwicklung der Nachfragetheorie begleitet haben, als Folge der Objektivierung von Mensch und Gesellschaft und als Folge des Eindrucks erkennen, den die empirische Auslegung der Naturwissenschaft auf die Oekonomie ausübten.

3. DIE ENTWICKLUNG DER OEKONOMIE ALS WISSENSCHAFT UND IHR BEZUG ZUR REALITAET

Die Entwicklung der Oekonomie als von der Moraltheorie und der Philosophie losgelöste, eigenständige Disziplin ist nur auf dem Hintergrund des sich während der Aufklärung vollziehenden Wandels in den Naturwissenschaften zu verstehen. Die sich mit der Entwicklung der Naturwissenschaften vollziehende Trennung des Wissenschafters vom Objekt seiner Betrachtung und die systematische Entwicklung eines analytischen Rahmens, der die Natur so beschreibt, wie sie sich unter idealen Voraussetzungen gesetzmässig verhält, gaben für die Gesellschaftstheoretiker Anstoss, in derselben Weise nach Gesetzen zu suchen, die das menschliche Handeln leiten. So wie die physikalischen Wissenschaften mit grossem Erfolg eine Ordnung aufdeckten, die die tatsächliche Ordnung der Natur zu sein schien, entstand die Oekonomie als Gesellschaftstheorie mit dem Anspruch, die tatsächliche Ordnung sichtbar zu machen, die der Gesellschaft und dem menschlichen Handeln allgemein zugrunde liegt. Ein Vergleich zur Entstehung der Naturwissenschaften gibt auch zu erkennen, dass das Suchen nach allgemein gültigen Gesetzen des Handelns bei gleichzeitiger Voraussetzung eines, dem menschlichen Handeln zugrundeliegenden Bewusstseins, von allem Anfang an von schwerwiegenden Unsicherheiten begleitet war.

3.1 Die Entstehung des modernen Wissenschaftsverständnisses während der Aufklärung

Wie Bermann aufzeigt, kann die vor der Aufklärung unter dem aristotelischen Weltbild herrschende Beziehung des Menschen zur Welt als "teilhabendes Bewusstsein" (partizipating consciousness) (Berman 1988, 2) interpretiert werden. Die Natur - Steine, Berge, Flüsse, Wolken usw. - in der der Mensch vor der Aufklärung lebte, war in wundersamer Weise belebt und der Mensch war ein Teil dieser Natur, zu der er als teilnehmender Akteur gehörte. Phänomene, die in der Natur beobachtet wurden, wurden nie auf ihre Bestandteile zurückgeführt und lediglich als das erachtet, was sich dem Auge des Beobachters zeigte. Alle Dinge beherbergten eine Substanz, die ihr Wesen ausmachte und ihr Verhalten erklärte. Das Interesse der Menschen an der Natur richtete sich nach der Frage des "Warum" eines bestimmten Verhaltens, für das immer eine teleologische Antwort gesucht wurde (Berman 1988, 14). Auch die Alchemie ist so besehen eher als Ritual, bei dem der Alchemist einer Substanz bei ihrem Wandlungsprozess zum Gold-Werden behilflich ist, denn als wissenschaftlicher Versuch der Transformation von Materie zu verstehen. Erst durch die Aufklärung hat sich, wie Stadermann schreibt, das Weltbild "von der Vorstellung einer Welt für den Menschen zu einer Welt durch den Menschen" (Stadermann 1987, 26f) gewandelt, wodurch der Mensch sich zunehmend als Subjekt aus der Natur herauslöste und sich diese als Objekt unterwarf.

Wenngleich mit der Aufklärung ein deutlicher Wendepunkt vollzogen wurde, darf sie nicht als plötzlicher Bruch in der Beziehung des Menschen zur Welt betrachtet werden. Eigentlich war der Wandel von einem spiritualistischen, teilnehmenden Naturerlebnis hin zu einem Verständnis, das die Natur als Reich neutraler, wissenschaftlich kontrollierbarer Objekte versteht, schon im Monotheismus des Christentums angelegt, und ist als Prozess zu deuten, der bereits im Mittelalter ansetzte (vgl. Barrett 1962, 25). Dieser Prozess der umfassenden Reifikation, durch den für den Menschen alles zum Objekt, ihm gegenüberstehend wird, bis sich schliesslich der Mensch selbst als Objekt wahrnimmt, wurde allerdings während der Aufklärung im 17. Jahrhundert insbesondere durch die, für den Ursprung der modernen Wissenschaften entscheidenden Arbeiten von Bacon, Descartes, Galilei und Newton nachhaltig beeinflusst.

Francis Bacon legte im "New Organon" mit seiner Darstellung des Vorgehens zum Gewinnen sicherer Erkenntnis den Grundstein der empirischen Forschung. Wissen, das nicht auf reiner Spekulation beruhen soll, kann nur gewonnen werden, indem die Natur in eine Lage versetzt wird, in der sie ihre Antworten selbst preisgibt. Entscheidend für den Gewinn sicheren Wissens durch das induktive Vorgehen, bei dem im experimentellen Umgang mit der Natur Erkenntnis gewonnen wird, ist das systematische Vorgehen. Descartes wies die Beobachtung der Natur als Grundlage zur Gewinnung von Erkenntnis mit der Begründung zurück, dass Beobachtung nur Unsicherheit erzeuge, solange man nicht über ein, jedem Zweifel enthobenes Denken verfüge. Alles, was einem radikalen Zweifel nicht standhält, ist als Basis für die Erkenntnis von Wahrheit zurückzuweisen. Die einzig sichere Aussage, zu der er infolge seines Zweifels gelangte, war sein berühmtes "cogito ergo sum"- ich denke, also bin ich - mit dem er Denken mit Existieren gleichsetzte. Da selbst der Zweifelnde weiss, dass er es ist, der zweifelt, weiss er zumindest, dass es ihn gibt. Diese Erkenntnis gilt für Descartes gleichzeitig als Beispiel und Kriterium für Wahrheit, denn nur was im Denken mit derselben Klarheit und Bestimmtheit zu erkennen ist, ist ebenso gewiss. Mit diesem Kriterium für gewisse Erkenntnis findet er die Ideen zweier weiterer Substanzen, die er ohne weiteren Beweis als gewiss anerkennen kann: Einerseits den Geist, der ohne räumliche oder körperliche Ausdehnung voraussetzungslos gegeben ist, andererseits die Körperwelt, d.h. die Welt in ihrer Ausgedehntheit. Deren wahres Sein besteht allerdings nicht in der Art, wie sie sich unseren (verwirrten) Sinnen zeigt, sondern nur in der Weise, wie sie sich in klaren, mathematischen Begriffen ausdrücken lässt. Als reines Konstrukt des Geistes bilden die Mathematik und die auf ihr aufbauende Geometrie die einzig sichere Basis, mit der die Natur in ihrem wahren Sein erkannt werden kann.

Obwohl sich die zwei Standpunkte direkt gegenüberzustehen scheinen, haben sie sich bei der Entwicklung der Wissenschaften in idealer Weise ergänzt. Descartes kam zum Schluss, dass die Mathematik und die auf ihr beruhende Geometrie, da sie auf reinem Denken beruhen, die einzig sichere Grundlage jeder Erkenntnis bieten. Die Natur, die sich dem Forscher in komplexer, zunächst undurchsichtiger Weise entgegenstellt, kann solange in einzelne Bestandteile zerlegt werden, bis sie auf der Grundlage der Mathematik erklärt werden kann. Da das menschliche Denken nach ganz bestimmten Gesetzen abläuft, wird der Mensch auf diese Weise sukzessive alles kennen lernen, was es über die Natur zu lernen gibt. Descartes zeigt damit, dass Bacons Methodik, systematisch angewandt, den Zugang zu allem möglichen Wissen bietet.

Diese Kombination von Baconschem Empirismus und Descartschem Rationalismus fand schon in Galileis Experimenten um die Wende zum 17. Jahrhundert ihren Ausdruck (vgl. Berman 1988, 24ff). Galilei konstruierte Situationen, die ihm erlaubten, auf das Verhalten von Materie unter idealen Umständen (kein Luftwiderstand, keine Reibung) zu schliessen, ohne das Verhalten unter derartigen Bedingungen je direkt beobachten zu können. Er setzte mit seinen Naturgesetzen dem aristotelischen Weltbild, das sich nach dem "Warum" des Verhaltens der Naturphänomenen interessierte, eine Antwort entgegen, die zeigte, wie die Natur gesetzmässig funktioniert, d.h. wie bestimmte Phänomene verursacht werden. Auf der Grundlage der Mathematik entwickelte er anhand von Experimenten die Physik, die als ideale Abbildung der Natur für ihn nicht den Charakter einer Hypothese, sondern die Gewissheit der bisherigen reinen und angewandten Mathematik hatte (vgl. Husserl 1954, 38). Der entscheidende Bruch, der von Galileis Forschungskonzeption gegenüber der Alchemie markiert wird, besteht in seiner strikten Trennung von Beobachter und beobachteter Natur. Die Gesetze, die der Natur innewohnen, können dieser nur entlockt werden, wenn der Beobachter der Natur in systematischer Weise begegnet, ohne sie dabei zu beeinflussen. In ihrem wahren Sein kann die "in der alltäglichen sinnlichen Erfahrung subjektiv-relativ gegeben(e)" Welt, schliesslich erst durch die mathematische Beschreibung der Natur entdeckt werden (ebd., 30).

Während der Einfluss von Galileis wissenschaflicher Erklärung der Naturphänomene auf das Bewusstsein der Oeffentlichkeit von der Kirche noch gering gehalten werden konnte, erfolgte der eigentliche Durchbruch ein halbes Jahrhundert später durch Newtons wissenschaftliche Erklärung der Bewegung der Planeten. Wenngleich Newton Descartes aufgrund dessen fehlerhafter Erkenntnisse systematisch kritisierte, verhalf er dennoch Descartes Wissenschaftsverständnis zum Durchbruch, indem er seine Kritik gerade auf Descartes Methodik begründete. Aufgabe des Wissenschafters ist nicht, eine Begründung des Verhaltens der Natur zu finden, sondern zu messen, zu beobachten und Vorhersagen zu machen. Nicht Begründungen kann er entdecken, sondern Erkenntnisse der Zusammenhänge der Natur, die ihm erlauben, diese zu verstehen und zu kontrollieren.

Fassen wir den Einfluss der während der Aufklärung kumulierenden wissenschaftlichen Revolution zusammen, stehen zwei zentrale Momente, die untrennbar miteinander verknüpft sind, im Vordergrund.

Zum einen geht mit dem sich ausbreitenden Wissenschaftsverständnis eine Trennung des Forschers als Subjekt gegenüber der ihm zur Entschlüsselung aufgegebenen Welt einher. Angeleitet durch die wissenschaftliche Einstellung, die der Natur mit dem einzig zuverlässigen Instrumentarium, der Mathematik und der auf ihr beruhenden Geometrie begegnet, löst sich der Forscher von der ihn umgebenden Natur, die er nun zunehmend als geistlose Materie erachtet. Die alchemistische Auffassung, nach der der Mensch ein

Teil der Welt sei, die selbst belebt ist und deren Substanz nur durch die Teilnahme des Forschers ergründet werden kann, wird vom aufgeklärten Forscher strikt zurückgewiesen.

Zum andern ersetzt die wissenschaftliche Natur-Erforschung die in einer "Unendlichkeit von subjektiv-relativen und nur in einer vagen Allgemeinvorstellung " gedachte reale Welt durch eine ideale, "in einer a priori allumfassenden Methode objektiv bestimmbar(e) und an sich bestimmte" (ebd.). Nicht allein die Einzigartigkeit des Instrumentariums, mit dem die subjektiv gegebene Erfahrungswelt ausgemessen und objektiviert wird, kennzeichnet allerdings die wissenschaftliche Revolution der Aufklärung. Das, wie Husserl schreibt, "unerhört Neue" (ebd., 19) besteht in der mit der Wissenschaft verknüpften Vorstellung, dass die Objekte der Erfahrungswelt nicht einzeln und zufällig sondern der einheitlichen Methode systematisch zugänglich sind, bis schliesslich jedem Objekt sein Platz im Kontext der wirklichen Welt zugewiesen ist. Indem die moderne Wissenschaft das einzig wahre Instrumentarium zur exakten Beschreibung der Welt liefert und dieses systematisch auf die ganze Welt erstreckt, leistet sie einem Verständnis Vorschub, das in der hypothetisch in Formeln beschriebenen Welt "das wahre Sein der Natur selbst" (ebd., 43) fasst. Der von Husserl aufgedeckte Irrtum, die durch Formeln beschriebene Welt als wirkliche Welt, zu verstehen, wurde historisch als Reaktion auf das aufgeklärte Weltbild von der Kirche durch ein angepasstes Gottesbild bestätigt.

Unter dem bis zum Aufkommen der "galileischen" Naturforschung dominierenden Weltbild waren alle Dinge beseelt und standen in einer Beziehung der Zu- oder Abneigung zueinander. Der Forscher, der diese beseelte Welt kennen lernen wollte, versuchte in einem Akt der Teilnahme an der Natur die Zeichen zu lesen, die die in der Natur verwirklichte Göttlichkeit offenbarten. Die mittelalterliche Kirche machte den Gläubigen die Göttlichkeit durch die von ihr praktizierten Rituale zugänglich. Das Wissen um die Dinge der Natur wurde in der Alchemie wie in der Religion durch einen

Akt der Teilnahme, der als gesamthafte, sowohl gefühlshafte als auch geistige Erfahrung zu verstehen ist, erworben (vgl. Berman 1988, 65).

Mit der unaufhaltsamen Verbreitung des Rationalismus sah sich die Kirche gezwungen, ihre Gottesvorstellung dem sich in der Wissenschaft durchsetzenden Wirklichkeitsbild anzupassen. Beispielhaft für diese von der Kirche eingeleitete Revision ist die vom Minoritermönch Marin Mersenne vertretene Gottesvorstellung, die Gott nicht mehr als in der Natur inhärent, sondern als den Regenten der Welt versteht (vgl. Berman 1988, 101f). Im gleichen Sinne argumentierte der Minoriter Pierre Gassendi, indem er dem modernen Wissenschaftsverständnis folgend anerkannte, dass sich die Beseelung der Welt nicht nachweisen lasse. Alles, was der Mensch erfahren kann, sind Erscheinungen, nicht die Dinge selbst. Wechsel in den Erscheinungen sind nicht innerlich durch die Dinge, sondern äusserlich bedingt und folgen mathematischen Gesetzen, die Gott in der Natur eingerichtet hat.

Auf dem Hintergrund dieser religiösen Weltvorstellung erstaunt es wenig, dass die Klassiker - allen voran Adam Smith - nach einer von Gott eingerichteten Ordnung suchten, welche die Gesellschaft als Teil der Natur ebenso beherrschen musste, wie die Natur selbst (vgl. Katouzian 1980, 20). Für Smith, der immer wieder vom "grossen Architekten" sprach, war es selbstverständlich, dass mit dem Aufdecken der dem menschlichen Handeln zugrundeliegenden Gesetzmässigkeiten die Welt in ihrem wirklichen An-sich-Sein zugänglich wird. Die Gesellschaft erachtete er als sublime Maschine, die von Gott so eingerichtet wurde, dass sie der Gesellschaft die grösste Wohlfahrt bringt. Die unsichtbare Hand, das dem Markt innewohnende Prinzip, sorgt dafür, dass bei freier Entwicklung der Marktkräfte unabhängig vom Willen oder der Absicht des einzelnen Teilnehmers ein gesellschaftlich optimales Ergebnis zustande kommt (Blaug 1977, 62).

3.2 Der Einfluss der Aufklärung auf die Oekonomie

Sowohl in Descartes rationalistischer Erkenntnismethode als auch in der Tradition des Baconschen Empirismus fand eine Trennung von Geist und Natur, Innenwelt und Aussenwelt statt, die sich prägend auf die Entwicklung der Wissenschaften seit der Aufklärung auswirkte. Beide Traditionen, der Rationalismus wie der Empirismus, misstrauten der Wirklichkeit, wie sie im gewöhnlichen Bewusstsein der alltäglichen Erfahrung gegeben ist. Descartes verfocht den Standpunkt, dass die Wirklichkeit nur durch die, jedem Zweifel enthobenen Grundsätze des Denkens erfahren werden kann. Auf der Suche nach den letzten Gewissheiten gelangte er zur Unterscheidung zweier unhintergehbarer Substanzen: Geist, der einem Ich entspricht, das ohne theologische Anleihen ganz auf sich selbst gestellt ist, und körperhafte Welt, die mit den rein geistigen Prinzipien der Mathematik und der Geometrie aufgedeckt werden kann. Bacon und die Empiristen vertrauten einzig auf die Gesetze, die die von ihnen beherrschte Natur unter idealen Voraussetzungen selbst zu erkennen gab. Um zu sicherer Erkenntnis zu gelangen, forderten sie, dass zwischen den Antworten der Natur und der Beobachtung durch den Forscher klar getrennt wird. Beiden Traditionen gemein ist die Ueberzeugung, dass die Wissenschaft nur zu gewisser Erkenntnis gelangt, wenn zwischen Geist und Welt, Subjekt und Objekt eindeutig getrennt werden kann.

Durch diese radikale Trennung von Subjekt und Objekt werden nicht nur die Voraussetzungen für die modernen Naturwissenschaften, sondern auch für die Trennung der Sozialwissenschaften von der Philosophie geschaffen. So wie vor der Aufklärung Gott als Gegenüber gedacht wurde, denken die aufgeklärten Menschen Natur und Gesellschaft als ihr Gegenüber, obwohl sie selbst Teile beider Bereiche sind (vgl. Stadermann 1987, 27).

> "Der Mensch denkt seit der Aufklärung die Natur und die Gesellschaft als seinen individuellen Gegenstand und zieht sie derart in die Reproduktion seines eigenen Lebens mit ein.

> In einer Welt durch den Menschen ist die als Gegenstand gedachte Natur unabdingbare Voraussetzung einer Erfahrung. Auch in der Gesellschaftstheorie ist unübersehbar, dass die Wirtschaftswissenschaft, die diese Denkart am perfektesten entwickelt hat, die grösste Kontinuität und Langlebigkeit ihrer Theoreme hat erreichen können." (ebd.)

Die Konstituierung der Oekonomie als eigenständige Disziplin kann historisch auf die klassische Oekonomie, insbesondere auf die Entwicklung von Adam Smith bis zu David Ricardo zurückgeführt werden. Smith war zwar selbst noch akademischer Philosoph, als der er die Oekonomie nebst Psychologie, Ethik, Recht und Politik lediglich als einen Bereich der Moralwissenschaften auffasste. In seinem Denken war er jedoch so stark von Newton beeinflusst, dessen System er als die grösste Entdeckung seit Menschengedenken bezeichnete, dass er danach strebte, das Alltagsphänomen des ökonomischen Handelns durch einige wenige grundlegende Prinzipien zu erklären (vgl. Deane 1987, 7). "Der geniale Durchbruch in der politischen Oekonomie" gelang ihm dadurch, dass er dem Newtonschen Vorbild folgend, den Substanzbegriff zugunsten von Quantitäten und Relationen vernachlässigte (vgl. Stadermann 1987, 27). Genauso wie die Natur durch ein Minimum logischer Gesetze erklärt werden konnte, sollte auch das Verhalten der Subjekte in der Gesellschaft durch die Prinzipien einer bestimmten Ordnung erklärt werden, die dem göttlichen Plan oder "principle of design" (Myers 1983, 3) zugrundeliegen.

Wenngleich die Oekonomen allgemein vom überwältigenden Erfolg der Naturwissenschaften beeindruckt waren (Boland 1987, 456), wäre der Schluss unangemessen, dass sie lediglich darum bemüht waren, die Naturgesetze durch die Oekonomie auf die Gesellschaft zu übertragen (vgl. Stadermann 1987, 31). Das an Kategorien orientierte Denken, das für den wissenschaftlichen Zugang zu den Phänomenen der alltäglichen Erfahrungswelt eine klare Trennung von objektiver Welt und subjektiver Erfahrung vollzog, verband die Oekonomie mit den sich rasch entwickelnden Naturwissenschaften. Erst diese Trennung ermöglichte das Erforschen der Gesetze, die genauso das Verhalten der Individuen und der Gesellschaft dominieren, wie sie der Natur zugrundeliegen (vgl. Katouzian 1980, 19). Im Unterschied zu den Naturwissenschaften entwickelte sich die ökonomische Theorie aber von allem Anfang an als axiomatische Theorie, die ihre Gesetze zunächst von der lebensweltlichen Erfahrung ableitete, sich aber im Laufe ihrer Entwicklung immer weniger um die Verankerung ihrer Axiome in der Erfahrung kümmerte. Der Geometrie vergleichbar legte sie immer mehr Wert auf ihren formalen Ausbau, während die Begründung ihrer a priori Annahmen zunehmend in den Hintergrund der wissenschaftlichen Diskussion trat.

3.3 Die Trennung der Oekonomie von ihrer lebensweltlichen Einbindung - der Anfang der axiomatischen Theorie

Ganz dem analytischen Wissenschaftsverständnis verpflichtet liess sich Ricardo, der als erster reiner Oekonom bezeichnet wird (Deane 1978, 75) und von dem J. S. Mill später die ökonomische Theorie weitgehend übernahm, nicht von philosophischen oder historischen Betrachtungen beeinflussen. Er präsentierte zum erstenmal ein einfaches, logisch konsistentes makroökonomisches Modell, das dem Descartschen Forschungsideal entsprechend in Abstraktionen der Komplexität des beobachteten Problems die logische Struktur des Systems beschrieb (Katouzian 1980, 24). Für die Entwicklung der Nachfragetheorie ist von besonderem Interesse, dass ihn eben dieses Forschungsverständnis zur Erfindung des "economic man" veranlasste. Dieses Konstrukt erlaubte ihm-ebenso wie das Modell auf makroökonomischer Stufe - wirtschaftstheoretische Probleme im Bereich des individuellen Handelns aus der Komplexität des Alltagshandelns auszugrenzen. Gleichzeitig vollzog er damit den massgebenden Schritt, die ökonomische Theorie von der Lebenswelt abzukoppeln (Ulrich 1988, 196). Sein Verfahren, mit dem er die ökonomische Theorie begründete, ist als rein spekulativ zu bezeichnen: seine Gesetze beanspruchen a priori Gültigkeit und werden durch reine Logik zu einem Modell verbunden. Dieses, von Ricardo in die Oekonomie eingeführte Theorieverständis, das auf der Verknüpfung von a priori Annahmen beruht - gewonnen durch Introspektion oder aus empirischen Verallgemeinerungen -, bestimmt bis in die Gegenwart die massgebende ökonomische Theorie (Blaug 1977, 666).

Mit der Anlehnung der Oekonomie an das axiomatische Forschungsverständnis ging, wie sich schon bei Ricardo zeigt, von allem Anfang an die von Husserl kritisierte Verwirrung zwischen wissenschaftlicher Idealwelt und alltäglicher Erfahrungswelt einher. Bei der Interpretation des "economic man" trennte Ricardo, wie Ulrich (1988, 196) schreibt, "nicht besonders scharf zwischen Modell-Logik und Wirklichkeit". Er brachte damit sein Bemühen zum Ausdruck, die ökonomischen Grundannahmen lebensweltlich zu begründen, leistete aber gleichzeitig einer Verwischung der Differenz von Idealwelt und Wirklichkeit Vorschub, die bis in die Gegenwart anhält. Zwar ist für realwissenschaftlich orientierte Oekonomen heute weitgehend selbstverständlich, dass die reine ökonomische Theorie keine Erklärungen lebensweltlicher Situationen leistet (ebd., 203). Die praktische Verwendung ihrer Ergebnisse weist aber auf eine weitverbreitete Unsicherheit ihres Realitätsbezugs hin.

Im Vertrauen auf die absolute Gewissheit von Mathematik und Geometrie als Grundlage der Naturwissenschaften, beabsichtigte Mill, die Oekonomie auf eine ebenso sichere Grundlage aufzubauen. So wie Mathematik und Geometrie als rein logische Wissenschaften a priori Gültigkeit haben, sollte auch die Oekonomie auf einer a priori gültigen Grundlage beruhen, die in nicht hintergehbaren, da an sich wahren Handlungsregeln besteht. Die von Mill und seinen Nachfolgern als zentral anerkannte a priori gültige Handlungsregel besteht im menschlichen Streben nach dem grössten Glück oder (bezogen auf die Oekonomie) in der Handlung, die den grössten Reichtum verspricht. Diese Annahme, die das ökonomische Handeln überhaupt begründet, reicht aus, um in Anlehnung an

Ricardo den "economic man" zu konstruieren. Dieser zeigt modellhaft, wie das ökonomische Handeln eines Menschen tatsächlich aussähe, wäre es nicht durch störende Einflüsse verdeckt.

> "Political Economy considers mankind as occupied solely in acquiring and consuming wealth, and aims at showing what is the course of action into which mankind, living in a state of society, would be impelled, if that motive, except in the degree in which it is checked by the two perpetual counter-motives above adverted to, [Abneigung gegenüber Arbeit und Wunsch nach momentanem Genuss teurer Befriedigung] were absolute ruler of all their actions [...] The science [...] proceeds [...] under the supposition that man is a being who is determined, by the necessity of his nature, to prefer a greater portion of wealth to a smaller in all cases, without any other exception than that constituted by the two countermotives already specified. Not that any political economist was ever so absurd as to suppose that mankind are really thus constituted, but because this is the mode in which science must necessarily proceed." (J.S. Mill, cit. in Blaug 1980, 60)

In der unwahrscheinlichen (J.S. Mill, ebd.) Situation, in der ein Mensch nur aufgrund ökonomischer Grössen entscheidet, ist unter der utilitaristischen Annahme davon auszugehen, dass er von Natur aus die Wahl trifft, die ihm den grössten Reichtum verspricht. Aufgabe der Oekonomen ist, abzuklären, welche Handlungen durch den Wunsch nach Wohlstand zustande kämen, würde der Handelnde nicht durch andere Umstände beeinflusst. Mit dem Konzept des "economic man", dem fiktiven Menschen, der unter hypothetischen, rein ökonomischen Umständen handelt (vgl. Blaug 1980, 62), untersucht die Oekonomie in Anlehnung an die Naturwissenschaften den Zusammenhang von Ursache und Wirkung menschlichen Handelns, "that is, generalizations about 'uniformities of succession in human affairs that would be analogous to the causal laws of physics'" (vgl. O'Sullivan 1987, 130). So wie die Gesetze in der Physik durch die Idealisierung der Experimentalsituation gewonnen werden, kommt der Oekonom durch die geistige Absehen von störenden Einflüssen zu den Gesetzen, welche dem Handeln zugrunde liegen.

Mit der Methode des a priori, die bei Mill im Gegensatz zur

Methode des a posteriori nicht von spezifischen Erfahrungen ausgeht, sondern von generellen Erfahrungen - gewonnen aus Introspektion und Beobachtung von Mitmenschen -, werden psychologische Hypothesen ökonomischen Verhaltens abgeleitet (Vgl. Mills Vergleich der Hypothesengewinnung durch den Praktiker und den Theoretiker, in: Hausmann 1984, 55f). Die a priori gewonnenen Hypothesen bilden, (wie die fundamentalen Gesetze der Geometrie,) die Grundlage der ökonomischen Wissenschaft. Da in der beobachtbaren Wirklichkeit das Verhalten der Menschen immer durch eine nicht kontrollierbare Vielzahl von Einflüssen bestimmt wird, ist es nur durch die Methode spekulativer Abstraktion möglich, die Ursachen einer Handlung auszumachen. Als Ursachen versteht Mill Gesetze menschlichen Handelns und äussere Umstände, die den menschlichen Willen zum Handeln veranlassen (vgl. Blaug 1980, 59f).

Zwar begründete Mill damit die Oekonomie durch ein a priori gültiges Gesetz, doch wird bald deutlich, dass - aus heutiger Sicht beurteilt - durch die Autorität, welche die Naturwissenschaften auf die gesamte Wissenschaft ausübten, Verwirrung durch die empiristische Interpretation der Oekonomie entstand: Mill hoffte, dass jemand, der mit den Umständen einer bestimmten Situation genügend vertraut ist, mit Hilfe der ökonomischen Gesetze mit derselben Gewissheit Schlüsse ziehen kann, wie es ihm in den meisten experimentellen Bereichen der Physik möglich ist (vgl. ebd.). So wie die Naturwissenschaft glaubte, in den ideal konstruierten Gesetzen die der Natur innewohnende Ordnung zu entdecken, so glaubte auch Mill, in den a priori gegebenen Handlungsgesetzen die Grundlage wirklichen Handelns erfasst zu haben. Wie oben erwähnt, erbrachte er auch einen "empirischen Beweis" für das a priori gültige ökonomische Handeln. Während er einerseits die Oekonomie nach dem Vorbild der Geometrie als rein logische Wissenschaft entwickelte, beging er in Analogie zu den Naturwissenschaften den Fehler, dass er die Oekonomie (in der Tradition von Adam Smith) auf das beobachtbare menschliche Verhalten bezog und folgerte, dass ihn die Oekonomie dazu befähigt, die soziale Welt so wie sie an sich wirklich ist, in zwingenden Ursache-Wirkung Zusammenhängen zu erklären. Dementsprechend erachtete er, (wenn auch nicht als Aufgabe der ökonomischen Wissenschaft) die empirische Ueberprüfung der in der Theorie gefundenen Zusammenhänge dennoch als sinnvoll. Die Ueberprüfung der Hypothesen a posteriori in einer konkreten Situation ist aber nicht Aufgabe der theoretischen Wissenschaft sondern der Anwendung der Wissenschaft (ebd.).

3.4 Die Formalisierung unter dem Einfluss der Mathematik

Zur Zeit der Entwicklung der Grenznutzentheorie war - wie Nietzsche in "Die fröhliche Wissenschaft" proklamierte - Gott in der Wissenschaft schon tot. Zwar wichen die Vertreter der Grenznutzenschule methodisch von ihren klassischen Vorgängern kaum ab, doch gaben sie die Idee auf, eine (göttliche) Ordnung in der erlebten Wirklichkeit aufzudecken. "Aus der ehemals substantiellen Rationalisierungsvorstellung des klassischen Homo oeconomicus ist eine 'rein' formale Logik von Prozessen des Grenznutzenausgleichs geworden" (Ulrich 1988, 203, Hervorhebung durch den Verfasser). Die auf dieser Grundlage entstehende Theorie ist "weder wahr noch falsch, sondern schlicht gehaltlos" (vgl. ebd., 202). Die subjektive Werttheorie, auf der die Grenznutzentheorie basiert, hat das Wertproblem seiner philosophischen Begründung enthoben und durch pragmatische Tauschrelationen am Markt ersetzt.

Bezeichnenderweise wurde die Grenznutzentheorie - mit Ausnahme von Menger - durchwegs von mathematisch ausgebildeten Wissenschaftlern entwickelt, die mehr Interesse an der logischen Lösung ökonomischer Probleme als an der philosophischen Begründung der ökonomischen Gesetze hatten. Paretos Aussage bringt dieses Wissenschaftsverständnis beispielhaft zum Ausdruck: "disputes about the 'method' of political economy are useless [...] we will simply ask him [the scientist, natural or moral] to show us the scientific laws, without caring to much about how he came to know them" (Pareto, cit. in: Sassower 1985, 22).

Auch Marshall, der schliesslich die Grenznutzentheorie zu einem umfassenden Ansatz zusammenfügte, hatte keine formelle akademische Qualifikation in Oekonomie, sondern graduierte in Cambridge in Mathematik. Dass auch er keinen Bruch mit den Grundlagen der klassischen Theorie vollzog, sondern diese im wesentlichen ergänzte und modernisierte (Deane 1978, 113), dürfte ebenfalls auf sein unbekümmertes Vertrauen in die aufklärerische Funktion der Wissenschaft zurückzuführen sein.

Obschon die Grenznutzentheorie die Entscheidung des individuellen Marktteilnehmers zum Zentrum der gesamten Theorieentwicklung machte, übernahmen ihre Vertreter in den meisten Fällen implizit die a priori Gültigkeit des utilitaristischen Handlungsgesetzes als Grundlage ökonomischen Handelns. Die damit einhergehende wissenschaftstheoretische Unsicherheit trat zunächst in der bis zu Marshall bestehenden Hoffnung zutage, das utilitaristische Handeln empirisch nachweisen zu können und kausale Zusammenhänge im ökonomischen Verkehr der Menschen zu finden (Marshall, Pareto); kausale Zusammenhänge, deren empirische Erfassbarkeit lediglich von der durch Störeinflüsse bedingten Komplexität verstellt wird.

Bis zu Marshall wurde das Nachfragegesetz, falls es sich auf eine grössere Anzahl von Konsumenten und ein homogenes Gut bezieht, als deterministisch erachtet, d.h. als empirische Regelmässigkeit die keine Ausnahme zulässt. Das Zutreffen des Gesetzes im einzelnen beobachteten Fall wurde allerdings nicht vorausgesetzt, was wiederum Mills Vorstellung des economic man entspricht, der nur ein Ausdruck eines idealen ökonomischen, nicht aber eines beobachtbaren Verhaltens ist. Wenn wir Marschall, der in "Principles of Economics" (1890) zum ersten Mal eine umfassende auf dem Grenznutzenprinzip beruhende Theorie bot (Campus 1987, 320), als Wegbereiter für die künftige Entwicklung der Oekonomie betrachten, wird deutlich, dass die Oekonomie weiterhin in Mills

Wissenschaftstradition der Ursache-Wirkung Erklärungen stand. "Let us then consider the nature of economic laws and their limitations. Every cause has a tendency to produce some definite effect if nothing occurs to hinder it" (Marshall, zitiert in: O'Sullivan 1987, S. 134). Diesem Wissenschaftsverständnis entspricht auch Marshalls Bevorzugung einer hedonistischen Nutzenvorstellung, die immer noch von der kardinalen Messbarkeit der individuellen Nutzen in Form einer Schmerz-Lust-Rechnung ausging.

In gewissen Sinn eine Ausnahme von den frühen Marginalisten bildet Menger, der als Begründer der oesterreichischen Grenznutzenschule bezeichnet wird. Zwar folgt er einem Wissenschaftsverständnis, das demjenigen Marshalls und Mills sehr nahe kommt: Die ökonomische Wissenschaft hat seinem Urteil zufolge exakte Gesetze zu entwickeln, deren Beobachtbarkeit in der Wirklichkeit allerdings durch verschiedene Einflüsse verstellt wird. Aufgrund der Beeinträchtigung der Beobachtbarkeit des Verhaltens in komplexen Situationen muss der Oekonom bei den einfachsten Elementen beginnen und mit Hilfe der Gesetze untersuchen, wie komplexere menschliche Phänomene zustande kommen. Im Gegensatz zu einer empirisch-realistischen Forschung, die Regelmässigkeiten - nicht Notwendigkeiten hervorbringt, können mit der exakten theoretischen Analyse (Menger) logisch notwendige Beziehungen zwischen exakten Typen hergeleitet werden (vgl. Machlup 1978, 567).

Einen nachhaltigen Einfluss auf das Verhältnis der Oekonomen zur Methodologie übte Robbins Schrift "Essay on the Nature and Significance of Economic Science" aus, die 1932 zum erstenmal publiziert wurde und Blaug zufolge als polemisches Meisterwerk überwältigende Begeisterung auslöste (Blaug 1980, 87). In seinem Aufsatz, in dem er die Tatsache, dass Individuen ihre Präferenzen ordnen können und dies auch tun, zum zentralen Postulat der Werttheorie erklärte, lehnte er sich verschiedentlich an die oesterreichische Schule an (vgl. Blaug 1980, 87f). Mit seiner Folgerung, dass durch die Hervorhebung der Unterschiede der Sozialwissenschaften zu den Naturwissenschaften weniger Schaden angerichtet werde als durch die Hervorhebung ihrer Aehnlichkeiten, weist er unmissvertändlich auf die Problematik der gängigen wissenschaftstheoretischen Missinterpretation der ökonomischen Methodik hin.

Robbins Aufsatz fällt zeitlich ungefähr zusammen mit der auf Pareto beruhenden und durch Allen und Hicks zum Ausdruck gebrachten, allgemein akzeptierten Ablehnung einer naturwissenschaftlichen Begründung des ökonomischen Handelns. Obwohl das in den Präferenz- und Indifferenzkurven abgeleitete Vorzugshandeln nur noch als a priori wahr vorausgesetzt wurde, erfolgten am Gesetz des abnehmenden Grenznutzens immer wieder empiristische Deutungen. Die auf Pareto beruhenden Herleitungen der Präferenzkurven durch Allen und Hicks wie auch durch Samuelson scheinen nicht zuletzt auch aufgrund ihrer eigenen Interpretationen empiristische Auslegungen geradezu einzuladen. Trotz der Beachtung, die Robbins' Aufsatz geschenkt wurde, und trotz der allgemeinen Zurückweisung der naturwissenschaftlichen Begründung der Nachfragetheorie, scheint die wissenschaftstheoretische Diskussion wenig Interesse gewonnen zu haben. Die ökonomische Theorie beruht faktisch weiterhin auf einer als a priori gültig verstandenen ökonomischen Handlung, die aber auch weiterhin empiristisch interpretiert wird und insbesondere Anlass dazu gibt, die Schlüsse ökonomischer Theorie empiristisch auszulegen.

An dieser Stelle machen wir historisch einen Sprung "nach vorn", um uns abschliessend mit Becker als Vertreter der gegenwärtig modernsten umfassenden Version der neoklassischen Nachfragetheorie - der Neuen Nachfragetheorie - zu beschäftigen. Beckers Ansatz ist insofern von speziellem Interesse, als er die reine Oekonomie als Instrument versteht, mit dem sämtliches menschliche Handeln konsistent ökonomisch erklärt werden kann.

3.5 Eine umfassende Theorie menschlichen Handelns: Beckers Version der Neuen Nachfragetheorie

"In der Tat bin ich zur Auffassung gekommen, dass der ökonomische Ansatz so umfassend ist, dass er auf alles menschliche Verhalten anwendbar ist, sei es nun Verhalten, das monetär messbar ist oder unterstellte 'Schatten'-Preise hat, seien es wiederkehrende oder seltene Entscheidungen, seien es wichtige oder nebensächliche Entscheidungen, handele es sich um emotionale oder nüchterne Ziele, reiche oder arme Menschen, Männer oder Frauen, Erwachsene oder Kinder, kluge oder dumme Menschen, Patienten oder Therapeuten, Geschäftsleute oder Politiker, Lehrer oder Schüler." (Becker 1982, 7)

Becker drückt damit unmissverständlich den Anspruch aus, dass die Oekonomie in der Form der Neuen Nachfragetheorie ausnahmslos auf alles menschliche Handeln bezogen werden kann. Unter dieser Voraussetzung wäre es auch falsch, die Oekonomie - wie dies in der Oekonomie selbst, aber v.a. in andern Sozialwissenschaften geschieht - an ihrem Geltungsbereich zu definieren, denn nicht ihr Geltungsbereich ist für die Oekonomie massgebend sondern ihre Grundannahmen. Die den ökonomischen Ansatz gegenüber allen andern sozialwissenschaftlichen Ansätzen charakterisierenden Annahmen (nutzenmaximierendes Verhalten, Marktgleichgewicht und Präferenzstabilität), werden von der Oekonomie strikt und ohne Einschränkung auf jegliches Handeln angewandt (vgl. Becker 1982, 4).

So beschränkt sich der ökonomische Ansatz nicht nur auf traditionelle Bereiche des Marktes (eine Erhöhung des Marktpreises für Eier senkt die Nachfrage nach Eiern, ein Anstieg der Wartezeiten in Sprechzimmern von Aerzten - als Komponente des Gesamtpreises für medizinische Dienstleistungen - senkt die Nachfrage nach ärztlichen Diensten (Becker ebd., 4)),sondern hat seine Berechtigung ebenso für "aussermarktliche" Bereiche (die Höhe der Bestrafung von Kriminellen wirkt sich auf die Kriminalität aus etc. (Becker ebd., 5)). Die Beschränkung des ökonomischen Ansatzes auf einen beispielsweise durch den Markt definierten Geltungsbereich wäre gemäss Becker als kurzsichtig zu beurteilen, da durch die richtige Anwendung der Grundannahmen ebenso der Kauf von Marktgütern und marktmässig angebotenen Dienstleistungen wie auch Kriminalität, Heiratsverhalten, Bestimmungsgründe für Krieg oder andere politische Entscheidungen, gesundheitsförderndes wie -schädigendes Verhalten (Sport bzw. Rauchen) etc. erklärt werden können (Becker ebd., 4ff).

Dadurch, dass Becker die Oekonomie nicht an ihrem Geltungsbereich in der empirisch erfahrbaren Lebenswelt definiert, sondern an ihrer a priori gültigen analytischen Grundlage, reiht er sich eindeutig in die Tradition der "reinen" Oekonomie ein. Auf der Grundlage des Gesetzes ökonomischen Handelns erklärt er alles menschliche Handeln in zwingenden Zusammenhängen, wobei es ihm sogar gelingt, analytisch auf die Annahme individueller Präferenzen zu verzichten. Präferenzen sind nicht individuell menschliche Gegebenheiten sondern Handlungsvoraussetzungen, die ökonomisch interpretiert werden können.

Diese ökonomische Interpretation menschlichen Verhaltens stellt solange keine Probleme, als die einzelnen Analysen als das verstanden werden, was sie sind: Ergebnisse, die aufgrund der (ökonomischen) Verhaltensannahmen rein logisch abgeleitet werden, ohne auf eine spezifisch empirische Situation Bezug zu nehmen. Das Ergebnis steckt gänzlich in den Annahmen und der Logik der Verknüpfungen. Die Tautologiekritik ist aus dieser Perspektive insofern nicht angebracht, als die analytische Wissenschaft nichts anderes als Tautologien zu erzeugen beabsichtigt. Problematisch wird diese Interpretation menschlichen Verhaltens in dem Moment, wo die Analyse auf ein empirisch beobachtbares Verhalten angewendet wird und Schlüsse über das Verhalten gezogen werden.

Beschreibt Becker mit dem ökonomischen Instrumentarium irgendwelches empirisch beobachtetes Verhalten, betreibt er genauso eine Idealisierung der beobachteten Wirklichkeit, wie die Physik Idealisierung in der Natur betreibt. Während aber die Physik solange nicht als Instrument zur Beschreibung der Naturphänomene, wie sie wirklich sind, angezweifelt wird, als die Beschreibung nicht offensichtlich mit den Reaktionen der Natur kollidiert, wird die von der Oekonomie vorgenommene Idealisierung menschlichen Handelns bezweifelt, sobald sie mit der eigenen Erfahrung der bezeichneten Menschen konfligiert. Die Natur kann zu den Grundannahmen der Idealisierung keinen Kommentar geben - sie kritisiert diese erst dadurch, dass sie den analytisch gewonnenen Folgerungen mit den tatsächlichen Reaktionen teilweise in fataler Weise antwortet. Die handelnden Menschen können zu den Annahmen der ökonomischen Theorie aufgrund ihrer eigenen Erfahrungen unmittelbar Stellung nehmen.

Wenn Becker zum Ergebnis kommt, "dass eine Person eine Straftat begeht, wenn der für sie erwartete Nutzen grösser ist, als der Nutzen, den sie realisieren könnte, wenn sie ihre Zeit und sonstigen Ressourcen für andere Aktivitäten einsetzen würde" (ebd., 47), leistet er dadurch zwar eine im Sinne seiner Definition ökonomischen Handelns idealisierende Interpretation kriminellen Handelns. Gehen wir aber in der Tradition des westlichen Menschenbildes davon aus, dass der Mensch über einen freien Willen verfügt und seine Entscheidungen aufgrund seiner subjektiven Interpretation der jeweiligen Handlungssituation fällt, ist der Beitrag der Wissenschaft zum Verständnis kriminellen Handelns davon abhängig, inwiefern die ökonomische Interpretation des Handelns die Erfahrung der Betroffenen tatsächlich erfasst. Die ökonomische Interpretation muss die für die kriminelle Handlung massgebenden Voraussetzungen so erfassen, wie sie für die Handelnden relevant sind. Andernfalls betreibt sie ex post eine inadäquate Beschreibung empirisch erfassten Handelns und führt, wie gerade im Beispiel des kriminellen Handelns zu Erkenntnissen, die mit dem zeitgemässen Verständnis offensichtlich konfligieren. Ueber Benthams Theorie effizienter Bestrafung geht sie jedenfalls nicht hinaus.

Will die Oekonomie mehr sein, als eine spezielle Form von

Geschichtsschreibung (vgl. McCloskey 1986, 63ff), die sich nicht um ihren Bezug zur erlebten Wirklichkeit der beschriebenen Individuen kümmert, muss sie sich versichern, dass sie der Wahrnehmung der Handelnden gerecht wird. Dies bedeutet aber, dass - wenn wir vom "economic man" oder seiner modernen Version, dem Homo oeconomicus, ausgehen - die für das idealtypische Verhalten relevanten Voraussetzungen der Alltagserfahrung adäquat erfasst werden müssen und sich die dem Alltagshandeln zugrundeliegende Rationalität sinnvoll als Maximierung auf ein bestimmtes Ziel-eine grundlegende Präferenz - interpretieren lässt. Wenn, wie Kaldor schreibt (1973, 83), infolge der einseitigen analytischen Entwicklung der ökonomischen Theorie das Schiff heute viel weiter vom Strand entfernt ist, als es zur Zeit seiner Erbauer im neunzehnten Jahrhundert war, ist es die Aufgabe einer Theorie, die sich als Sozialwissenschaft versteht, ihre Anknüpfung an die Lebenswelt wieder zu finden.

4. DIE SUBJEKTIVE ERFAHRUNG ALS FUNDAMENT DER OEKONOMIE

In der Weise, wie die ökonomische Interpretation des Handelns mit den Erfahrungen der Handelnden konfligiert, kommen Zweifel an der Sinnhaftigkeit des Interpretationsschemas auf. Beckers Hegemonialanspruch für die Anwendbarkeit des ökonomischen Handlungsgesetzes löst in diesem Sinn berechtigte Kritiken an der Wissenschaftlichkeit seines Ansatzes aus.

Wollen wir vermeiden, dass die Oekonomie nicht wie die Geometrie (oder Physik) zu einem sinnentleerten Idealisierungsinstrument wird (vgl. Husserl 1954, 49), dem der Bezug zur tatsächlichen Erfahrung abhanden kommt, müssen wir uns - wie Ricardo und Mill dies bei der Begründung des "economic man" taten - auf die dem ökonomischen a priori Gesetz zugrundeliegende subjektive Erfahrung zurückbesinnen. Es kann nicht angehen, das ökonomische Handeln auf der historisch bedingten Annahme der Nutzenmaximierung zu basieren, ohne sich der Angemessenheit in einem gegenwärtigen

Kontext Rechenschaft abzulegen. Während die Physik von einer konstanten Aussenwelt ausgeht, ist im Falle der von der Oekonomie unterstellten handlungsleitenden Erfahrung davon auszugehen, dass sie einem dauernden historischen Prozess unterworfen ist. Die von der Oekonomie als a priori gültig unterstellte Annahme kann, will sie nicht eine von der Lebenswelt völlig abgekoppelte Wissenschaft begründen, nicht zeitlose Gültigkeit beanspruchen, sondern muss ihre Grundlage dauernd neu überdenken.

In der Terminologie von Schütz gesprochen, ist von einer ökonomischen Theorie, die sich als Wissenschaft menschlichen Handelns versteht, zu fordern, dass sie sich der Adäquanz ihrer Begriffe und Grundannahmen versichert:

> "Jeder Begriff in einem wissenschaftlichen Modell menschlichen Handelns muss so konstruiert sein, dass eine innerhalb der Lebenswelt durch ein Individuum ausgeführte Handlung, die mit der typischen Konstruktion übereinstimmt, für den Handelnden selbst ebenso verständlich wäre wie für den Mitmenschen, und das im Rahmen des Alltagsdenkens. Die Erfüllung dieses Postulats verbürgt die Konsistenz der Konstruktionen des Sozialwissenschaftlers mit den Konstruktionen, die von der sozialen Wirklichkeit im Alltagdenken gebildet werden." (Schütz 1971, cit. in: Eberle 1984, 125)

Die Neue Nachfragetheorie geht, in der von Becker vertretenen Form, wie er durch seine Referenz zu Jeremy Bentham deutlich erkennen lässt (Becker 1982, 8), mit der Grundannahme der Nutzenmaximierung massgebend auf den Utilitarismus zurück. Im Interesse, dieses a priori Gesetz der Neuen Nachfragetheorie auf seine Adäquanz im heutigen Erfahrungskontext zu überprüfen, wollen wir nicht einen speziellen von Beckers ökonomischen Ansatz neu erschlossenen, sozialen Bereich untersuchen, sondern beim marktmässigen Konsum ansetzen. Die Untersuchung des Bereichs, der bei der Entwicklung der Grenznutzentheorie im Zentrum stand, soll aufzeigen, ob die ihrer Entwicklung zugrundegelegte Annahme der Nutzenmaximierung unter gegenwärtigen Umständen noch adäquat ist. Uns interessiert, ob die Erfahrung der Konsumenten, die in einem bestimmten historischen Kontext zur grundlegenden Annahme des Nutzenmaximierungsprinzips Anlass gegeben hat, noch mit der

Erfahrung der Konsumenten in der Gegenwart übereinstimmen.

Um diese Frage zu beantworten, richten wir unsere Aufmerksamkeit vornehmlich auf die Erfahrungsstruktur gegenwärtigen Konsumsverhaltens. Wenn wir im Verlauf dieser Darstellung verschiedentlich auf Momente eines Wandels hinweisen, sind diese Ausführungen nicht im Sinne einer präzisen historischen Fixierung auf Zeit, Ort und Umfang zu interpretieren. Vielmehr soll damit auf Brüche aufmerksam gemacht werden, die sich seit der Entwicklung des Utilitarismus irgendwann in mehr oder minder ausgeprägter Weise ereignet haben und zur Veränderung der Erfahrung des Konsumenten in der einen oder andern Form beigetragen haben. Wesentlicher als die historisch genaue Fixierung von Aenderungen im Konsumverhalten ist deren Einfluss auf die Erfahrung gegenwärtiger Konsumformen durch den Konsumenten.

2. TEIL

Der Produktekonsum in individueller Perspektive

1. DER EINKAUF

Versuchen wir, anhand des Lebensweges, den ein Produkt in den Händen eines Konsumenten durchläuft, das sich hinter dem Begriff Konsum verbergende Phänomen in seinem ganzen Facettenreichtum aufzublättern, bietet der Einkauf der Produkte einen logischen Ausgangspunkt für unser Vorhaben. Wenn auch der Einkauf mit dem simplen Begriff des käuflichen Erwerbs erfasst werden kann, ist ohne weiteres einzusehen, dass allein schon hinter diesem Begriff ein äusserst komplexes Alltagsphänomen steckt, das sich kaum auf einen adäquaten Begriff reduzieren lässt. In der folgenden Darstellung wird versucht, die meines Erachtens wichtigsten Strukturen des Phänomens Einkauf herauszuschälen und durch die Beobachtung der extremen Ausformungen dieser Strukturen zu ihrer tieferen Bedeutung vorzudringen.

Bevor wir die soziale Aktivität des Einkaufens unter die Lupe nehmen, sei in einem einleitenden Abschnitt das von einem aussenstehenden Beobachter wahrzunehmende Bühnenbild, vor dem sich der Einkauf abspielt, vor Augen geführt. Zu diesem Zweck wollen wir uns damit begnügen, zwei extreme Bilder, die gleichzeitig einer historischen Entwicklung entsprechen, zu beschreiben und die Darstellung der dazwischenliegenden unbegrenzten Anzahl denkbarer Varianten der Vorstellung des Lesers überlassen.

1.1 Bühnenbilder: Die alte Drogerie und das Einkaufszentrum

1.1.1 Die alte Drogerie

Der Gegensatz zwischen dem "Laden" oder "Geschäft" und dem Einkaufszentrum, der in unserer Kultur im gegenwärtigen Urteil vom "alt-modern" Gegensatz geprägt ist, entspricht einer historischen Entwicklung. Unter dem Eindruck des Erfolgs des ersten Pariser Warenhauses bringt Zola diesen Gegensatz durch die aussichtslose Konkurrenz von Baudus altem Laden gegenüber dem neuen "Bon Marché" zum Ausdruck. In der Gegenüberstellung mit dem Warenhaus, das die Kunden mit Geräumigkeit und Helligkeit aufnimmt, wirkt Baudus alter Textilienladen eng und düster: Zum "Bon marché" schreibt Zola: "Partout on avait gagné de l'espace, l'air et la lumière entraient librement, le public circulait à l'aise... (Zola 1964, 612), und zu Baudus Laden: "Les clients, qui lui reprochaient sa boutique sombre, reviendraient certainement quant elles la verraient flamber toute neuve" (Zola 1964, 581). Läden wie Baudus Boutique, die vor dem Aufkommen der Einkaufszentren für die traditionellen Einkaufslokalitäten typisch waren, sind heute noch vereinzelt in ihrer herkömmlichen Erscheinung anzutreffen. Betrachten wir ein derartiges, "antik" wirkendes Exemplar genauer, wird klar, dass Baudus den Unterschied seines Ladens gegenüber dem Warenhaus nicht durch eine farbliche Auffrischung des Raumes wettmachen kann. Wie Zola mit der Schilderung des ersten Pariser Warenhauses bereits zeigt, hat mit diesem gegenüber dem Laden das ganze Konzept der Einkaufsumgebung geändert.

Die alte Drogerie, die ich als stellvertretendes Beispiel für die traditionellen Einkaufsgelegenheiten beobachtet habe, befindet sich im untersten Stock eines Wohnhauses und fügt sich praktisch nahtlos in die Fassade. Während die Fenster, die sich ursprünglich nicht von den übrigen Fenstern der Gebäudefassade unterschieden, irgendwann durch rahmenlose, grossflächige Schaufenster ersetzt wurden, verschafft man sich den Eintritt in den Laden immer noch durch die ursprüngliche Türe, die sich von der Haustüre in der angrenzenden Hauswand nur durch die Scheibe in der oberen Türhälfte unterscheidet, die den Einblick ins Innere des Ladens gewährt. Oeffnen lässt sich die Türe genauso wie die Haustüre durch das Betätigen einer golden glänzenden Klinke. Hat man die Türe nach dem Betreten des Ladens hinter sich zugestossen, sieht man sich, lediglich durch einen Ladentisch getrennt, direkt dem Ladenbesitzer oder seinem Verkäufer gegenüber. Auf dem Ladentisch, der beidseitig von Vitrinen gesäumt ist, lasten eine schwere Kasse und ein Glasbehälter, welcher Traubenzuckerdragees und andere abgefüllte Bonbons enthält. Den Wänden entlang sind hölzerne Gestelle zusammengefügt, die bis auf Hüfthöhe beschilderte Frontseiten von Schubladen erkennen lassen und im oberen Teil den Blick auf aufgereihte Produkte freigeben: braunglänzende Flaschen, die sich nur durch die eingebrannten Aufschriften unterscheiden lassen, bunt ettikettierte Flaschen und bereits kauffertig abgepackte, farbige Schachteln. In den einzeln mit Emailschildern angeschriebenen Schubladen befinden sich offene und abgepackte Produkte. Indem der Platz des Kunden im Laden durch die Anordnung der Ladeneinrichtung und durch den Platz, an dem der Verkäufer auf die Wünsche des Kunden wartet, auf der einen Seite des Ladentisches relativ eng definiert ist, wird der eigenmächtige Zugriff des Konsumenten zu den Produkten verhindert. Die sich in Griffnähe des Konsumenten befindlichen Produkte sind durch die Verglasung der Vitrinen von ihm abgegrenzt. Zu den übrigen Produkten versperren Ladentisch und Vitrinen den Zugang.

1.1.2 Das Einkaufszentrum

Das Einkaufszentrum, das sowohl fernab von einer grösseren Stadt an einem Verkehrsknotenpunkt, als auch (meist in etwas beschränkteren Dimensionen) im Zentrum jeder grösseren Stadt zu finden ist, bildet den Inbegriff moderner Verkaufsorganisation. Historisch geht seine Entwicklung sowohl auf das Warenhaus, das dem Einkaufszentrum heute meist einverleibt ist, als auch auf die Passage zurück. Das Warenhaus als früheste Form der modernen Einkaufsorganisation präsentiert sich dem Konsumenten gegenüber den traditionellen Läden durch eine völlig neue Konzeption:

> "The department store, like the city street, like the railroad coach or compartment, was a new kind of public place. It changed the entire act and art of shopping. One did not simply enter a shop and ask the storekeeper to go to his shelves or backroom for an item. In the department store, things were displayed, and the shopper had a range of things to observe. In Chicago in the 1890s, department stores were called 'monsters', 'inventions of the devil', 'vultures,' and 'producers of crime, sorrow, and disgrace'." (Schudson 1984, 150)

Die Dimensionen, in denen es sich dem Konsumenten eröffnet, haben schon Zola, der es "Kathedrale des modernen Geschäftslebens" (Zola 1964, 612) bezeichnet, beeindruckt. Die Passagen wurden durch die Glasbedachung einer Durchgangsverbindung zweier Strassen konstruiert, in der sich einer wettergeschützten Einkaufsstrasse gleich ein Laden an den andern reiht. Von ihrem Konzept her können sie als Vorläuferinnen des modernen Einkaufszentrums verstanden werden, was sich an Benjamins Charakterisierung als "eine Stadt, eine Welt im Kleinen" (Benjamin 1974, 1044) widerspiegelt. Wie Zolas Beschreibungen des "Bon Marché" und Benjamins Ausführungen zu den Pariser Passagen zu erkennen geben, vereinigt das moderne Einkaufszentrum die wesentlichen Charakteristiken von (meist luxuriösem) Warenhaus und Passage.

Das Innere des modernen Einkaufszentrums, das man aus der Tiefgarage mit dem Lift erreicht oder zu Fuss durch einen Schlund von Vitrinen, dessen Glastüren sich automatisch öffnen, gleicht einer künstlich kreierten Einkaufsstrasse. Den Unterschied zur offenen Einkaufsstrasse charakterisierte schon Benjamin am künstlichen Klima, das in der Passage herrschte: "Das waren Räume für ein Geschlecht, das vom Wetter zu wenig wusste und sonntags, wenn es schneite, statt auf Skiern in den Wintergärten sich wärmte" (ebd.). Wer eine moderne Einkaufsstrasse aufsucht, wird nicht nur vom Regen geschützt, auch die Temperatur wird auf ein optimales Wohlbefinden ausgerichtet und die Beleuchtung trennt ihn endgültig von den Launen der Witterung. Wie Beleuchtung, Springbrunnen, Pflanzen und die Arrangierung von Bänken und Sesseln erkennen lassen, ist der zwischen den Shops geschaffene Raum einer dem Klima entsprechenden, idealen Dorfstrasse oder einem Dorfplatz nachgebildet. Auch beherbergt der Dorfplatz "Strassencafés", Kunstausstellungen, Plakatausstellungen, sogar Präsentationen von lebendigen, exotischen Tieren, von leuchtend farbigen Mineralien, von glänzenden alten Autos und Motorrädern. Der Raum zum oberen Stockwerk ist offen gelassen, so dass sich die Stimmung der Dorfstrasse oder des Dorfplatzes auch auf das "Trottoir" überträgt, das im oberen Stockwerk an den Läden vorbeiführt.

Der Blick durch die riesigen Scheiben in die Tiefe des Shops rufen immer noch die Erinnerung an übergrosse Aquarien wach. "Das Farbenspiel der [im Aquarium wuchernden Tiefseefauna] kann nicht brennender sein" (ebd., 1051) als dasjenige, das sich hinter den rahmenlosen Glasscheiben, welche die Abgrenzung zum Innern der Läden zu verhehlen versuchen, darbietet. Verkaufstechnisch erklärt heisst das: "So sind beispielsweise lichttechnische Verbindungen von Schaufenster und Verkaufsraum hervorragend dazu geeignet, den Blick von der Warenpräsentation im Fenster in das Geschäft zu führen" (Happel 1988, 12).

Der Bedeutung der Farben für das Erlebnis des "Shopings" ist sich schon Zolas Warenhausbesitzer bewusst, wie er mit der provokativen Frage an einen Angestellten erkennen lässt: "Mais pourquoi cherchez-vous à ménager l'oeil? [...] N'ayez donc pas peur, aveuglez-le [...] Tenez! du rouge! du vert! du jaune!" (Zola 1964, 433). Seine Anweisungen zeigen deutlich, dass die gezielt arrangierten Produkte, die an einem modern eingerichteten Einkaufsort dargeboten werden, die Aufmerksamkeit des Konsumenten nicht an bestimmte Produkte und deren Preise binden wollen. Nicht einzelne Produkte sollen den Blick des Beobachters einnehmen. Die Fülle der Produkte soll den Konsumenten durch gefällige Kombinationen unterhalten. Die Ausstellung soll nicht zu einer kritischen Betrachtung Anlass geben, sondern Freude vermitteln. "So wird der Verkaufsort als Bühne bestimmt mit der Funktion, dem Publikum Erlebnisse zu vermitteln, die erhöhtes Einkaufsverhalten stimulieren" (Haug 1971, 86).

> "Gezeigt und verkauft werden nicht mehr Sorten, Artikel und Warengruppen, sondern Lifestyle. Kreiert werden Faszinationspunkte, die bereits von weitem sichtbar sind- emotionale Brennpunkte, ausgerichtet auf das visuelle Kauferlebnis. Wie auf einer Bühne wird die Ware in Szene gesetzt - häufige Szenenwechsel signalisieren aktuelle Sortimente, so dass jeder einzelne Kontakt mit dem Verkaufsraum ein immer neues Erlebnis bietet." (Happel 1988, 13)

Die weitgeöffneten Glastüren gewähren den Zutritt zur "Tiefsee-fauna". Was sich vom Trottoir aus nur mit den Blicken abtasten liess, kann durch durch das Umgehen der Verglasung von allen Seiten betrachtet und betastet werden. Im Unterschied zur alten Drogerie ist für den Konsumenten kein Platz vorgesehen, den er nach Betreten des Ladens als "Platz-für-den-Kunden" erkennt. Das Labyrinth von Ständern und Gestellen verhindert vielmehr den geraden Weg durch den Shop auf ein bestimmtes Ziel hin. Die Anordnung der Produkte lässt erkennen, dass vom Konsumenten nicht eine zum vornherein bestimmte Kaufabsicht erwartet wird und er des gewünschten Produktes möglichst schnell habhaft wird. Im Gegenteil: Der Konsument soll bei seiner Entdeckungsreise durch die angebotene Ware immer wieder auf etwas stossen, das sein Interesse zu erwecken vermag. Anders als in der alten Drogerie ist der Kunde hier mit fast Allem in sichtbarem Kontakt; auch lassen sich die meisten Produkte vom Kunden berühren und in die Hände nehmen. Einzig Kameras und Spiegel weisen den Kunden mancherorts darauf hin, dass sein Umgang mit den Produkten beobachtet wird, auch wenn sich kein Verkäufer unmittelbar zeigt. Elektronische Türwächter zeigen dem Konsumenten schliesslich, dass er beim Austritt aus dem Laden auf eventuell unbezahlt mitgenommene Gegenstände abgetastet wird.

Ebenso wie in diesem Shop Kleider präsentiert sind, werden in einem Shop vis-à-vis Kleider ausgestellt, was den Eindruck erwecken könnte, die beiden Geschäfte würden sich konkurrieren. Bei genauerem Hinsehen, lässt sich erkennen, dass sie durch unterschiedliche Farbtöne und -kombinationen, durch andere Anordnug der ausgestellten Produkte und andere Ausleuchtung einen unterscheidbaren Gesamteindruck - einen andern Stil-erzeugen. In gewissen Fällen (bspw. Benneton und Esprit) verrät der Blick durch das Schaufenster - mit Ausnahme der verschiedenen Aufschriften - einem nicht in das moderne System der Kleider initiierten Konsumenten keinen artikulierbaren Unterschied.

Da wir mit diesen Ausführungen auf die wesentlichen Unterschiede in der visuellen Erscheinung von traditionellem Laden und Einkaufszentrum hingewiesen haben, wollen wir es bei diesen Ausführungen zum Bühnenbild belassen. Anstatt die Betrachtung mehr ins Detail zu führen, wollen wir zunächst an andere, heute noch den Alltag vieler Konsumenten prägende, aber auch an weitgehend aus dem modernen Alltag verschwundene Einkaufsorganisationen erinnern. Anschliessend werden wir uns den Hauptakteuren, Konsumenten und Verkäufern zuwenden und nach ihrer Aktivität fragen.

1.1.3 Andere Formen der Einkaufsgestaltung

Wie bereits angetönt, spielt das Warenhaus, das wir als früheste Erscheinung der modernen Einkaufsgestaltung bezeichnet haben, auch im heutigen Konsumalltag eine zentrale Rolle. Das Warenhaus lässt sich gegenüber dem Laden, aus dem es sich entwickelt hat, am generellsten durch das Güterangebot abgrenzen, das sich auf einen wesentlich breiteren Verwendungszusammenhang im Alltag der Konsumenten bezieht. In seiner Gestaltung kann es aber die ganze Spannweite vom altem Geschäft bis zum modernen Shop abdecken. Vor allem das Warenhaus mit preisgünstigem Angebot (Discounter) lehnt sich an den Lagerhauscharakter des Geschäfts an: Die Warenauslage präsentiert sich dem Konsumenten wie in einem Lagerhaus, in dem er sich frei bewegt und die Produkte selbst aus den Regalen nimmt. Die Anordnung der Produkte soll einen möglichst rationellen Einkauf erlauben, bei dem der Konsument mit dem Personal kaum mehr in Kontakt tritt. Das Personal, dem der Konsument beim Einkauf begegnet, hat im wesentlichen die Aufgabe, die Gestelle nachzufüllen und das Geld für die vom Konsumenten eingekauften Produkte einzukassieren. Das luxuriösere Warenhaus erinnert eher an die unabgetrennte Vereinigung mehrerer Shops: Die Präsentation der Produkte, die periodisch verändert wird, soll dem Konsumenten das Angebot in erlebnishaften Kontexten vor Augen führen. Der Konsument soll durch das Warenangebot unterhalten und geführt werden. Auch ist Personal anwesend, das sich als Verkaufspersonal oder eher als Beraterpersonal dem Kunden zu erkennen gibt.

Nebst dem Warenhaus spielt der periodisch abgehaltene Markt (v.a. für Lebensmittel) noch eine gewisse Rolle im modernen Einkaufsgeschehen. Während er früher die Funktion einer rationellen Lebensmittelversorgung erfüllte, kommt dem Markt heute allerdings, wie auch sein touristischer Wert zeigt, wesentlich unterhaltende Bedeutung zu. (Speziell ausgeprägt zeigt sich dies beim Jahrmarkt.) Während der Markt die Funktion ausübte, die Stadtbewohner mit den auf dem Land erzeugten Lebensmitteln zu versorgen, kam dem Hausierer die umgekehrte Funktion auf dem Land zu. Der Hausierer versorgte die abgelegenen Haushalte mit für die Haushaltsführung wesentlichen Produkten, die geographisch einen bestimmten Ursprung hatten. Gleichzeitig brachte er auch Luxusgüter mit sich, die ausserhalb der normalen Reichweite der belieferten Haushalte erzeugt wurden. Während der Hausierer historisch eine zentrale Funktion in der Güterversorgung erfüllte, wurden die letzten Hausierer auf dem Land eher wie Bettler behandelt, denen, wie die Schilder "Betteln und Hausieren verboten" an den Haustüren bekanntgeben, die meisten Leute unter den Bedingungen der modernen Einkaufsorganisation auswichen. In der Regel zieht man es vor, die vom Hausierer angebotenen Produkte im Warenhaus zu erwerben, wo man darauf vertraut, einen günstigen Preis zu bezahlen, aus einem grossen Angebot auswählen und vor allem bei Lebensmitteln auf die hygienische Handhabung zählen zu können. Der traditionelle Hausierer wurde durch den in den Vereinigten Staaten schon 1887 von Sears eingeführten Post-Hausierer ersetzt (vgl. Leiss/Kline/Jhally 1986, 62f), der auch dem fernab moderner Einkaufsgelegenheiten wohnenden Konsumenten den Zugriff zu dem sich ausweitenden Produkteangebot eröffnete. Der noch heute erfolgreiche Katalogversand, bei dem der Konsument die Produkte hauptsächlich aufgrund der fotografischen Abbildungen beurteilt, kommt bezeichnenderweise ohne jeden face-to-face Kontakt mit einem Verkäufer aus.

1.2 Die Aktivität: Von der Haushaltsarbeit zur Freizeitbeschäftigung

Der Erwerb von Produkten spielt sich nicht nur vor verschiedensten Bühnenbildern ab, sondern ist auch in unterschiedlichste Aktivitäten eingebettet. Nicht zufällig ist eine spezifische Form des Produkteerwerbes an ein bestimmtes Bühnenbild gebunden und die Aktivität mit einem jeweils entsprechenden Verständnis des Konsumenten verbunden. Um die sich in den verschiedenen Aktivitäten abzeichnenden Gegensätze, zwischen denen eine recht scharfe Trennlinie verläuft, zu benennen, wird im folgenden die eine (traditionelle) Form als "Einkaufen" und die andere als "Shopping" bezeichnet. Das Selbstverständnis, welches der Konsument mit dem Einkaufen verbindet, lässt sich unserer Alltagserfahrung entsprechend unschwer der Haushaltsarbeit zuordnen, dasjenige, das er mit dem Shopping verbindet, der Freizeit. Die Wurzeln dieser Opposition reichen zurück bis zum "Bon Marché", der sich bereits als eine in einen städtischen Lebensstil passende Gelegenheit der Freizeitbetätigung verstand (vgl. Bowlby 1987, 187).

Mit den folgen Ausführungen wird aus der Sicht der Erfahrungen, die mit den zwei unterschiedlichen Formen einhergehen, die Frage geklärt, wie diese Zuordnung im Alltag erfolgt. Die Klärung soll Aufschluss darüber erteilen, was die Aktivität des Einkaufens- als erster Bestandteil des Konsums - für den Konsumenten bedeutet. Auf der Suche nach einer Antwort, wollen wir den Konsumenten zunächst beim Einkaufen resp. Shopping beobachten. Dabei gehen wir wiederum von zwei sich ideal unterscheidenden Situationen des traditionellen Einkaufens und des Shoppings aus.

1.2.1 Einkaufen als Haushaltsarbeit

Die nicht erwerbstätige, verheiratete Hausfrau, parkiert ihr Fahrzeug am Morgen eines Wochentags, an dem die Kinder in der

Schule sind, möglichst nahe der oben beschriebenen Drogerie. Auf dem kürzesten Weg begibt sie sich zum Laden, um ohne Zögern einzutreten. Sie findet sich als einzige Kundin vor und wird sogleich vom Geschäftsinhaber begrüsst. Während sie ihre Einkaufsliste aus der Tasche kramt, erkundigt sich der Verkäufer nach ihrem Befinden. Sobald sie den Zettel vor Augen hält, beginnt sie ein Produkt nach dem andern zu nennen und spezifiziert jeweils, was sie genau meint, wenn sie die Möglichkeit einer Unklarheit vermutet. Der Verkäufer sucht eines der genannten Produkte nach dem andern zusammen, macht zwischendurch einen Kommentar zu einem Produkt oder überreicht es der Kundin zur Beurteilung. Die Produkte häuft er auf dem Ladentisch auf. Schliesslich fragt die Kundin den Drogisten nach Rat für ein empfehlenswertes Mittel gegen den Husten eines ihrer Kinder und lässt sich das empfohlene Produkt zu ihren Einkäufen legen. Nachdem die Kundin alles von ihrer Liste genannt hat, das sie in der Drogerie zu erhalten hofft, tippt der Geschäftsinhaber die Preise in die Kasse und gibt anschliessend die geschuldete Summe bekannt. Die Kundin begleicht den genannten Betrag und nimmt die Produkte entgegen, die ihr der Verkäufer zum Einpacken einzeln überreicht. Mit kurzem Gruss und Dank verabschiedet sich die Kundin.

Betrachten wir den beobachteten Vorgang, der sich in vergleichbarer Form vor allem in Läden auf dem Land noch in verschiedenen Varianten abspielt, dann fällt zunächst das organisierte und routinisierte Verhalten der Kundin auf. Sie parkiert ihr Fahrzeug möglichst nahe der Drogerie, denn sie weiss genau, dass sie einen Teil ihrer Einkäufe in diesem Laden erledigen wird. Die Wahl des Ladens ist schon seit geraumer Zeit aus Gründen der geographischen Distanz oder persönlicher Beziehungen zum Geschäftsinhaber erfolgt und wird höchstens überdacht, wenn sich etwas Aussergewöhnliches ereignen sollte. Hat die Kundin den Laden betreten, wird sie begrüsst und falls niemand anders auf Bedienung wartet, nach ihren Wünschen gefragt. Der Verkäufer wendet sich eindeutig der Kundin zu, erwartet aber auch, dass sie den Laden mit der Absicht betreten hat, bestimmte Produkte zu kaufen. Wie die

Einkaufsliste dokumentiert, ist sich die Kundin der Erwartung seitens des Verkäufers bewusst. Bereits zuhause hat sie festgelegt, was sie im betreffenden Laden einzukaufen beabsichtigt.

Auch die Gestaltung des Ladens bildet die Organisation des Einkaufgeschehens ab: Der Laden ist weitgehend eingerichtet wie ein Lagerhaus, in dem der Geschäftsinhaber die Funktion eines Lagerverwalters einnimmt, der sich um den Nachschub der dem traditionellen Haushalt angehörenen Produkte bemüht. Die Aufbewahrung der Produkte ist so organisiert, dass der Verkäufer seine Aufgabe bestmöglich erfüllen kann. Dadurch sind die meisten Produkte für die Kundin unsichtbar verwahrt und vor ihrem Zugriff geschützt. Sie muss die gewünschten Produkte nennen und der Verkäufer holt die entsprechende Ware für sie von Gestellen oder Schubladen hervor und füllt sie - im Falle nicht abgepackter Produkte - für die Kundin in der erwünschten Menge ab. Als Verwalter der Produkte erfüllt der Verkäufer gleichzeitig die Funktion eines Experten, als der er Auskünfte erteilt und Empfehlungen gibt. Die Organisation des Verkaufsablaufs bringt von beiden Seiten klar zum Ausdruck, dass der Verkäufer solange Besitzer und Verwalter der Ware ist, bis er sie nach Bezahlung der Rechnung an den Kunden aushändigt.

Die Tätigkeit der Kundin besteht in dieser Einkaufssituation hauptsächlich darin, im Haushalt aufgebrauchte Produkte zu ersetzen. Normalerweise hat sie im vornherein festgelegt, welche Produkte sie zu erwerben hat, um den Haushalt bestimmten Erwartungen gemäss zu führen. Andern Produkten, die traditionellerweise nicht zu ihrer Haushaltsführung gehören, schenkt sie beim Einkauf höchstens Beachtung, wenn sie vom Verkäufer speziell darauf aufmerksam gemacht wird. Anhand der Erklärungen entscheidet sie, ob sich das Produkt sinnvoll in den bestehenden Haushalt einfügt. Die Wahlmöglichkeiten, die der Kundin bei der traditionellen Einkaufsform offenstehen, beschränken sich weitgehend darauf, alternative Produkte nach ihrem Gutdünken am Preis-Qualitäts-Verhältnis zu beurteilen.

Während sich der traditionelle Einkauf, bei dem für die meisten Produkte zum vornherein festgelegt ist, wann sie ersetzt werden und womit, in ländlichen Gebieten noch vor einigen Jahren auf die meisten Produkte erstreckt hat, ist diese Form des Einkaufens gegenwärtig oft auf ganz wenige Bereiche reduziert. Am ehesten bleibt sie erhalten, wo in täglicher Tätigkeit ein bestimmter Stand des Haushaltes reproduziert wird (bspw. Lebensmittel, Haushalts-, Körper-Pflegemittel). Die genannten Beispiele offenbaren, dass das traditionelle Einkaufen mit einem ganz anderen Erlebnischarakter einhergeht als das Shopping, die moderne Art einzukaufen. Wird das traditionelle Einkaufen als Bestandteil der Haushaltsführung eher als zwangsläufige, unwillkommene Tätigkeit erlebt, so hat sich das Shopping, (urteilt man aufgrund des Eindrucks, den man speziell während dem Abendverkauf und an Samstagen in Einkaufszentren und Fussgängerzonen der Stadtzentren gewinnt,) zu einer willkommenen Freizeitbeschäftigung entwickelt, die sich auf praktisch alle Produktbereiche erstreckt.

1.2.2 Das Produkt bietet sich an

So wie das traditionelle Einkaufen in der Organisation des Ladens und in der Eindeutigkeit der Beziehung zwischen Kundin und Verkäufer Ausdruck findet, weist auch die Organisation des Shops und die Beziehung zwischen "Shopper" und Verkäufer oder Ladenpersonal auf den typischen Charakter des Shoppings hin. Allerdings lässt die Unsicherheit, die beim Shopping zwischen Konsumenten und Ladenpersonal noch oft beobachtbar ist, das Aufeinandertreffen der alten Einkaufstradition mit einer neuen Verkaufsorganisation erkennen.

Ein eingespieltes, dem Shop angepasstes Verhältnis zwischen Konsumenten und Personal ist in der Computer-Abteilung (im Computershop) eines in das Einkaufszentrum integrierten Warenhauses zu beobachten. Jugendliche halten sich oft in Zweier- oder

Dreiergruppen an den zahlreichen auf Tischen aufgestellten, betriebsbereiten Computern auf. Völlig zwanglos manipulieren sie an den aufgestellten Maschinen herum und unterhalten sich mit ihren Nachbarn. Neuankömmlinge schliessen sich, wenn zeitweise kein Computer frei ist, irgendeiner Gruppe an und beginnen, sich mit dem vor dem Bildschirm Sitzenden zu unterhalten. Nähert sich zwischendurch ein Verkäufer der einen oder andern Gruppe, wird dieser sogleich nach Auskünften gefragt, ohne dass vom Computer abgelassen würde. Anscheinend unterhält sich der Verkäufer eingehend mit den Jungen. Schliesslich wendet er sich einem älteren Herrn zu, der sich in der Abteilung umsieht. Verlässt einer der Jugendlichen die Abteilung, wendet er sich mit einem kurzen Gruss dem Verkäufer zu. Ein anderer, der auf einen freien Platz gewartet hat, nimmt sofort seinen Platz ein.

Vergleichen wir die Situation mit der in der Drogerie beobachteten, dann fällt auf, dass sich die Aktivität des Shoppings viel deutlicher auf das Produkt ausrichtet, während das Ladenpersonal an den Rand der Szene gedrängt wird. Im Gegensatz zur traditionellen Verkaufsorganisation wird dem Kunden das Produkt zur scheinbar freien Benützung präsentiert, mit dem Ziel, den Konsumenten durch die Interaktion mit dem Produkt vertraut zu machen und ihm den Erwerb schmackhaft zu machen. Das Ladenpersonal hat in dieser Situation die Bedeutung einer diskreten Aufsicht, die für die Respektierung bestimmter Spielregeln sorgt.

Wie bei der Beschreibung des Einkaufszentrums bereits festgestellt wurde, soll durch die Auslegung der Ware die Neugier des Konsumenten an den Produkten geweckt werden. Auch soll er die Gelegenheit haben, sich in einem möglichst angenehmen Klima mit den Produkten vertraut zu machen, um sich von der Bedeutung des Produktes zu überzeugen. Im Unterschied zum traditionellen Laden ist die moderne Verkaufsgestaltung wie eine Warenmesse darauf ausgerichtet, dem Konsumenten Marktneuigkeiten vor Augen zu führen. Anstatt dass der Kunde nach dem Produkt fragt, soll im modernen Rahmen das Produkt den Konsumenten ansprechen. Da die

Charakteristik dieser Einkaufsart gerade darin besteht, dass sich der Konsument erst im direkten Kontakt mit den Produkten zum Kauf des einen oder andern Produkts entschliesst, wird das Shopping zu einer Entdeckungsreise im Schlaraffenland des unbegrenzten Güterangebots. Benjamin vergleicht den Eindruck, den die Passagen auf ihn ausüben, mit Kindheitserinnerungen farbiger Abbildungen von "Steinkohlelandschaften" und "Seen und Gletscher der ersten Eiszeit [...]. Solch ideales Panorama einer kaum verflossenen Urzeit tut mit dem Blick durch die in alle Städte verteilten Passagen sich auf. Hier haust der letzte Dinosaurus Europas, der Konsument. An den Höhlenwänden wuchert als unvordenkliche Flora die Ware und geht, wie die Gewebe in Geschwüren, die regellosesten Verbindungen ein" (Benjamin 1974, 1045). Die Faszination der angebotenen Ware lässt das Shopping zu einer vom Einkaufen weitgehend unabhängigen Aktivität werden, deren Reiz gerade dann besonders gross ist, wenn nicht etwas zum vornherein Bestimmtes angeschafft werden soll.

> "Der Trend zum Einkaufserlebnis und damit zur erlebnisbetonten Ladengestaltung, bei der die Kaufstimmung der Kunden durch eine ganzheitliche, harmonische Kombination aus Waren, Warenträgern, Licht, Farben, Materialien, Klima und Menschen emotional unterstützt und gefördert wird, darf jedoch in der Umsetzung nicht fehlinterpretiert werden. Das erlebnisbetonte Umfeld im Laden ist nicht Selbstzweck - vielmehr steht die Ware stets im Vordergrund. Alles 'Beiwerk' hat lediglich abverkaufsfördernde Funktion - das Einrichtungskonzept (Visual Merchandising) macht Ware sichtbar, lässt Ware sprechen." (Happel 1988, 12f)

1.2.3 Von der Haushaltsarbeit zur Freizeitbeschäftigung

Historisch betrachtet hat sich, wie bei Zola deutlich wird, das Shopping in den achtziger Jahren des neunzehnten Jahrhunderts eindeutig als Beschäftigung der Frauen des Mittelstandes entwickelt. Die Entwicklung des Shoppping ist unzertrennlich mit dem Entstehen der Mode im modernen Sinn des zyklischen Erscheinungswechsels verbunden. Sprachlich bildete sich die Entstehung der Mode durch die aus dem Begriff "le mode" (Modus) abgeleitete Form "la mode" mit der Bedeutung "manière, fantaisie // usage passager qui dépend du goût et du caprice" ab (vgl. Bowbly 1987, 187f). Im Sinne McLuhans ist die Entstehung der modernen Mode auf die Erfindung der Nähmaschine zurückzuführen, die eine Kleiderproduktion zu weit geringeren Kosten erlaubte, als dies unter den Bedingungen der manuellen Anfertigung möglich war. Durch die Mechanisierung der Kleiderproduktion wurde nicht nur eine Beschleunigung der Produktion herbeigeführt, sondern zugleich eine Verbilligung, die die Mode einem viel grösseren Kundenkreis zugänglich machte. Die ersten Warenhäuser die gänzlich als Modehäuser entstanden, basierten ihren Erfolg nicht auf dem Verkauf von preislich exklusiven Kleidern sondern auf dem einem sich ausbreitenden Publikum zugänglichen Angebot der "letzten Neuigkeit". Für das mit dem Shopping im Warenhaus von allem Anfang an verbundene Verständnis der Freizeitbeschäftigung ist nicht zuletzt der Umstand verantwortlich zu machen, dass das Warenhaus zur Zeit seiner Entstehung nebst der Kirche den einzigen öffentlichen Platz bildete, den die Frau der Mittelklasse ohne Begleitung ihres Ehemannes aufsuchen durfte (vgl. Bowbly 1987, 189).

Um diese anscheinend kulturell tief verwurzelte Assoziation von Shopping und Freizeit unter den Bedingungen des modernen Shopping zu verstehen, wollen wir im folgenden auf die mit dem Shopping verbundene Zeiterfahrung zurückgreifen. Verstehen wir Zeit als eine durch das menschliche Bewusstsein konstituierte Erfahrung, ziehen wir Zeitdifferenzen dort in Betracht, wo sie für den Konsumenten zwischen Einkauf und Shopping "verhaltensrelevante Unterschiede deutlich werden lasen", d.h. dort "wo Zeit sozial identifiziert wird (und) zu einer Vorstellung und Form der Erfahrung ausformuliert wird" (Hörning u.a. 1986, 47). Zeit ist nicht eine a priori Bedingung des menschlichen Geistes, sondern, wie Hörning u.a. durch den alternativen Begriff "Zeiten", der den aktiven Ursprung der Zeit ausdrückt, eine Erfahrung, welche aus erlebbaren Differenzen zustande kommt (Bateson, Jahresangabe nicht verfügbar, 4). Zeit ist keine absolute Grösse, sondern eine sich relativ zur Aktivität konstituierende Erfahrung. Zeit interessiert uns als konstitutiver Bestandteil eines gesellschaftlichen Ereignisses, so wie sie eine wesentliche Verantwortung für den Erlebnischarakter des Ereignisses trägt. Sie bildet einen Rahmen für die Einbettung individueller Betätigung in die gesellschaftliche Definition der Aktivität. Die Erzeugung von Zeit in einer Betätigung setzt diese in Relation zu gesellschaftlich definierten Aktivitäten. "Zeit machen ist Synthese, ist ein in Beziehung-setzen von unterschiedlichen Geschehenssequenzen" (Hörning u.a. 1986, 48).

Betrachten wir das Einkaufen unter dem Aspekt der Zeiterfahrung, ist von dessen traditioneller Stellung innerhalb der Haushaltsführung auszugehen. Eingebettet in die nie endende Haushaltsarbeit, weist das Einkaufen keine erfahrungsmässig abgegrenzte Zeiterfahrung auf. Aufgrund seines angestammten Platzes in der gesellschaftlich definierten, als Einheit erlebten Aktivität, teilt die Hausfrau dem Einkaufen typischerweise nicht eine bestimmte aus dem übrigen Kontext ihrer Haushaltsarbeit herausgelöste Zeit zu. Das Einkaufen wird als Bestandteil dieses Kontexts mit derselben Rationalität erledigt, wie die übrigen Haushaltsarbeiten. Zu einem konstitutiven Bestandteil des Einkaufens wird Zeit unter diesen Bedingungen erst, wenn an die Haushaltsführung eine bestimmte soziale Erwartung gebunden wird und die Erreichung eines bestimmten Standards als Ziel vorgegeben ist. Wenn sich die Haushaltsarbeit an einem bestimmten Massstab ausrichtet, entsteht zwischen Arbeitsziel und Aktivität ein Verhältnis, das zu der Erfahrung von Zeitmangel oder Zeitüberschuss führt. Beinhaltet das spezifische Verständnis des Haushaltsführenden mehr als unter den gegebenen Bedingungen erbracht werden kann, tritt Zeitmangel als Erfahrung des Konklikts auf. Umgekehrt kann bei einer durch den Einsatz maschineller Arbeitshilfen rationalisierten Haushaltsführung Zeit als Langeweile erfahren werden. In beiden Fällen, in denen Zeit durch die Einbettung der Haushaltsarbeit in einen sozialen Kontext zu einem konstitutiven Bestandteil der Erfahrung wird, überträgt sich die Zeiterfahrung auf das Einkaufen.

Während sich das Shopping ursprünglich auf der Basis der Erfahrung von Zeitüberfluss entwickelt hat, ist die mit ihm verbundene Zeiterfahrung heute nicht mehr von der Opposition zum industriell geprägten Zeitverständnis trennbar. Dadurch dass die Arbeitnehmer unter den Bedingungen des Kapitalismus ihre Arbeitskraft während einer bestimmten Dauer in den Dienst der Unternehmung stellen, entsteht das Verständnis einer dem Arbeitgeber geschuldeten Arbeitszeit. Die zunehmende Einbusse der subjektiven Wahrnehmung des Sinnes der geleisteten Arbeit, die zunehmend zum Gefühl der Diensterfüllung auf Zeit führt, bringt eine Zeiterfahrung im Sinne chronometrisch gemessener verfügbarer und geschuldeter Zeitmenge mit sich. Während dieses Zeitverständnis schon unter der Bedingung industrieller Arbeit (geleistete Menge pro Zeit) als ökonomisches Kalkül auftritt, und in der Akkordarbeit vom Arbeiter selbst an der Entlöhnung erlebt wird, nimmt die Vorstellung der Zeit als verfügbare Menge unter der Bedingung der flexiblen Büroarbeit eine zentrale Stellung in der Arbeitserfahrung ein. Wo bei flexibler Arbeitszeit die geleistete Präsenz mit einem individuellen Zeit-Zähler erfasst wird, wird die Arbeit unmittelbar als geschuldete Dienstleistung auf Zeit erfahrbar. Diese Ausprägung der Zeiterfahrung unter den gegenwärtigen Arbeitsbedingungen ist für das Erlebnis des Shopping massgebend.

In diesem Sinne wird dem Shopping eine Zeitmenge zugeteilt, die sich von der durch einen sozialen Zusammenhang konstituierten Zeit abhebt. Bezeichnenderweise wird das Shopping oft bewusst zeitlich aus dem übrigen Zusammenhang herausgetrennt und dringt als Zeitmenge ins Bewusstsein, die mit Shopping angeeignet oder ausgefüllt wird. So wie sich der Erwerbstätige zwei Stunden des Abendverkaufs oder den Samstagnachmittag zu seiner Shoppingzeit macht, räumt sich auch die Hausfrau eine bestimmte Zeit für das Shopping ein. Das Erlebnis von Freizeit kommt als Freiheit von sozial definierter Zeit zustande. Teilt sich der Konsument für das Shopping eine bestimmte Menge (Frei)Zeit zu, setzt er dadurch Grenzen gegenüber Aktivitäten, deren Ablauf mit der dauernden Aneignung von Zeit einhergeht. Damit schafft er allerdings gerade wieder Zeit, die er sich aneignet. Sie unterscheidet sich dadurch, dass sie vergeudet und nicht einem gesellschaftlich definierten Zweck untergeordnet wird.

Während die Opposition der Shoppingzeit gegenüber der sozial definierten Arbeitszeit einen wesentlichen Aspekt des mit dem Shopping einhergehenden Zeitverständnisses aufdeckt, reicht die sie allerdings noch nicht aus, um den auch empirisch nachweisbaren positiven Erlebnischarakter des Shopping zu verstehen. Jacobs kommt in einer empirischen Studie zur Aktivität verschiedener Personengruppen in einem amerikanischen Einkaufszentrum zum Ergebnis, dass Menschen im Einkaufszentrum verschiedensten Aktivitäten nachgehen, um Zeit totzuschlagen und Langeweile zu bekämpfen (Jacobs 1984, 95ff). Hausfrauen entrinnen laut Untersuchung mit dem Shopping oft der Härte des Alltags (ebd., 103).

Auf dem Hintergrund dieser Erkenntnisse wollen wir deshalb der Frage nach dem positiven Erlebnischarakter der Shoppingzeit weiter nachgehen. Baudrillard führt dieses auf die schier unerschöpfliche Fülle von Produkten zurück, die das Shopping zu einem "Flirt mit den Produkten, zum spielerischen Umherwandeln" werden lassen. Im Einkaufszentrum werden die Waren "kulturalisiert" und in eine "spielerische" Substanz verwandelt (vgl. Baudrillard 1986, 21). Tatsächlich lässt die Organisation der Einkaufszentren keine systematische Begegnung mit den Produkten zu, denn im Gegensatz zur traditionellen Situation anerbieten sich dort die Produkte in unbeschränkter Anzahl und unbeschränkten Kombinationen. Die Waren sollten nicht mehr in den herkömmlichen Gruppen angeordnet werden, "sondern thematisch nach den Bedarfszwecken und den Wunschträumen der Käufer". Man dürfe nicht den Käufer der Ware gegenüberstellen, sondern müsse "ihn ins 'Erlebnis' hineinführen" (Haug 1971, 86). Der Konsument durchstreift die zu seiner Verführung ausgelegten Produkte, immer bereit, seinen Blick an etwas haften zu lassen.

Die Faszination des Betrachtens der Produkte lässt sich auf dem Hintergrund der historischen Entwicklung des Shopping aus der Mode verstehen. Im Phänomen der Mode spiegelt sich die Position der Frau als ästhetische Erscheinung, die sich nach dem Urteil der Männer ausrichtet. Im Rahmen der traditionellen Erziehung lernt die Frau, wie John Berger (1979) schreibt, sich selbst mit den Augen "des Mannes" zu sehen. Die Frau sieht die Modeartikel (als Grundlage der Entwicklung des Shopping als Möglichkeit, ihren Körper dem ästhetischen Ideal weiblicher Erscheinung anzunähern (vgl. Fiske/Hodge/Greame 1987, 99). Wie im folgenden Kapitel ausführlich gezeigt werden soll, wird diese Erfahrung unter den Bedingungen des modernen Konsumalltags für alle Konsumenten zu einem entscheidenden Moment. Die Erfahrung der "shoppenden" Frau ist deshalb vorläufig als stellvertretend für die Konsumenten im allgemeinen zu verstehen. (Das ungewohnt klingende Verb "shoppen" verwenden wir, um der beschriebenen Aktivität mit einem spezifischen Ausdruck gerecht zu werden. Dass in der Schweiz immer noch der Ausdruck "einkaufen" und verwendet werden, weist meiner Ansicht nach auf eine Nicht-Akzeptanz des Unterhaltungswerts des Shopping hin. Dem Shopping soll immer noch der Anschein einer zielgerichteten Aktivität verliehen werden. Dem Shoppen kommt die Dialektbezeichnung "lädele" noch am nähesten.)

Um beim Shopping eine spezifischere Beziehung zum Produkt als erwerbbarem Objekt zu gewinnen, ist allerdings meist noch ein weiterer Faktor vorausgesetzt: Ein Einkauf muss als gutes Geschäft erlebt werden, d.h. das Produkt muss gefallen und der Preis in die Vorstellung des Konsumenten passen. Natürlich wiegen nicht bei jedem Konsumenten beide Argumente gleich schwer, genauso wie auch ein Konsument die Argumente bei verschiedenen Produkten unterschiedlich beurteilt. Dennoch scheint das Gefühl, ein gutes Geschäft machen zu können, wesentlich zum Shopping zu gehören. Wer sich bei jedem Kauf betrogen fühlt, wird seine Einkäufe vermutlich auf ein Minimum reduzieren und sich den wenigen Einkaufsorten zuwenden, die er als ehrlich erachtet.

Umgekehrt wird jemand, der bei jedem Einkauf die Gelegenheit sieht, ein gutes Geschäft zu machen, durch das Erfolgserlebnis immer wieder zum Kaufen animiert. Die Bedeutung, welche der Möglichkeit zukommt, ein gutes Geschäft zu machen, drückt sich durch die Attraktivität aus, welche der Ausverkauf auf eine breite Masse von Konsumenten ausübt.

Gerade die Unproduktivität des Shoppings im Sinne eines nicht rationellen, vom Zufall gesteuerten Ablaufs, sein gleichzeitig weitgehend definierter Rahmen mit kalkulierbaren Konsequenzen und seine Opposition zur sozialen Zeitkonstitution verleihen dem Shopping seinen spielerischen Charakter. Der Erwerb von Produkten ist zwar ein wesentlicher Bestandteil des Shopping, der oft als Rechtfertigung herangezogen wird (vgl. Jacobs, 103). Er bildet aber keineswegs eine notwendige Bedingung. Das Shopping gleicht- um die Worte Baudrillards zu benützen - einem Spiel mit Zeichen (Baudrillard 1986, 21), die auf ihre Angemessenheit für den persönlichen Kontext, dem sich der Konsument zuordnet, gesteigert wird. Wie bei einem Puzzlespiel schaut der Konsument nach passenden Teilen aus, die er erwerben kann, oder die ihm eine Idee für das Weiterspielen geben.

Das Shopping ist allerdings nicht ein Gesellschaftsspiel, da es gerade die soziale Interaktion an den Rand drängt. Es gleicht, wie Jacobs beklagt, eher dem einsamen "Spielen" von Video-Spielen und dem "Spielen" mit dem Homecomputer, das wie das Fernsehen eine Möglichkeit bietet, der Realität des Alltags zu entrinnen (vgl. Jacobs, 95). Baudrillard bezeichnet die Situation als totale Organisation der Alltäglichkeit, als totale Homogenisierung, in der in einem ewigen Frühling ein abstraktes Glück scheint (Baudrillard 1986, 24). Im Sinne Batesons fehlt dem Shopping durch den Selbstbezug des Konsumenten aber gerade die wichtigste Spiel-Komponente, die Möglichkeit des Lernens durch Interaktion (deutero-Lernen).

Fassen wir die wichtigsten Momente des Kaufens von Produkten thesenhaft zusammen. An vorderster Stelle ist ein Wandel zu verzeichnen, der sich vom traditionellen Einkaufen zum modernen Shopping hin vollzogen hat. In der Veränderung der "Einkaufsumgebung" kommt schon zum Ausdruck, was sich im Wandel der Aktivität des Konsumenten schliesslich widerspiegelt. Die ehemals unauffällig in die Wohngegend integrierten Geschäfte, die schon durch ihre Erscheinung die Unterordnung unter den von Tradition bestimmten Konsum dokumentierten, sind einer Erscheinung gewichen, die dem modernen Auftritt der Produkte entspricht. Die um den Konsumenten werbenden Produkte dominieren nicht nur visuell die Innenstädte; um die Produkte unter idealen Bedingungen vorzuführen, wurden allein zu diesem Zweck "Freizeitdörfer" in der Form von Einkaufszentrum errichtet. Dementsprechend begegnet der Konsument auf seiner Entdeckungsreise beim Shopping nicht mehr primär dem fachmännischen Verkaufspersonal, sondern der sorgfältig arrangierten Produktfülle, mit der er als potentieller Käufer einen zwangslosen Umgang übt.

2. DIE AM KONSUM BETEILIGTEN AKTEURE

Nachdem wir im vorangehenden Kapitel die Darstellung des Konsums mit der Diskussion des Erwerbs von Produkten eingeleitet haben, beginnen wir hier mit der Erläuterung des "Gebrauchs" der Produkte, nachdem diese in den Besitz der Konsumenten gelangt sind. An den Anfang dieser Darstellung stellen wir die Frage nach den am Umgang mit einem Produkt beteiligten Akteuren, denn in der Tradition von Sartre und (auf dessen Grundlage) von Goffman (vgl. D. MacCannell 1983, 3ff) wird klar, dass die Bedeutung des Konsums für den individuellen Konsumenten nur unter Berücksichtigung der allfälligen Einwirkung anderer Akteure adäquat erfasst wird. Eine jedes sozialen Kontextes bare Darstellung würde die interaktive Grundlage der Wahrnehmung unterschlagen (vgl. Douglas/Isherwood 1979, 63).

Um dem Konsum unter dem Aspekt der beteiligten Akteure nachzugehen, gliedern wir die Untersuchung in zwei Teile, die gleichzeitig der Unterteilung des Kapitels entsprechen. Mit der Frage, wo ein Produkt normalerweise "gebraucht" wird, grenzen wir lebensweltliche Situationen ein, die der Konsument traditionellerweise mit typischen "Sets von Akteuren" teilt. Goffman folgend unterscheiden wir dazu im ersten Teil (2.1) Situationen, die durch physische Grenzen über den Ein- resp. Ausschluss von Akteuren, und damit deren spezifische Einwirkung auf die Wahrnehmung entscheiden (vgl. Goffman 1985). Im zweiten Teil (2.2) werden wir dem Einfluss nachgehen, den die Transformierung traditioneller Wahrnehmungs- und Abgrenzungsschranken durch verschiedene Massenmedien - insbesondere das Fernsehen und fotografisch gedruckte Werbung - auf das Verständnis des Konsums ausübt. In diesem zweiten Teil soll gezeigt werden, dass mit der massenweisen Verbreitung des Fernsehens und der fotografischen Werbung der einzelne plötzlich in die Definition verschiedenster Situationen integriert wird, von denen er bis anhin durch physische Schranken ausgeschlossen wurde. Die Massenmedien öffnen dem einzelnen nicht nur plötzlich den Zugang zu Situationen, die ihm bisher verschlossen waren - wichtiger ist der Umstand, dass er an den massenmedial vermittelten Situationen in einer durch das Medium transformierten Weise partizipiert.

2.1 Die Abgrenzung der Konsumsituation durch physische Wahrnehmungsschranken

Gehen wir von der (unter heutigen Voraussetzungen utopischen) Annahme einer von physischen Wahrnehmungsschranken aufgetrennten Lebenswelt aus, können aus der Sicht des Konsumenten Bereiche, die er als öffentlich und solche, die er als privat erlebt, unterschieden werden. Dieser Trennung entsprechend findet die Verwendung erworbener Konsumgüter in der Oeffentlichkeit in der Gegenwart aller denkbarer Akteure statt; die Verwendung der Privatheit der geschlossenen Räume nur unter den Augen der Akteure, mit denen er den Zutritt zum eingegrenzten Raum teilt oder denen er selbst den Zutritt gewährt. Da vor der Verbreitung der Massenmedien eine derartige Abgrenzung lebensweltlicher Bereich den Erfahrungsalltag des Konsumenten bestimmte, wollen wir unsere Ueberlegungen im ersten Teil auf Beispiele stützen, die in einen derartigen Kontext passen. Die aus heutiger Sicht historische Situation soll helfen, den Einfluss der mitanwesenden Konsumenten auf die Erfahrung des einzelnen zu erklären und gleichzeitig den mit den Massenmedien einhergehenden Wandel der Konsumerfahrung anzuzeigen.

2.1.1 Der durch Wahrnehumgsschranken abgegrenzte Konsum

A) Rahmenbildende Produkte

Die "eigenen vier Wände" bilden traditionell die physische Abgrenzung gegenüber dem öffentlichen Raum, die dem einzelnen Privatheit, d.h. Kontrolle über den Zutritt fremder Akteure gewährt. Hannah Arendt weist auf die historisch bedeutsame Unterscheidung von öffentlichem und privatem Raum hin (vgl. 1960, 49ff). Bei den Griechen und Römern war die Oeffentlichkeit wegen ihrem, das individuelle Leben überdauernden Bestehen der zentrale Bereich auf den sich das Leben ausrichtete. Was an die Oeffentlichkeit gelangt, erreicht eine gegenüber dem Privaten gesteigerte Wirklichkeit, da am Oeffentlichen alle Gesellschaftsmitglieder teilnehmen. Demgegenüber gedeiht in der Dunkelheit des Privaten nur, was (wie die Liebe) auf die Subjektivität der Wahrnehmung angewiesen ist (vgl. ebd., 51). Das Private ist der Wirklichkteit beraubt, die erst durch die Summe der in der Oeffentlichkeit zusammengetragenen Aspekte zustandekommt. Die Erfahrung des Konsums von Produkten, die das Zuhause nicht verlassen ist von der Selektion zugelassener resp. ausgeschlossener Akteure geprägt. Sehen wir uns nach Produkten um, die als fester Bestandteil dem Zuhause angehören, drängt sich eine Unterscheidung der Produkte in zwei Kategorien auf. Die Frage nach der Erfahrung des Konsums lässt uns der funktionalen Vorstellung des Konsums folgend zunächst selbstverständlich an Produkte denken, die in eine bestimmte Aktivität des Konsumenten involviert sind und ihn beim Verfolgen eines Ziels unterstützen. Diese funktionalen Produkte, die vom Konsumenten in eine dem Produkt entsprechende Aktivität einbezogen werden, bezeichnen wir als "Gebrauchsprodukte". Im Unterschied zu diesen Produkten fällt eine Definition des Konsums von Produkten schwerer, die anscheinend einfach gegenwärtig sind, ohne dass sie einer bestimmten Handlung des Konsumenten zugeordnet werden könnten.

Da die Produkte dieser zweiten Kategorie im Normalfall Statisten gleich einen Rahmen bilden, innerhalb dessen der Konsument ein Verhalten zeigt, das von den Produkten unberührt zu sein scheint, bezeichnen wir sie in Anlehnung an Goffman als "rahmenbildende Produkte" (Goffman 1985, 86). Der Unterscheidung in "rahmenbildende Produkte" und "Gebrauchsprodukte" folgend wollen wir uns zunächst der Frage widmen, wie die rahmenbildenden Produkte vom Konsumenten erfahren werden.

Erwirbt ein Konsument ein Produkt, das er in den sein Zuhause charakterisierenden Rahmen einfügt, wird es aufgrund seiner Neuheit den Blick des stolzen Besitzers anfänglich oft auf sich ziehen. Als noch ungewohnter Bestandteil des Rahmens vermag es sich in den Augen des Besitzers noch von der gewohnten Umgebung abzuheben. Mit der Zeit gliedert es sich aber so in die gewohnte Erscheinung ein, dass der Besitzer dem Produkt begegnet, ohne es noch bewusst wahrzunehmen. Aus dem eingeebneten Hintergrund tritt es erst wieder heraus, wenn bspw. ein mit dem Rahmen unvertrauter Dritter auftritt und das betreffende Produkt explizit in die Interaktion mit dem Besitzer einbezieht. Lobt ein Gast etwa ein Bild, ein Möbelstück, einen Teppich oder eine Standuhr, bezieht der Besitzer das Lob nicht auf den Handwerker oder Künstler, der das Produkt kreiert hat; er bezieht die den Gegenständen geschenkte Aufmerksamkeit auf sich selbst. Ebenso richtet auch der Gast sein Urteil nicht an den Produzenten, sondern an den Besitzer. In dieser Situation wird offensichtlich, dass der Fremde das bezeichnete Produkt mit dem Besitzer in Verbindung bringt, sowie auch der Besitzer die vom Fremden dem Produkt geschenkte Aufmerksamkeit auf sich bezieht.

Diese Situation verdeutlicht exemplarisch, wie Akteure, mit denen der Konsument die Lebenswelt teilt, die vom Konsumenten gemachte Erfahrung des Produktes mitbestimmen. Strauss verweist darauf, dass "Besitzen" viel mehr bedeutet, als die Produkte nur "um sich zu haben". Wie aus dem Beispiel hervorgeht, ist "Selbstachtung [..] mit dem verknüpft, was besessen wird, was einem zu eigen ist" (Strauss 1974, 36). Die freiwillige Aufgabe von Kleidern, Häusern, Einrichtungen, Freunden und selbst die Trennung vom Ehegatten als Folge eines sich ändernden Selbstverständnisses des Konsumenten bringt zum Ausdruck, dass er die Produkte oder sogar Menschen als Teile seiner Person erachtet, die zu ihm passen müssen. Umgekehrt kann der unfreiwillige Verlust von besessenen Produkten einen Konsumenten dazu veranlassen, seine Absichten, ja "seinen Weg eine zeitlang zu ändern" (vgl.Strauss 1974, 36f).

Einen Schritt weiter im Verständnis der Bedeutung mitwirkender Akteure für die Erfahrung der rahmenbildenden Produkte hilft uns Goffman mit dem Hinweis, dass "Selbstachtung" eine durch andere Personen, mit denen der Besitzer interagiert, vermittelte Achtung ist. Der einzelne kann genau genommen nicht Achtung vor sich selbst haben, sondern muss andern durch seine Haltung Achtungsbezeugung seiner Person gegenüber abverlangen. Er muss die andern durch seine Haltung zu Achtungsbezeugung veranlassen (vgl. Goffman 1971, 65). Goffman vermutet sogar, dass andernfalls "die Gesellschaft dahin tendieren [könnte], sich in Inseln aufzulösen, bewohnt von einzelnen kultischen Menschen, jeder in ständiger Anbetung seines eigenen Schreins" (ebd.). Unter der Achtungsbezeugung versteht Goffman das in einer Interaktion implizit zum Ausdruck gebrachte Versprechen der Beteiligten über ihr künftiges gegenseitiges Verhalten.

Wir wollen es vorläufig bei dieser Darstellung des Zusammenspiels des Konsumenten mit andern Akteuren belassen und uns mit der Bedeutung der Zutrittsbeschränkung zum "Konsumraum" befassen. Dazu sei festgehalten, dass die oben gezeigte, explizite Einbeziehung eines Rahmenproduktes in die Interaktion insofern einen demonstrativen Spezialfall bildet, als im Normalfall der Rahmen als Gesamtheit in die Interaktion einbezogen wird. Tritt jemand mit einer ihm unbekannten Person in Interaktion, versucht er zuerst, die Situation zu definieren. Spielt sich die Interaktion in Räumen ab, die der Eintretende als Privatbereich seines Gegenübers identifiziert, wird er den betretenen Rahmen automatisch auf den Besitzer beziehen. Den Rahmen bezieht er in seine Situationsdefinition ein, indem er ihn in Relation zu gesellschaftlich relevanten Werten stellt. Er gewinnt dadurch wesentliche Hinweise, wie er seinem Gegenüber begegnen soll. Auch ohne einzelne rahmenbildende Produkte direkt anzusprechen oder sie im Detail zu betrachten, bezieht er sie als Gesamteindruck in sein Verhalten ein.

Der Besitzer legt grössten Wert auf die Kontrolle des Rahmens, um den Akteuren, denen er Zutritt zu seinem Privatbereich gewährt, eine seinem Selbstverständnis entsprechende Achtungsbezeugung abzuverlangen. Die Bedeutung des Rahmens für das Urteil der Besucher über den Besitzer zeichnet sich in einem traditionellen Haushalt, wie ihn Gotthelf beschreibt, darin ab, dass für den Empfang der Gäste ein spezieller Raum vorgesehen: "Ds Pfarrers [...] merkten nicht, dass es auf der einen Seite Geringschätzung war, nicht ins Haus zu wollen, auf der andern Seite aber gegen alle Bauernsitte, vor dem Hause aufzuwarten [...] Sie wussten nicht, dass man solche Dinge gewöhnlich nur im Hinterstübli in aller Stille zu sich nimmt, höchstens in der Stube; [...]" (Gotthelf 1986, 247). Der Eindruck, welcher der für die Gäste vorgesehene Rahmen vermittelt, wird streng kontrolliert. Um ein ideales Bild zu vermitteln, ist der Gastgeber darum besorgt, dass der Besucher keinen Einblick in den Bereich erhält, der nicht dem erwünschten Eindruck entsprechen würde. Alles was dem Gast Einsicht in den Alltag des Gastgebers gewähren könnte, wird aus dem für Gäste vorgesehenen Raum verbannt. Gotthelfs Bauer lässt sich aus Sorge um den Rahmen schliesslich gefallen, draussen zu bleiben, "denn seine Frau hatte drinnen vielleicht noch nicht abgeräumt, hatte allweg noch kein Fürtuch umgebunden und die rechte Kappe nicht auf dem Kopfe." (ebd., 246)

Diese Beeinflussung der Wahrnehmung durch das Verhalten gleichzeitig anwesender Akteure wirkt sich allerdings nicht nur in der aktuell geteilten Situation aus, sondern ist in der Form des Mead'schen "verallgemeinerten Andern" implizit in jeder Wahrnehmung mitgegeben (Mead 1973). Der verallgemeinerte Andere prägt in der Form einer der Erfahrung des Konsumenten entsprechenden gesellschaftlichen Werthaltung auch die Wahrnehmung der in der Privatheit vor den Augen Aussenstehender verborgener Produkte. Das Selbstverständnis des Konsumenten ist gegenüber der, in der aktuellen Interaktion ausgedrückten Achtung seiner Person nicht indifferent. Da dieses im Gegenteil je nach Bedeutung, die er dem Interaktionspartner beimisst, durch ihn bestätigt oder in Frage gestellt wird, spielt die sorgfältige Gestaltung der Situation eine entscheidende Rolle. Im Bestreben, die bisherige Selbstauffassung aufrecht zu erhalten, bemüht er sich, die Situation durch die gesellschaftlichen Werte darzustellen, die sein Selbstverständnis widerspiegeln. In einer Gesellschaft, in der das Selbstverständnis mit dem Besitz von materiellen Gütern verbunden ist, wundert es deshalb nicht, dass dieser im Raum, in dem Gäste empfangen werden, präsentiert wird. Da aber jemand, der mit anderen zusammenkommt, immer daran interessiert ist, "die tatsächliche Situation" zu entdecken (Goffman 1985, 227), wird der Besitzer des sorgfältig gepflegten Rahmens darauf bedacht sein, dem Interaktionspartner keinen Anlass zu geben, an der dargestellten Situation zu zweifeln. Er wird insbesondere bemüht sein, den Einblick in weniger behütete Kontexte (die Goffman als Hinterbühne charakterisiert, 1985,) zu verhindern.

Als rahmenbildende Produkte haben wir diejenigen definiert, die von den Akteuren nicht in eine bestimmte Aktivität einbezogen werden, sondern durch ihre Eigenschaft als Ausdruck gesellschaftlicher Wertschätzung die Interaktion des Besitzes mit Fremden beeinflussen. Ihre Bedeutung ist vom Eindruck abhängig, den sie auf die Interagierenden ausüben. Möbel nehmen dadurch, dass sie die Begegnung körperlich in eine bestimmte Form drängen (bspw. Polstergruppe oder Holzbänke), unter diesem Aspekt eine Zwischenstellung ein. Indem sie die Begegnung körperlich steuern, wirken sie sowohl als Gebrauchsprodukte als auch als Rahmenprodukte, als die sie das gesellschaftliche Selbstverständnis des Besitzers ausdrücken. Allgemein können wir sagen, dass alle Produkte, die in Gegenwart von Gästen dem Besitzer zugeschrieben werden (die sich auf der Vorderbühne befinden), unabhängig von ihrer Gebrauchsfunktion den Gästen als Anhaltspunkte für die Situationsdefinition dienen und als Bestandteil des Rahmens in die Interaktion eingehen. Als rahmenbildend können die oben beschriebenen Produkte demzufolge nur ausgeschieden werden, soweit ihnen nur schwer ein Gebrauch zugeordnet werden kann.

Die Möbel spielen im Raum, in dem die Gäste empfangen werden, eine wesentliche Rolle. Nicht nur sind sie ebenfalls ein Teil des Rahmens, der in den visuellen Eindruck des Gastes eingeht. Die Möbel bieten auch ein Mittel, um die körperliche Beziehung zwischen den Interagierenden zu beeinflussen. Da, wie Goffman zeigt, der Raum um den Körper als Teil des Selbst in die Selbsterfahrung eingeht, kommt den Möbeln für die Organisation der Raumaufteilung zwischen den Partizipierenden eine wesentliche Bedeutung zu. Die Einräumung eines bestimmten körperlichen Abstandes zwischen dem Gastgeber und dem Gast, wie auch die durch die Möbel definierte Körperhaltung, gibt dem Gast zu erkennen, welches Territorium der Gastgeber für sich beansprucht und welches er dem Gast zuteilt. Gleichzeitig bringen die Möbel auch einen finanziellen Wert zum Ausdruck.

Dementsprechend können verschiedene typische Beispiele genannt werden, die eindeutig beiden Kategorien gleichzeitig angehören. Einerseits in bestimmte Aktivitäten einbezogen, andererseits auf der Vorderbühne verwendet, haben sie den Charakter von Gebrauchsprodukten und sind gleichzeitig Bestandteil des Rahmens. Beispielsweise wird für das Essen, zu dem Gäste eingeladen werden, in einem traditionellen Haushalt ein spezielles Service (z.B. Porzellangeschirr, Kristallgläser, Silberbesteck) aufgedeckt. Auch die Bedeckung des Tisches mit einem Tischtuch ist Ausdruck der Rahmengestaltung. Bezeichnenderweise bilden Produkte, die einen Teil des Rahmens bilden, traditionelle Hochzeitsgeschenke, die einem frisch vermählten Paar von Anfang an eine bestimmte Präsentation des Rahmens erlauben. Die Familie sorgt mit den Geschenken für eine gewisse Kontinuität der Selbsterfahrung des aus dem gewohnten Rahmen im Haushalt ihrer Eltern ausgetretenen Nachwuchses.

B) Gebrauchsprodukte

Wir wollen den Bereich der rahmenbildenden Produkte verlassen und unsere Aufmerksamkeit auf die Kategorie der Gebrauchsprodukte wenden. Dazu sehen wir uns zunächst nach "reinen" Gebrauchsprodukten um, die wir der obigen Aussage zufolge am ehesten im Bereich der vor den Blicken Fremder verschlossenen Privatsphäre (Hinterbühne) finden. Unser Definition der Gebrauchsprodukte entsprechend richten wir unsere Aufmerksamkeit auf die Erfahrung, die der Konsument bei der Benützung der Produkte macht, wobei wir uns aber in diesem Kapitel mit der Untersuchung des Zusammenwirkens verschiedener Akteure auf die Erfahrung der Gebrauchsprodukte begnügen und die körperliche Aktivität getrennt (2.3) darstellen.

Die reinen Gebrauchsprodukte wie Geräte, Instrumente, Werkzeuge, Apparate, werden zunächst als Hilfsmittel in eine Aktivität einbezogen, um einen bestimmtes Ziel zu erreichen. Der Konsument hat gelernt, das Produkt als Bestandteil einer bestimmten Aktivität, die sich auf einen Zweck ausrichtet, zu betrachten. Umgekehrt ist dem Produkt die Aktivität gesellschaftlich unmissverständlich eingeschrieben. Es zeigt dem Benützer, wie es benutzt sein will. Es bindet ihn in eine durch seine Funktion vorgezeichnete Aktivität ein, die er ohne das entsprechende Produkt in dieser Form nicht vollbringen könnte. Die gesellschaftliche Zweckdefinition der Aktivität veranlasst den Konsumenten, diese am Ergebnis zu messen. Das Ergebnis beurteilt er am gesellschaftlichen Massstab, der seiner Vorstellung des verallgemeinerten Andern entspricht.

Die Eindeutigkeit der Verkörperung einer gesellschaftlich definierten Aktivität durch das Produkt wird erkennbar, wenn ein Produkt dysfunktional verwendet wird. Ein Bügeleisen wird normalerweise dazu verwendet, Textilien von den beim Waschen entstandenen Falten zu befreien. Die Beseitigung der Falten richtet sich nach der vom einzelnen wahrgenommenen gesellschaftlichen Erwartung, bestimmte Kleidungsgegenstände faltenlos oder mit ganz bestimmten Falten zu tragen. Das Bügeleisen ist das gesellschaftlich vorgesehene Instrument, um dieser Erwartung zu entsprechen. Sieht eine Hausfrau zum ersten Mal in ihrem Leben jemanden mit dem Bügeleisen über die Unterseite von Skis zu fahren, kann sie den beobachteten Benützer des Bügeleisens für verrückt halten oder anhand von Erklärungen der Aktivität einen Sinn geben. Sie erwirbt in diesem Fall ein erweitertes Verständnis der Bedeutung des Bügeleisens.

Eine weitere Erhellung des Einflusses anderer Akteure auf die Wahrnehmung eines Apparates, Gerätes, Werkzeugs oder Instruments durch den Konsumenten lässt sich aus der Beziehung der Produkte zu Akteuren gewinnen, mit denen der Konsument einen Ausschnitt der Lebenswelt teilt. Aufschlussreich ist der Umstand, dass er Geräte und Apparate traditionell höchstens vor einem Publikum benützt, mit dem er in vertrauter Beziehung (wie etwa Familienmitglieder) steht. In den eigenen vier Wänden werden die Produkte nur verwendet, wenn keine Gäste anwesend sind, oder falls Gäste anwesend sind, ausserhalb deren Wahrnehmungsbereichs. Gäste und andere nicht vertraute Personen bekommen nur das Resultat der

Aktivität zu Gesicht, die Tätigkeit selbst wird nicht vor deren Augen ausgeführt, so wie auch die benüzten Produkte den Arbeitsbereich nicht verlassen. Pfannen und Küchentöpfe, die beim Kochen verwendet werden, gehören bspw. im traditionellen Haushalt bei Anwesenheit von Gästen eindeutig in die Küche. Die Speisen werden aus dem Küchengeschirr, in dem sie gekocht wurden, entnommen und auf speziellen Platten und Schüsseln angerichtet, die dem offiziellen Rahmen entsprechen. Das Entnehmen der Speisen aus dem Küchengerät drückt gerade deren "privaten" Charakter aus. Die Unterscheidung zwischen privatem und gesellschaftlichem Bereich wird in diesem Akt reproduziert. Die Bedeutung Dritter, nicht dem Haushalt angehörender Akteure für die Wahrnehmung der Gebrauchsprodukte widerspiegelt sich auch in der Unbequemlichkeit der Situation, die zustandekommt, wenn die Gastgeber von den Gästen bei den Vorbereitungen (Staubsaugen, Aufwaschen, Abstauben) überrascht werden oder wenn aus Versehen ein Gebrauchsprodukt im Empfangsraum nicht weggeräumt wurde.

Der Logik folgend, dass die Gebrauchsprodukte vor der Wahrnehmung Dritter verborgen gehalten werden, wird auch nicht in das Erscheinen der Geräte und Apparate investiert. Die Geräte geben ihre Funktionalität durch ihre Erscheinung zu erkennen. Wie uns die Vorstellung von alten Pfannen, Werkzeugen, Küchengeräten, Bügeleisen, Nähmaschinen und anderen Produkten, die noch auf Flohmärkten anzutreffen sind, vor Augen führt, zeichnen sich diese durch ein funktionsbedingtes Standardaussehen aus.

Zusammenfassend können wir von den Gebrauchsprodukten sagen, dass sie in eine Aktivität, der sie eine bestimmte Form geben, einbezogen sind. Die Aktivität gewinnt ihren Sinn durch die gesellschaftlichen Erwartungen, die der Konsument in der Interaktion mit Dritten wahrnimmt. Die Unterordnung der Aktivität unter das angestrebte Erscheinungsbild, zeigt sich deutlich in der Abschirmung von Geräten und der Betätigung vor den Blicken von Personen, die nicht dem Haushalt angehören, oder diesem sehr verbunden sind.

2.1.2 Konsum in der Oeffentlichkeit

In Analogie zum vorangehenden Abschnitt fragen wir nun nach dem Einfluss, den andere Akteure auf die Erfahrung des Konsums ausüben, der nicht in einem vom Besitzer kontrollierten Ausschnitt der Lebenswelt stattfindet. Wir richten unser Interesse auf Produkte, die nach dem Erwerb vom Konsumenten nicht an einen, durch physische Schranken begrenzten Ort gebracht werden, sondern von ihm aus dem Raum herausgetragen werden, der seiner Person zugeschrieben wird. Er bringt diese mobilen Produkte an Orte, über deren Zutritt er zumindest nicht allein wacht und die deshalb nicht seiner Person zugeschrieben werden. Diese mehr oder weniger öffentlichen Orte werden entweder durch Wahrnehmungsschranken eingegrenzt und der Zutritt formell oder informell geregelt oder sie sind gar nicht begrenzt und können als gänzlich öffentlich bezeichnet werden.

Der obigen Unterteilung entsprechend, unterscheiden wir auch in diesem Abschnitt Produkte, mit denen der Konsument einen erwünschten Eindruck erzeugt und Produkte, die bei ihrer Benützung eine ganz bestimmte Aktivität vorzeichnen. Als präganteste Beispiele der ersten Kategorie seien Kleider, Schuhe, Schmuck, Taschen, aber auch Parfüm, Deodorants, Make-Up etc. genannt, als Beispiele der zweiten Kategorie Schreibzeug, Taschenagenda, Freizeitgeräte, Zeitschriften, Zeitungen, Taschenbücher.

A) Rahmenbildende Produkte

Wir beginnen die Darstellung der Produkte der ersten Kategorie (rahmenbildende Produkte) mit Beispielen aus dem Bereich der Bekleidung. Obwohl nicht ein frei erwerbbares Konsumgut, ist doch die Uniform speziell geeignet, um die Bedeutung mitgetragener Produkte einzuleiten. Wie gewisse Situationen erkennen lassen, wird durch das Tragen der Uniform für den Uniformierten eine

Realität geschaffen, die zu einer von der Uniform abhängigen Selbsterfahrung führt. Dies zeigt sich am deutlichsten an der Interaktion zwischen Uniformierten. Unabhängig vom Ort, an dem sich Uniformierte begegnen, wird die formelle Bekleidung zu einem zentralen Bestandteil der Situationsdefinition und geht automatisch in die Interaktion ein. Während jede Uniform für den Uniformierten anfänglich noch ein fremdes Objekt ist, wird deren hierarchische Bedeutung bspw. im Militär speziell eingeübt und mit formellem Verhalten verbunden. Die Achtung, die einem Uniformierten höheren Ranges entgegengebracht werden soll, wird durch vorschriftsmässiges Grussverhalten und das Einhalten eines bestimmten körperlichen Abstandes eingeübt. Die Uniform wird im Sinne von Berger/Luckmann systematisch internalisiert (Berger/-Luckmann 1982). Eine geglückte Internalisierung führt zu einer von der Institution beabsichtigten Prägung der Persönlichkeit des Uniformträgers. Er erfährt die Uniform nicht mehr als Teil einer gezielt eingeübten Realität sondern als prägenden Bestandteil der Wirklichkeit. Nicht mehr die Uniform wird als Ursache für das eigene Verhalten erlebt, sondern die Person mit ihrem scheinbar natürlich autoritären Auftreten.

Die Untrennbarkeit der Selbsterfahrung von der Uniform wird auch in der Interaktion zwischen Ranggleichen deutlich. Der Umstand, dass sich diese mit "Du" ansprechen und sich freundschaftlich auf die Schulter klopfen, wird zur normalen Wirklichkeit, in der sich die Uniformierten als Ranggleiche erleben. Die mit dem Uniformtragen einhergehende Aenderung der Selbsterfahrung zeigt sich in einem Milizsystem beim jeweiligen Wiedereintritt ins Militär nach einer längeren Zeit des zivilen Lebens. Unmittelbar nach dem Tauschen der Zivilkleidung gegen die Uniform ist der Uniformträger noch unvertraut mit der veränderten Situation. Es mag ihn stören, wenn er von den bereits dienstleistenden "Kameraden" in jovialer Art begrüsst wird und man ihm kameradschaftlich auf die Schulter klopft. Die durch die Uniform ausgedrückte Form der Gemeinschaft ist dem soeben Eingetroffenen noch fremd. Sie unterscheidet sich krass von der erst kürzlich verlassenen Realität.

Nach kurzer Zeit beginnt er sich aber wieder der neuen Interaktionsform anzupassen und diese als normal zu erleben. Goffman ist der Ansicht, dass derjenige, der einer uniformierten Person gegenüber Achtung ausdrückt, spüren kann, dass ihr Verhalten nicht auf die Person bezogen ist, sondern auf die Institution, die hinter der Uniform steht. Dieser Umstand erlaubt ihm, in seinem Verhalten eine gewisse Autonomie bewahren (Goffman 1971, 58). Meines Erachtens ist eine derartige Trennung von Erscheinung und Person kaum möglich, denn selbst wenn die Uniform eindeutig einer Institution zugeschrieben werden kann, wird die uniformierte Person mit der Institution verbunden. Die Uniform ist ein direkter Ausdruck der Institution. Die Untrennbarkeit von Uniform und Institution zeigt sich exemplarisch am Fall der misslungenen Sozialisierung. Erachtet der falsch Sozialisierte die Uniform als Ausdruck einer Institution, die er nicht akzeptiert, wird sein Urteil in bestimmter Form in jede Interaktion mit Uniformierten eingehen und mit der Zeit eine von Ablehnung gekennzeichnete Erfahrung internalisieren.

Die Uniform prägt allerdings die Interaktion nicht nur zwischen Uniformierten, sondern auch zwischen Uniformtragenden und Aussenstehenden. Durch die Unterscheidung eines v.a. funktionellen Dienstanzuges und der Ausgangsbekleidung wird nicht nur das "ausser Dienst sein" zum Ausdruck gebracht. Das vorschriftsmässige Tragen der Ausgangsuniform zeigt auch, dass sich der Uniformierte für die Begegnung mit zivilen Menschen in der Oeffentlichkeit anpasst. Noch ausgeprägter als im Falle des Arbeitsanzugs werden hier Rangunterschiede zusätzlich durch unterschiedliche Materialverwendungen zum Ausdruck gebracht. Die Verarbeitung "feineren" Materials soll durch den Eindruck von Luxus auch dem Aussenstehenden in subtiler Weise die Bedeutung des Ranghöheren vorgeführt. Die Interaktion wird durch diese Unterscheidung auch mit Aussenstehenden beeinflusst, die eher mit materiellen Ausdrücken einer Hierarchie als mit Rangabzeichen vertraut sind.

Aufgrund dieser Betrachtungen können wir festhalten, dass die Uniform an der durch sie verursachten Prägung der Interaktion erlebt wird. Das Verhalten kann, wie im Falle des Militärs gegenüber Rangverschiedenen, speziell eingeübt werden, es kann aber auch, wie zwischen Ranggleichen, auf informeller Basis eingeübt werden. Schliesslich ist die Uniform auch auf die Begegnung mit Aussenstehenden ausgerichtet. In jedem Fall wird die Uniform durch ihren Einbezug in die Interaktion zu einem konstitutiven Bestandteil der Selbsterfahrung.

Als weiteres Beispiel des Einflusses der Bekleidung auf das Realitätsverständnis untersuchen wir das Brautkleid, das wie das Taufkleid oder das Firmungskleid eine ganz spezielle, für die Betroffenen idealerweise einmalige Situation kennzeichnet. Das Hochzeitskleid als eindeutig gesellschaftlich definiertes Zeichen dient gleichzeitig als Mittel, der Braut die Bedeutung, die dem Uebergang von einem gesellschaftlichen Status zum andern zugemessen wird, erlebbar zu machen.

Schon der Preis des Kleides oder des Stoffes und die Aufmerksamkeit, die der Auswahl oder Anfertigung des Kleides geschenkt wird, sowie das Versteckthalten vor den Augen nicht Eingeweihter bis zu ihrem offiziellen Auftritt am Tag des Hochzeits, lässt die Braut die Bedeutung der Zeremonie zu erfahren. Schon im voraus überträgt sie die Aufmerksamkeit, die dem Kleid geschenkt wird, auf das kommende Ereignis. Die von der Wahrnehmung Dritter sorgfältig abgeschirmte Vorbereitung, die schliesslich mit dem offiziellen Auftritt der Braut vor dem öffentlichen Publikum endet, erlaubt ihr als "fertige" Braut vor den Augen der Betrachter aufzutreten. Diese Situation weist auf die Bedeutung der Hinterbühne hin, auf der sich die Braut vor der Wahrnehmung der am Hochzeit Beteiligten vorbereitet - solange bis sie mit ihrer Erscheinung für die Oeffentlichkeit zufrieden ist. Das Kleid zeichnet sie eindeutig als Braut aus und führt dazu, dass sie von den Beteiligten in den Mittelpunkt des Ereignisses gestellt wird. Durch die Aufführung der Hochzeit wird der Akt der ehelichen

Verbindung zweier Menschen dargestellt und durch das Hochzeitskleid die besondere Stellung der Braut. Das vom Kleid beeinflusste Verhalten, das die Zeremonie zu einer Hochzeit macht, lässt die Braut erleben, wie wichtig der Akt in den Augen der Gesellschaft ist. Die Braut verbindet das Tragen des Kleides aber auch mit einer bestimmten Erwartung an das Verhalten der Beteiligten (vgl. Hochschild 1983, 59f). So besehen liefert die Braut das Mittel dafür, wie mit ihr in der Zeremonie interagiert wird, damit sie die Veränderung ihrer Beziehung zum gewählten Ehemann als etwas Spezielles erlebt. Die Braut liefert das Mittel, die Beteiligten den Spiegel.

Als weiteres Beispiel von Kleidern, die ihre Bedeutung an verschiedenen Orten entfalten können, seien die "Abendkleider" erwähnt: Kleider, die traditionell an verschiedenen Anlässen wie Konzert-, Theater-, Vortragsbesuch, usw. ("kulturelle" Veranstaltungen) getragen werden. Da die zu diesen Anlässen getragenen Kleider keinen Einfluss auf den vermittelten Inhalt der Aufführung ausüben, stellt sich die Frage, ob die Kleider für den Anlass überhaupt von Bedeutung sind, d.h. in irgendeiner Weise in die Wahrnehmung der Anwesenden eingehen. Dass sie tatsächlich von grosser Bedeutung sind, zeigt sich in der Wirkung, die jemand durch das Brechen der Regeln erzielt, die dem Anlass zugrundeliegen. Während es früher vielerorts üblich war, jemandem, der den Bekleidungsregeln nicht entsprach, die Teilnahme zu verweigern, wird auch heute noch oft das Tragen von Freizeitkleidern, Berufskleidern oder gar eines Bademantels von den übrigen Besuchern entweder als Provokation oder als Missverständnis aufgefasst. Obwohl durch die unpassende Bekleidung die Aufführung inhaltlich keineswegs stört, scheint die Unangemessenheit gegenüber dem Rahmen den Anlass zu beeinträchtigen. Dieser Aspekt lässt uns vermuten, dass der Anlass aus mehr besteht, als aus der Vermittlung eines Inhaltes und dass die Bekleidung eine konstitutive Rolle spielt. Die durch die Kleidung bewirkte Festlichkeit hebt den Anlass erlebnismässig vom Alltag ab: Die Teilnehmer haben nicht nur ein Interesse am vermittelten Inhalt, sondern sind

Teilnehmer an einem Anlass, der sich an Menschen einer gewissen gesellschaftlichen Schicht richtet. Mit den Abendkleidern manifestiert der einzelne Teilnehmer, dass er zu einer kulturell interessierten Minderheit gehört und deren Regeln kennt. Der Anlass ist mit der Beendigung der Vermittlung des Inhalts denn auch noch nicht beendet. Er wird nach Beendigung des offiziellen Teils in einem Restaurant oder einem Klubhaus, das ihren Kleidern entspricht, weitergeführt. Die Kleider erlauben den Beteiligten, das mit dem Anlass verbundene Selbsverständnis noch zu bewahren, auch wenn die Lokalität des Anlasses gewechselt wird.

Mit dem Beispiel der Abendkleider haben wir einen Bereich der Bekleidung angesprochen, der durch seinen symbolischen Charakter wesentlich dazu beiträgt, den Zutritt zu einem formell öffentlichen Bereich symbolisch zu reglementieren. Während die Abendkleider weitgehend nur den Zugang zu einem Anlass gesellschaftlich reglementieren, repräsentieren andere traditionelle Bekleidungen komplizierte soziale Beziehungsgefüge. Die Sonntagsbekleidung der Amischen signalisiert, wie Enninger schreibt, Mitgliedskategorien wie Amisch/nicht-Amisch, regionale resp. Gemeindezugehörigkeit, getauft/ungetauft, verheiratet/unverheiratet, Alter über/unter 35 Jahre, (situationsbedingt:) Träger/nicht-Träger eines Kirchenamtes, männlich/weiblich (Enninger 1983, 43). Nachdem wir die Erfahrungsweise der symbolischen Bekleidung am Beispiel der Abendbekleidung bereits beschrieben haben, verzichten wir auf die Darstellung vergleichbarer Beispiele und wenden uns stattdessen der "funktionalen" Bekleidung, v.a. der Berufsbekleidung zu.

Die bisherigen Beispiele haben hinlänglich gezeigt, dass auch die Berufskleider oft wesentliche Mittel der Selbsterfahrung und des Selbstverständnisses im Berufsalltag sind. Denken wir an die Vielzahl der Berufe, ist allerdings festzustellen, dass die Berufsbekleidung nicht wie Hochzeits-, Abend- oder Sonntagskleid im Zusammenwirken der Teilnehmer derselben gesellschaftlichen Institution erlebt und internalisiert wird, sondern v.a. in der Begegnung mit nicht Berufsangehörigen. Vergleichbar mit den formellen Uniformen, prägen die Berufskleider als typisches Erkennungsmerkmale eines Berufsinhabers die Interaktion mit Aussenstehenden. Sie werden meist als unverwechselbare Merkmale für den Status wahrgenommen, den der Beruf verleiht. Als populäres Beispiel ist der "bluecollar" - "whitecollar" Gegensatz, zu nennen, welcher die traditionelle Statushierarchie abbildet. Natürlich ist das von den Berufskleidern zum Ausdruck gebrachte Statussystem wesentlich feiner. Wichtiger als die einzelnen Unterschiede verschiedener Berufsbekleidungen ist jedoch der Umstand, dass ein Aussensteheder jemandem in Berufsbekleidung zunächst als typischen Vertreter einer Berufsgattung ausmacht. Die Wirkung der Berufsbekleidung auf die Interaktion mit Aussenstehenden zeigt sich exemplarisch am Einfluss, den eine Modifizierung der Bekleidung während der Interaktion auf diese bewirkt. Löst ein Psychiater seine Krawatte oder zieht er seinen Veston während einer Konsultation aus, bewirkt er damit eine Aufweichung des statusgeprägten Verhältnisses. Die Beziehung büsst sofort etwas von ihren formellen Charakter ein (vgl. Kaiser 1985, 143). Auch Aerzte schaffen durch den Verzicht auf die Berufsschürze eine vertrautere Beziehung in der Sprechstunde, bedienen sich dieser aber bei Untersuchungen, um den beruflichen Charakter der Beziehung zu unterstreichen.

Mit dieser Darstellung der Erfahrbarkeit von Berufskleidern haben wir die wesentlichsten Kategorien der Bekleidung erwähnt, die aufgrund ihrer traditionellen Bindung an bestimmte soziale Kontexte mehr oder weniger eindeutig einer bestimmten Situation oder einem gesellschaftlich definierten Status zugeordnet werden. Unbeantwortet blieb bisher die Frage nach der Erfahrbarkeit modischer Kleider - Kleider, die sich nicht durch die Konstanz sondern gerade durch die Variation ihrer Erscheinung zu erkennen geben. Aufgrund ihrer speziellen, d.h. unbestimmten Form aber auch wegen ihrer zentralen Bedeutung für die Entwicklung des Konsums erachte ich eine separate Darstellung als angebracht.

Wie Barthes ausführlich beschreibt, ist Mode in ihrer traditionellen Form ein System von Differenzen in der Gestaltung der Bekleidung (Barthes 1985). Ihren Ursprung nahm sie im aufkommenden Industriebürgertum in der ersten Hälfte des 19. Jahrhunderts (König 1967, 120). In der traditionellen Form ist sie an Differenzierungsmerkmalen zu erkennen, die im jährlichen Rhythmus von einzelnen Modeschöpfern in den Metropolen der Mode (v.a. Paris, London, Rom) festgelegt werden. Als System vom beabsichtigten Aenderungen der Bekleidung manifestiert sich die Mode durch die Opposition von Neuem zu Bekanntem. Mode exisitiert nur aufgrund der Neuheit und wird vermittelst der Neuheit für die Konsumenten erlebbar. Die traditionelle modische Bekleidung hat sich vor allem als Domäne nicht berufstätiger Frauen entwickelt, die über genügend Geld und Zeit verfügten, um den Lauf der Mode in Modehäusern, Zeitschriften und an Modeschauen zu verfolgen. Die modische Bekleidung, die vor allem an gesellschaftlichen Anlässen wie Bällen, privaten Einladungen und Theaterbesuchen zur Geltung kam, demonstrierte in auffälliger Weise, wieviel jemand in die Kleidung investierte. Mode ist aufgrund ihres Prinzips auffällig; nichts lässt sich leichter erkennen, als etwas, das in Opposition zum Bekannten, zum Gewohnten steht.

An gesellschaftlichen Anlässen, an denen allgemein modische Bekleidung getragen wird, spielt die Mode für die Selbstwahrnehmung in zweierlei Hinsicht eine Rolle. Einerseits wird die modische Bekleidung trotz ihrer verschiedensten Ausformungen aufgrund des gestalterischen Prinzips als etwas Einheitliches wahrgenommen. Erst eine auffällige Störung weist darauf hin, dass scheinbar ein allgemein akzeptiertes Prinzip verletzt wurde. Der Luxus, der sich in der Mode ausdrückt, verleiht dem Anlass erst seine charakteristische Prägung. Andererseits dringt die modische Bekleidung am ehesten durch die Aufmerksamkeit, die sie erregt in die Wahrnehmung der Beteiligten des Anlasses ein. Im Falle der modischen Bekleidung spielen Mitanwesende eine ausgeprägte Rolle als Publikum im Sinne Goffmans (vgl. auch Cooleys looking-glass self (Cooley 1902, 152)), indem sie den Konsumenten oder die Konsumentin auf ihre eigene Erscheinung lenken. Stones Behauptung bringt dies treffend zum Ausdruck: "[a]s the self is dressed, it is simultaneously addressed, for, whenever we clothe ourselves, we dress 'toward' or address some audience whose validating responses are essential to the establishment of our self" (Stone 1962, 101f). Da die modisch gekleideten Teilnehmer sich für das System der Mode, d.h. ihre verschiedenen Ausformulierungen speziell interessieren und die Auswahl einer ihnen entsprechenden Bekleidung sorgfältig prüfen, werden sie die übrigen Teilnehmer auf ihr Modeverständnis hin betrachten und beurteilen. Jeder kann sich an den andern spiegeln und beobachten, ob er selbst so in den Rahmen passt, wie er es sich selbst vorgestellt hat. Wo die Mode einen Anlass prägt, wird sie zu einem massgebenden Faktor der Erscheinungsgestaltung und gleichzeitig der Selbstwahrnehmung.

Mit dem Beispiel der Mode schliessen wir die (an der Bekleidung beispielhaft) dargestellte Erfahrung der Produkte ab, die vor den Augen Dritter in verschiedenen, insbesondere öffentlichen Kontexten "benützt" werden. Die Bedeutung der Interaktionspartner für die Wahrnehmung der Produkte in unterschiedlichen Kontexten sollte damit genügend aufgewiesen sein. Wir wenden uns nun den Produkten zu, die der Konsument zwar mit sich herumträgt, die seine Aktivität an bestimmten Orten abbilden. Als Beispiele haben wir in der Einleitung zum Abschnitt 2.1.2 Schreibzeug, Taschenagenda, Freizeitgeräte, Taschenbücher, Zeitschriften, Zeitungen genannt.

B) Gebrauchsprodukte

Als Beispiel eines Produkts, das an verschiedenste Orte gebracht werden kann und den Besitzer in eine bestimmte Aktivität involviert, unterziehen wir hier die Zeitung einer genaueren Betrachtung. Auf die Darstellung, was eine Zeitung ist und wie sie sich zu erkennen gibt, wollen wir verzichten. Für unsere Darstellung genügt es, die Zeitung soweit zu charakterisieren, wie dies für die Erklärung des Leser-Verhaltens notwendig ist. Die verschiedenen Zeitungen enthalten in geschriebener, z.T. in gezeichneter und fotografischer Form Informationen, die ihrem jeweiligen Anspruch gehorchend unterschiedliches Gewicht auf die einzelnen Interessensgebiete legen und die Information in unterschiedlich abstrakter Weise präsentieren. Dementsprechend eignet sich der Leser die Information in zeitungsspezifischer Form und Selektion an. Aus den Zeitungen entnimmt der Leser Berichte, die Wissen und Meinungen zu allen erdenklichen Ereignissen in den verschiedensten gesellschaftlichen Bereichen vereinen. Im Gegensatz zu Büchern charakterisieren sich Zeitungen durch ihren Bezug auf Aktualitäten. Der Zeitpunkt, zu dem eine Zeitung Informationen vermittelt, ist für den Leser entscheidend. Zeitungen bilden einen Spiegel all dessen, was von ihren Lesern in den erfassten Gebieten als aktuell, d.h. für das gegenwärtige Verständnis eines Gebietes als massgebend erachtet wird.

Der Erwerb der Informationen gewinnt ihren Wert aber erst in der gesellschaftlichen Verwertung des Wissens. Wird in einem Kreis von Personen ein bestimmtes für sie bedeutsames Gebiet diskutiert, kann sich der Einzelne dadurch, dass er etwas zum Gespräch beizutragen weiss, Anerkennung verschaffen. Umgekehrt wird es bspw. jemandem, der nichts über Fussball zu berichten hat, schwer fallen, in eine über Fussball diskutierende Runde einzudringen. Um sich in eine bestehende Gruppe einfügen zu können, muss der einzelne über Informationen verfügen, die er einbringen kann und von den andern als Beitrag verstanden werden. Die Informationsvermittlung bietet eine wesentliche Gelegenheit, um sich zur Geltung zu bringen. Die Position des einzelnen hängt massgeblich von seinem Beitrag zur Gruppe ab.

Die gesellschaftliche Verwertbarkeit des Zeitungslesens erklärt dessen allgemein positive Bewertung. Kehren wir nun zum Ausgangspunkt nämlich dem Gebrauch von Produkten zurück, die nicht an einen bestimmten Ort gebunden sind, bietet die Zeitung ein Mittel für eine positiv bewertete Aktivität, der bei verschiedensten

Gelegenheiten nachgegangen werden kann. Die positive Bewertung des Zeitungslesens manifestiert sich in der häufig zu vernehmenden Beteuerung, dass ein mit der Bahn zurückgelegter Arbeitsweg, der mit dem Lesen der Zeitung verbracht wird, nicht als verlorene Zeit erfahren wird. Wie sich am Umstand zeigt, dass insbesondere Personen, die einer intellektuellen Arbeit nachgehen, auf dem Arbeitsweg Tageszeitungen und Fachzeitschriften, kaum aber Hobbyzeitschriften oder Romane lesen, hat das Zeitungslesen eine "öffentliche" Bedeutung.

Der Darstellung der ortsunabhängig verwendbaren Produkte fügen wir ein weiteres Beispiel für Produkte an, die der Funktion nach in verschiedenen Kontexten denselben Zweck erfüllen, doch je nach Zusammenhang, in dem sie verwendet werden, in unterschiedlicher Gestalt erscheinen: das Fernglas in der Form als Opernglas und in der Form als Feldstecher.

In beiden Fällen lässt das Fernglas dem Benützer einen beobachteten Gegenstand als näher herangerückt erscheinen. Das Fernglas reduziert den mit den Augen wahrgenommenen Ausschnitt, lässt jedoch Details erkennen, die aus der gegebenen Distanz von blossem Auge nicht wahrnehmbar wären. Da die technische Funktion beider Produkte dieselbe ist, soll die Frage beantwortet werden, wie das Erleben des Fernglases von den verschiedenen Kontexten beeinflusst wird.

Wird der Feldstecher zur Naturbeobachtung eingesetzt, wird der "Benützer" dadurch veranlasst, sich am bestimmte Orte zu begeben und mit dem Fernglas nach Objekten Ausschau zu halten, deren Entdeckung ihm ein erfolgreiches Erlebnis versprechen. Für das Naturerlebnis ist es wesentlich bspw. Tiere zu erkennen, die ohne Beobachtung mit dem Fernglas kaum gesehen, oder zumindest nur schwer beobachtet werden können. Die Beobachtung mit dem Feldstecher vermittelt Details, die dem "unbewaffneten" Auge entgehen und gerade deshalb den Eindruck vermitteln, die Natur aus nächster Nähe zu erleben.

Der Feldstecher als optisches Instrument bildet in seiner Gestalt die gesellschaftliche Interpretation des Naturerlebnisses. Feldstecher, die im Freien in verschiedenen Kontexten (Militär, Naturbeobachtung, Jagd) verwendet werden, wurden ursprünglich als rein technische Instrumente verstanden, was die schwarze Lackierung und die, den technischen Anforderungen untergeordnete Gestaltung zu erkennen gaben. Wie sich an der Farbe leicht ersehen lässt, spielt die Gestaltung des Produktes für die Authentizität des Erlebnisses eine nicht zu unterschätzende Rolle. Die Farbe (als Teil der Gestalt des Produktes) muss sich in die gesellschaftliche Definition des Erlebnisses fügen, soll sie dieses nicht verfälschen. Zwar würde bspw. ein violetter Feldstecher die Aktivität keineswegs beeinträchtigen, das Naturerlebnis bliebe aber nicht unbeeinflusst. Während die schwarze Lackierung den technischen Aspekt des Instruments betont, verrät gerade eine grelle Farbgebung, dass sich das Produkt an der Aufmerksamkeit anderer Menschen orientiert. Ein schwarzes Produkt betont seine Funktionalität und die Abwendung von einem Publikum. Es will nicht durch seine Farbe gefallen. So wie sich Naturerlebnis in einer, von der Gesellschaft abgewandten Betätigung abspielt, haben sich die dabei verwendeten Mittel diesem Umstand unterzuordnen. Das Opernglas als mit dem Feldstecher technisch identisches Produkt verdeutlicht den Einfluss des gesellschaftlichen Kontextes, in dem es verwendet wird, auf seine Gestaltung. Erinnern wir uns an die Beschreibung der Konstitution eines festlichen oder kulturellen Anlasses, so ist das Opernglas wie die festliche Bekleidung unschwer als Bestandteil des Anlasses auszumachen, in den es sich einzufügen hat. Dass Operngläser in den verschiedensten Erscheinungen anzutreffen sind, die den technischen Charakter in den Hintergrund drängen, überrascht unter diesem Aspekt kaum mehr.

Wir wollen es bei diesen Beispielen bewenden lassen und an den bisherigen Erkenntnissen beurteilen, wie die Wahrnehmung der Produkte durch den sozialen Kontext, in dem das Produkt in

Erscheinung tritt, traditionellerweise beeinflusst wird.

2.1.3 Der Einfluss der Zutrittsbeschränkung auf den Konsum

Bei der obigen Untersuchung sind wir von der Frage ausgegangen, wie die Wahrnehmung der Produkte durch den Konsumenten von der Anwesenheit anderer Akteure beeinflusst wird. Dazu haben wir im Sinne Goffmans Situationen betrachtet, die durch Zutrittsbeschränkung zur Interaktion typischer Sets von Akteuren führen. Wir haben zunächst Orte ausgemacht, die von ihren Besitzern kontrolliert werden und die von den Besuchern normalerweise dem Besitzer zugeschrieben werden. Unter dem Aspekt des Konsums stand das Zuhause, "die eigenen vier Wände", die nach Goffman in Bereiche der Hinter- und der Vorderbühne unterteilt werden können, im Vordergrund.

Verlässt der Konsument seinen Privatbereich, betritt er meistens öffentlichen Raum; Raum zu dem der Zutritt nicht formell geregelt ist. Dennoch sind informelle Zutrittsbeschränkungen dafür verantwortlich, dass auch in grundsätzlich allgemein zugänglichen Bereich verschiedene Situationen mit typischen Sets von Interagierenden ausgemacht werden können. Diese durchgängige Aufgliederung des Raumes ist für die Wahrnehmung der Produkte insofern bedeutsam, als das Urteil aller Mitanwesender in die Wahrnehmung des Konsumenten einfliesst. Unter diesem Aspekt haben wir zu analytischen Zwecken zwischen rahmenbildenden Produkten und Gebrauchsprodukten unterschieden. Auf dieser Grundlage ist es möglich, aufzuweisen, wie die Interaktion auf die Wahrnehmung der Produkte wirkt.

Wie Douglas/Isherwood vorführen, hat jedes Produkt eine kulturell präformierte Bedeutung (Douglas/Isherwood 1979, bspw. 67), die vom Konsumenten in seiner dauernden Teilnahme an sozialen Situationen aufgenommen werden. Wie das Beispiel des "zweckentfremdeten" Gebrauchs des Bügeleisens gezeigt hat, lernt der Konsument die Produkte als Bestandteile von Situationen kennen, die er als typische Handlungskontexte identifiziert. Gleichzeitig mit dem Identifizieren einer Situation erfolgt immer auch eine Mitidentifizierung des Konsumenten, auf den die Produkte bezogen werden können: "Consumption uses goods to make firm and visible a particular set of judgements in the fluid processes of classifying persons and events" (ebd.).

Tritt ein Akteur einem andern gegenüber, wird er zuerst darum bemüht sein, die Wirklichkeit der Situation aufzudecken (Goffman 1985, 227). Dabei stützt er sich sowohl auf körperliche Aeusserungen seines Interaktionspartners als auch auf Produkte, die ihm Hinweise auf sein Gegenüber geben. Während in jeder Interaktion implizit eine gegenseitige Positionszuweisung erfolgt, spielt diese insbesondere zwischen Unbekannten eine wesentliche Rolle für den Ablauf der Interaktion. Da der erste Eindruck für die Situationsdefinition von spezieller Bedeutung ist (ebd., 14), werden die Konsumenten sorgfältig darum bemüht sein, den Rahmen, den ihnen ihr Gegenüber zuschreibt, der selbst beanspruchten Position entsprechend zu gestalten. Durch die sorgfältige Eindrucksmanipulation beabsichtigt der Konsument von allem Anfang an, ein bestimmtes Bild seiner selbst zu präsentieren.

Ueberall dort, wo Akteure einen gemeinsamen Zugang zu Informationen haben, die gegenüber dem nach aussen präsentierten Bild zusätzliche Auskunft über die Situation geben, besteht die scheinbar natürliche Tendenz zwischen den Akteuren, sich zu einem "Ensemble" zusammenzuschliessen, um gemeinsam ein bestimmtes, idealisiertes Bild zu präsentieren (ebd., 73ff). Treten Akteure in einer bestimmten Situation in Interaktion, werden sich jene Akteure, die über ein gemeinsames Vorwissen verfügen automatisch zu einem Ensemble zusammenschliessen und aufgrund ihres in der Vergangenheit gemeinsam entwickelten Wirklichkeitsverständnisses auf die Darstellung eines bestimmten Eindrucks hinwirken. Anstatt zwischen zwei einzelnen Akteuren wird die Aushandlung der Situationsdefinition in diesem Falle zwischen zwei Ensembles stattfinden. Bei der interaktiven Situationsbestimmung wird immer zum Ausdruck kommen, inwiefern der mit der Präsentation des Rahmens erhobene Wirklichkeitsanspruch von den Interaktionspartnern akzeptiert oder angezweifelt wird. Dieser Umstand erklärt die Sorgfalt, die insbesondere für die Präsentation des Rahmens, in dem die Gäste im eigenen Zuhause empfangen werden, aufgebracht wird. Die Produkte, die sich im Bereich befinden, in dem Gäste empfangen werden, bringen dementsprechend die Position, auf die die Besitzer Anspruch erheben, zum Ausdruck. Umgekehrt sind die Gebrauchsprodukte Repräsentanten von Arbeiten, die jedem Haushalt verrichtet werden müssen, um den erwünschten Eindruck zu erzeugen. Als Ausdruck einer von allen Haushalten gemachten Erfahrung, wohnt den Bebrauchsprodukten ein tief egalitärer Charakter inne, der durch die Verbannung aus dem für gesellschaftliche Anlässe bestimmten Raum, neutralisiert wird.

Die Kontrolle des Zutritts zu einer bestimmten Situation hat zur Folge, dass die Auswahl der an der Situationsdefinition beteiligten Akteure nicht zufällig, sondern nach einer dem Zutritt zugrundegelegten Regel erfolgt. Aufgrund der Zutrittsbeschränkung wird aus der Perspektive der Akteure oder Ensembles zwischen "Insidern" und "Outsidern" unterschieden (ebd., 124ff). Während Zuhause zwischen Hinterbühne, zu der in der Regel nur Haushaltsmitgliedern und eng vertrauten Personen Zutritt gewährt wird, und Vorderbühne, deren Erscheinung auf den Empfang von Gästen ausgerichtet ist, unterschieden werden kann, ist bezüglich der Interaktion zwischen Insidern, auf die sich die Vorderbühne potentiell richtet, und Outsidern zu differenzieren, mit deren Eindringen in irgendeinen Bereich des Zuhause normalerweise nicht gerechnet wird. Aus individueller Sicht sind diejenigen Akteure als Outsider zu betrachten, mit denen der Betreffende im Normalfall nicht in Interaktion tritt. Am Beispiel der Uniform kann die Trennung von Insidern und Outsidern exemplarisch vorgeführt werden, da der formell reglementierte Gebrauch definiert, an wen sich die Uniform jeweils richtet. Der militärische Kampfanzug

(Dienstanzug) reflektiert eindeutig einen Kontext, der nur Dienstleistende als Insider bezeichnet. Die Ausgangsuniform richtet sich demgegenüber speziell auf die Interaktion mit der Zivilbevölkerung aus. Während in der durch den Dienstanzug charakterisierten Situation eine Ensemblebildung typischerweise zwischen Ranggleichen zustande kommt, ergibt sich eine Ensemblebildung im Ausgang typischerweise zwischen Uniformierten und nicht-Uniformierten. Die dem Zutritt zugrundeliegende Regelung bestimmt, wer potentiell an der Situationsdefinition aktiv teilnimmt und wer davon ausgeschlossen ist.

Während der Zutritt zu physisch abgegrenzten privaten Räumen grundsätzlich nach dem Willen des Besitzers geregelt wird, erfolgt die Selektion, die für die Abgrenzung von Insidern und Outsidern verantwortlich ist, auch zu öffentlichen Räumen durch informelle Regeln, die dem Aufbau der Gesellschaft zugrunde liegen.

Für die Analyse der Konstitutionsprinzipien einer traditionell geschichteten Gesellschaft sei auf Bourdieu verwiesen, insbesondere auf "Die feinen Unterschiede", wo er die zentralen Strukturierungsprinzipien herausarbeitet (Bourdieu 1982). Seiner Interpretation zufolge liegt der traditionellen Klassengesellschaft ein Strukturierungsprinzip zugrunde, das der individuellen Verteilung verschiedener gesellschaftlich verwertbarer Kapitalarten (ökonomisches, kulturelles und soziales Kapital (ebd., 195ff)) gehorcht. Die Verteilung dieser Kapitalarten bringt eine Segmentierung der Gesellschaft mit sich, die in allen Bereichen der Lebenswelt - gerade auch in Bereichen, die grundsätzlich öffentlich und mithin jedem Gesellschaftsmitglied zugänglich sind - zu einer Unterscheidung von Insidern und Outsidern führt. An der Situationsdefinition nehmen jeweils als Insider nur Akteure teil, die über einen vergleichbaren Kapitalstock verfügen. Die jeweiligen Aussenseiter erfahren die Situation und die in diesen definierten rahmenbildenden Produkte nur aus der Position von Ausgeschlossenen. Ihre Interpretation der Produkte folgt dem eigenen Wahrnehmungskontext und kann mithin nicht der Definition der Insider entsprechen.

Die an einem kulturellen Anlass getragenen Abendkleider bilden in diesem Sinn typische Beispiele für Produkte, die eine Trennung der Gesellschaft in Insider und Outsider in öffentlichen Räumen repräsentieren. Gegenüber Aussenstehenden wirkt die Abendkleidung als Selektionsregel, die optisch den Tarif der Teilnahme bekannt gibt, von nahem besehen (nach Bourdieu) entspricht die Selektion gleichzeitig einer typischen Verteilung des Gesamtkapitals, über das der einzelne Teilnehmer verfügt. Solange jemand den Zutritt zur Interaktion nicht als Insider erlangt, partizipiert er nicht am dauernden Prozess der Situationsdefinition. In der Folge wird er die Erscheinung der Insider immer aus seinem lebensweltlichen Kontext als Ausgeschlossener (miss-)interpretieren. Da aber die Selektion, wie Bourdieu im Detail nachweist, nach sehr subtilen Kriterien erfolgt, werden sich die Aussenstehenden immer durch ihr Missverständnis verraten. Umgekehrt werden die Insider, wenn sie das überraschende Auftreten eines Outsiders feststellen, ihr Verhalten der Störung anpassen, was zu einem Konflikt mit der bestehenden Situationsdefinition führt und oft Verwirrung mit sich bringt. "Unter derartigen Umständen ist es verständlich, dass man den Eindringling häufig so behandelt, als ob er nicht da wäre oder ihn ganz unhöflich bittet, draussen zu bleiben." (Goffman 1985, 128)

Aus der Betrachtung des Konsums unter dem Aspekt der Interpretation ergibt sich, dass die meisten Produkte für den einzelnen Konsumenten eine, in der Vergangenheit herausgebildete Bedeutung haben, die ihr jeweiliges Realitätsverständnis prägen. Das Verständnis der Produkte hängt wesentlich davon ab, ob sie vom Konsumenten nur in die Interaktion in einem geschlossenen Ensemble einbezogen werden, oder ob er sie als Bestandteil einer Interaktion zwischen zwei Ensembles erlebt. Die obigen Beispiele haben gezeigt, dass die Verwendung der Produkte zur Eindrucksmanipulation zwischen zwei Ensembles das Verständnis der Benützer prägt: Der Einfluss des Produktes auf die Selbsterfahrung ändert durch die Verwendung zur Eindrucksmanipulation viel öfters seine Richtung, wodurch insbesondere in der Konfliktsituation, in der die bestehende Bedeutung in Frage gestellt wird, dessen Bedeutung des Produktes ins Bewusstsein eindringt. Begegnet der Konsument einem Produkt als Aussenseiter, erlebt er dieses als Teil einer ihm fremden Welt.

2.2 Die Oeffnung der traditionellen Wahrnehmungssschranken durch visuelle Massenmedien

Wir haben die Aufteilung des Wirklichkeitserlebnisses im obigen Abschnitt beschrieben, als gäbe es für den einzelnen keine Möglichkeit, etwas über die Realitätskonstitution eines Ensembles zu erfahren, zu dem ihm der Zugang im Alltag als Partizipant verwehrt wird. Tatsächlich stand aber dem interessierten Beobachter schon lange die Möglichkeit offen, durch das Lesen von Büchern (gerade mit dem Aufkommen des Romans) einen Einblick in die Realität fremder Ensembles zu gewinnen. Dass der Einfluss der Bücher auf das Verständnis der Realitätskonstitution fremder Ensembles für die Gesellschaft insgesamt als marginal zu bezeichnen ist, lässt sich auf verschiedene Ursachen zurückführen (vgl. Meyrowitz 1985, 69ff).

Zunächst erfordert das Lesen das Beherrschen eines Codes semantisch bedeutungsloser Symbole, in denen eine geschriebene Mitteilung verfasst ist. Das Beherrschen des Schriftcodes wird nicht als Ganzes auf einmal vom Individuum aufgenommen, sondern muss mühsam erlernt werden. Das Erlernen ist ein fortdauernder Prozess, in dem der Lernende allmählich komplexere Texte lesen lernt. Das jeweils erreichte Niveau erlaubt dem Lesenden, seinem Niveau entsprechende Bücher zu verstehen. Aufgrund des für das Lesen vorausgesetzten Geschicks wird der Zugang zum gesamten Angebot an geschriebenem Material bereits stark eingeschränkt. Bspw. wird Kindern aufgrund ihrer noch beschränkten Lesefähigkeit der Zugang zu den meisten, nicht ihrem Alter entsprechenden Büchern verschlossen. Ebenso schliesst die Zeit, die das Perfektionieren des Lesens erfordert, einen Grossteil der Bevölkerung vom Lesen von Büchern aus, die nicht ihrem Niveau entsprechen. Schliesslich ist jedes Buch ein physisches Produkt, das sich der Leser zunächst verschaffen muss, bevor er es lesen kann. Er muss das Buch von Freunden oder von einer Bibliothek ausleihen, oder es in einem Geschäft kaufen. Er benötigt eine Vorstellung davon, was seinem Niveau und seinen Interessen entspricht, will er sich nicht durch die Lektüre entmutigen lassen. Auf jeden Fall erfordert der Kauf einen mehr oder weniger klar definierten Entscheid.

Diese Voraussetzungen für das Lesen eines Buchs veranlassen Meyrowitz von einer "Selbstzensur" der Bücher zu sprechen (ebd., 151), die eine bestimmte Streuung der Bücher in der Gesellschaft zur Folge haben. Nebst der ungleichmässigen Verteilung der Fähigkeit, Bücher verschiedenen Anforderungsniveaus lesen zu können, wird die Aktivität des Lesens der Strukturierung der Gesellschaft entsprechend, von verschiedenen Ensembles auch unterschiedlich definiert. Die gesellschaftliche Struktur wird sich konsequenterweise ebenso wie auf den "Erscheinungskonsum" auch auf das Interesse am Lesen und auf die Auswahl des Lesestoffs auswirken. Die in den Büchern enthaltene praktisch grenzenlose Information wird, ohne explizite Kontrolle, tendenziell innerhalb der Wahrnehmungsschranken fliessen, die der Gesellschaftsstruktur entsprechen.

Aufgrund der Merkmale, die für die restriktive Verteilung des Bücherlesens verantwortlich sind, ist leicht zu erkennen, weshalb die visuellen Medien zu einem viel breiteren, unkontrollierten Informationsfluss führen. Uebertragen wir die Ausführungen von Meyrowitz über das Fernsehen auf die optische Informationsübertragung allgemein, gilt für die fotografische Werbung genauso wie für das Fernsehen, dass deren Betrachtung kaum etwas erfordert, das als Entzifferungscode bezeichnet werden könnte (ebd., 174).

Die Anspruchslosigkeit des Fernsehcodes zeigt sich bspw. daran, dass bereits Kinder von zwei Jahren einen Zugang zum Fernsehen haben und bereits im Vorschulalter Fernsehwerbung imitieren können. Dass die (foto)grafische Werbung ebenfalls schon in sehr frühem Kindesalter eine Mitteilung an das Kind übermitteln, ist an der Verwendung von Katalogen als "Kinderbücher" zu erkennen. Ein Erlernen des Codes, in dem bildliche Informationen übermittelt werden, ist für das Entgegennehmen derart verpackter Informationen praktisch nicht erforderlich. Damit wird natürlich nicht bestritten, dass auch Fernsehsendungen den eigenen intellektuellen Ansprüchen gemäss selektiv ausgewählt werden können (was allerdings laut Statistik kaum zutrifft (ebd., 79)) und die Aufnahme der Mitteilung je nach Voraussetzung des Zuschauers unterschiedlich ist. Das Medium Fernsehen ist jedoch geradezu charakteristisch in seiner "demokratischen" Informationsstreuung, da im Gegensatz zu einem Buch die Information des Fernsehers nicht diskret erworben wird. Mit dem Kauf des Gerätes und dem Bezahlen der Gebühr hat der Fernsehzuschauer seinen Eintritt bezahlt und kann von dem, was sich technisch empfangen lässt, entgegennehmen, was er will. Entgegen dem Buch ist seine Auswahl zu einer bestimmten Zeit - auch wenn das Angebot mit dem Kabelfernsehen und dem Satellitenfernsehen gegenwärtig erhöht wird - relativ limitiert. Der durchschnittliche Fernsehzuschauer, der seinen Fernseh-Konsum weniger nach dem Programm als nach der seinem Rhythmus entsprechenden Zeit ausrichtet, wird die Informationen mit unvergleichbar mehr Personen teilen, als wenn er ein Buch ja sogar einen Bestseller liest. Fernsehsendungen können aufgrund der gemeinsamen Erfahrung in der Schule oder am Arbeitsplatz zum gemeinsamen Gesprächstoff werden, für Bücher dürfte dies eine seltene Ausnahme sein.

Während der Leser von Büchern seinem Interesse und Niveau entsprechend aus einem praktisch unbeschränkten Angebot selbst auswählt, bestimmen in Falle des Fernsehens die Verantwortlichen der Programmgestaltung welches Programm einer sehr grossen Zahl von Zuschauern mit unterschiedlichen Interessen und intellektuellen Ansprüchen präsentiert wird. Der Funktionsweise des Mediums entsprechend wird zwangsläufig ein grosser Teil der Zuschauer mit Themen konfrontiert, mit denen sie sich beim Lesen von Büchern kaum je befasst hätten. Auf diese Weise demokratisiert das Fernsehen die verschiedensten Themen: Die vom Fernsehen vermittelten Themen durchdringen aber nicht nur alle (i.S. Bourdieus) durch die Verfügbarkeit über Kapital gebildeten Statusklassen einer Gesellschaft, sondern immer mehr auch alle Altersklassen. Wenngleich das Fernsehen durch die zeitliche Programmgestaltung Kinder von bestimmten Sendungen auszuschliessen versucht, werden sie dennoch zu gewissen Zeiten mit denselben Informationen konfrontiert, wie die Erwachsenen.

Die grafisch gedruckte Werbung unterscheidet sich insgesamt nur graduell von der über das Fernsehen vermittelten Information. Sie wird zwar zum Teil nur zusammen mit dem diskreten Kauf eines Produkts (v.a. einer Illustrierten oder Zeitschrift) mitgeliefert, der Konsument begegnet ihr jedoch zwangsläufig in grossem Umfang auch an öffentlichen Orten (Plakate) und als allgemein gestreute Werbung im Briefkasten. Gegenüber dem Fernsehen kann sich die gedruckte Bildwerbung aufgrund des breiteren Angebotes an Zeitschriften ihr Zielpublikum spezifischer auswählen. Infolge der grossen Auflage illustierter Zeitschriften gelangt eine Werbebotschaft dennoch an unvergleichlich mehr Personen als eine in Buchform verpackte Information.

Wir wollen uns nicht weiter mit der demokratischen Informationsstreuung auseinandersetzen, da dies von Marktforschungsinstituten viel gründlicher getan wird. Die angeführten Argumente machen den für uns wesentlichen Punkt klar: Die bildliche Information der Massenmedien fliesst nicht mehr den traditionellen Wahrnehmungsschranken entlang, sondern quer durch diese hindurch und erreicht Mitglieder verschiedenster Ensembles.

Im folgenden Abschnitt wollen wir der Frage nachgehen, welche Information die genannten Medien den Betrachtern vermitteln und in welcher Weise der Betrachter den Mitteilungen begegnet. Die Darstellung wird in zwei Teile unterteilt, von denen sich der erste mit dem Fernsehen und der zweite mit der (foto)grafischen Werbung auseinandersetzt. Aufgrund der speziellen Funktion der Werbung, die für die Gestaltung der spezifischen Informationsvermittlung massgebend ist, weisen wir die Fernsehwerbung dem Abschnitt zu, der sich mit der fotografischen Werbung befasst.

2.2.1 Fernsehen: Der Blick durch die Wahrnehmungsschranken eines Ensembles

Das Fernsehen hat sich weitgehend unabhängig von der traditionellen Gesellschaftsstuktur neue, bisher unbekannte Wege des Informationsflusses gebahnt, die quer durch bestehende Wahrnehmungsschranken hindurchgehen. Es soll nun gezeigt werden, wie die neuen Wege des Informationsflusses und die Form der Information-im Sinne McLuhans Darstellung des Mediums - das Realitiätsverständnis des an verschiedenen Ensembles partizipierenden Individuums verändern.

Unter diesem Aspekt besehen, genügt es nicht, nach dem Inhalt der verfügbaren Information zu fragen, wesentlicher ist die Form, in der die Information an den Empfänger gelangt. Langer trennt die Vermittlungsform von Schrift- und Bildmedien anhand der Unterscheidung von diskursiven Symbolen (mit denen die Information der Schriftmedien vermittelt wird) und darstellenden Symbolen ("presentationals Symbols") (Langer 1957). Die diskursiven Symbole, deren sich die Schrift bedient, haben keine "physische Aehnlichkeit" (Ikonizität) mit ihren vermeinten Referenten, sie sind willkürlich und gehorchen einer eigenen Struktur. Diskursive Symbole bestehen aus diskreten Einheiten, die in einer bestimmten Zusammensetzung einen Sinn annehmen und den Sinn durch Umstellung der Symbole in eine anderer Reihenfolge ändern. Bei der Verwendung diskursiver Symbole zur Informationsübermittlung entscheidet der Verfasser darüber, welche Informationen er übermitteln und welche er von der Uebermittlung ausschliessen will. Wie oben bereits dargestellt, erfordert das Verständnis von Informationen, die in diskursiven Symbolen übermittelt werden, aufgrund ihrer Abstraktheit ein relativ mühsames Erlernen des Codes.

Im Gegensatz zu den diskursiven gleichen die darstellenden Symbole in der Wahrnehmung des Betrachters viel stärker der Wirklichkeit, die sie repräsentieren. Die von der Fernsehkamera eingefangene Informationsfülle ist in den Augen des Betrachters dieselbe, die er als direkter Zuschauer der Szene hätte. Während bei schriftlich vermittelten Aussagen der Urheber Ausdrücke und Informationen durch die Uebermittlung weitgehend steuern kann, lassen sich aus der optischen Uebermittlung spontane Ausdrücke nicht ausklammern. Weil die Kamera Gesten, Zeichen, Tonfall, Gesichtsausdruck usw., die Bestandteile jeder face-to-face Interaktion bilden, nicht von der Informationsvermittlung trennt, erhält der Zuschauer Informationen, die vom beobachteten Akteur möglicherweise nicht beabsichtigt sind. Im Unterschied zur schriftlichen Mitteilung, bilden die körperlichen Ausdrücke im Falle der von der Fernsehkamera erfassten Situationen einen untrennbaren Bestandteil der Informationsvermittlung.

Obwohl auch die in darstellenden Symbolen vermittelten Informationen Ergebnis einer Transformation sind, fasst sie der Empfänger meist als unmittelbare Wirklichkeit auf. Die technische Informationsvermittlung wird vom Empfänger mit der unbezweifelten Annahme verbunden, die Vermittlung sei ohne Einfluss auf den Inhalt. Brunelleschi hat im fünfzehnten Jahrhundert an einem Bildexperiment demonstriert, wie unter genau definierten Beobachtungsbedingungen ein visueller Eindruck erzeugt werden kann, der sich kaum von der abgebildeten Wirklichkeit unterscheiden lässt. Da er die Regeln des Verfahrens genau angeben und begründen konnte, wurde sein experimenteller Nachweis der Linearperspektive, als wissenschaftliche Abbildung der Wirklichkeit verstanden (Feyerabend 1984, 17ff). Dieses Verständnis wirklichkeitstreuer Abbildung, das Sehraum und optischen Raum gleichsetzt, hat als Grundlage für die Entwicklung der gesamten Optik (Fotografie), die visuellen Wahrnehmung bis in die Neuzeit geprägt (ebd., 23). Wildermuth vermutet, dass die Gewohnheit der Betrachter, die Linearperspektive als reale Perspektive aufzufassen, den Empfänger optisch eingefangener Informationen dazu veranlasst, diese als unmittelbare Wirklichkeit zu verstehen (vgl. Wildermuth 1981, 117ff). "Das photographische Bild wird somit zum Zeichen der Wirklichkeit, zur informierenden Dokumentation und zum Symbol der Emanzipation von Einzelsituationen" (ebd., 147). Der Betrachter begegnet einer wiederhergestellten Wirklichkeit, die ihm "die Illusion des begrenzten Dabeiseins" vermittelt (ebd., 146). Der Betrachter erlebt sich als heimlicher Beobachter, der durch einen Einwegspiegel unmittelbar Einblick in die von der Kamera erfasste Situation erlangt (vgl. Meyrowitz 1985, 39).

Um den Einfluss des Fernsehens auf das Realitätsverständnis des einzelnen darzustellen, unterscheiden wir im folgenden zwischen zwei Formen der Bildproduktion: der dokumentarischen Darstellung und der Spielfilmaufnahme. Bei der dokumentarischen Aufnahme nimmt der Kameramann am Alltag teil, in dem er die Bilder einfängt, im Falle des Spielfilms werden die erfassten Szenen von auserlesenen Akteuren speziell für die Kameraaufnahme aufgeführt.

Der wesentliche Unterschied besteht darin, dass die Dokumentaraufnahme zwar in die Realitätsproduktion von Ensembles verschiedenster gesellschaftlicher Stellung eindringen kann, dass ihr aber der Zugang zur Hinterbühne verwehrt werden kann. Bei der Produktion von Dokumentaraufnahmen ist der Kameramann überall dort, wo sich ein Ensemble durch räumliche Wahrnehmungsschranken abgrenzen kann, ein Gast. Dadurch dass seine Kamera die Perspektive der Fernsehzuschauer vertritt, ist seine Anwesenheit ein Bestandteil der Realitätskonstitution des Ensembles. Bei der Produktion des Spielfilms, dringt der Kameramann nicht als Gast in "fremde" Ensembles ein, sondern wird von den Akteuren absichtlich ignoriert. Während die Perspektive des Zuschauers beim Dokumentarfilm diejenige des Kameramanns ist, ist sie beim Spielfilm eine lebensweltlich gesehen unmögliche. Der Kameramann nimmt zwar an der Produktion des Spielfilms teil, er hat aber keinen Einfluss auf die Akteure. Er beobachtet die Akteure ohne selbst gesehen zu werden. Trotz der lebensweltlichen Unmöglichkeit dieser Perspektive, erlebt der Zuschauer die Szene als Wirklichkeit, zumindest wenn die Schauspieler überzeugend spielen. Diese Konstruktion der Wirklichkeitbeobachtung gestattet dem Zuschauer, in den privaten Bereich von Ensembles verschiedenster sozialer Positionen einzudringen. Die Unterscheidung der zwei Positionen des Kameramanns als Vertreter der Zuschauer erlaubt uns, die von Meyrowitz den Massenmedien zugeschriebenen Veränderungen im Verhalten der Individuen im Alltag zu verstehen.

Durch die dokumentarischen Aufnahmen des Kameramanns erhält der Fernsehzuschauer Einblick in Kontexte, zu denen er wegen der geographischen Distanz oder wegen des Unterschieds zwischen seinem sozialen Status und demjenigen der beobachteten Gruppe keinen Zugang gefunden hätte. Der Kameramann dringt als Vertreter der Fernsehzuschauer von Berufes wegen in verschiedenste soziale Situationen ein und übermittelt Bilder an seine Zuschauer. Wie unschwer gezeigt werden kann, bleibt der Kameramann dabei nicht ohne Einfluss auf die Interaktion. Das Ensemble empfängt ihn als ganz speziellen Gast. Die Realitätsproduktion im Ensemble wird vom Wissen geprägt, dass ein Akteur an der Aufführung teilnimmt, der nicht in solidarischer Weise an der Produktion partizipiert, sondern seinen Einblick ohne Diskriminierung an alle interessierten Empfänger weiterliefert. Das Ensemble passt seine Aufführung genauso der neuen Situation an, wie wenn es mit einem andern Ensemble in Interaktion tritt. Der Umstand allerdings, dass die Zuschauer nur durch den Kameramann vertreten und nicht leiblich in ihrer ganzen Diversität anwesend sind, lässt sie nur beschränkt wahrnehmen, dass alle möglichen Zuschauer Einblick in die Interaktion nehmen. Dementsprechend erhält der Zuschauer Einblick in eine Wirklichkeit, die zwar vom Fernsehen als informationsvermittelnde Institution mitgeprägt, nicht aber dem individuellen Zuschauer angepasst ist. Wie Postmann darstellt, führt die Teilnahme des Fernsehens als Vertreter aller möglichen Zuschauer zu einer Produktion, die dem Zuschauer Einblick in eine durch die der Präsenz der Fernsehkamera entstandene neue Wirklichkeit gewährt (vgl. Postman 1985, 105ff). Der Fernsehzuschauer nimmt zwar an einer Realität teil, die er mitgeprägt hat, sein Verständnis der dadurch bewirkten Eindrucksmanipulation ist als Folge seiner beschränkten Beteiligung stark reduziert.

Die beobachteten Situationen, zu denen die Fernsehkamera den Zugang öffnet, gleichen sich, in ihrer Erscheinung immer mehr an, da sie alle von der gleichen abstrakten Institution beeinflusst werden. In verschiedensten Kontexten entsteht eine neue fernsehgeprägte Vorderbühne, die Meyrowitz als **"Mittelbühne"** bezeichnet, da sich das Fernsehen sowohl Zugang zu bisherigen Hinterbühnen als auch zu Vorderbühnen verschafft, die gemeinsam in die Definition der neuen Situation eingehen.

Demgegenüber macht die Spielfilmproduktion dem Zuschauer verschiedenste Hinterbühnen zugänglich. Private Interaktionen, die bisher sorgfältig vor den Augen des Publikums versteckt wurden, werden zum Inhalt von Spielfilmen gemacht. Damit haben potentiell alle Zuschauer die Möglichkeit, hinter die Kulissen von Individuen jedes Alters und jedes sozialen Status zu blicken, und Individuen jedes Status sehen die Hinterbühne ihrer Statusgenossen veröffentlicht. Das Privatleben aller an einer Gesellschaft beteiligten Teilnehmer wird durch die Produktionen des Fernsehens entmystifiziert (vgl. Meyrowitz 1985, 155). Bestimmte Spielfilmserien leben geradezu davon, den Fernsehzuschauer an der Interaktion auf der Hinterbühne teilhaben zu lassen. In Serien wie Dallas, Denver usw. nehmen Millionen am exklusiven Milieu einzelner Oelmillionäre teil.

Fassen wir die langfristigen Konsequenzen der Ausstrahlung von dokumentarischen Filmen und Spielfilmen für die Interaktion im

Alltag zusammen, stehen folgende Faktoren im Vordergrund: 1. Die Hinterbüne wird entmystifiziert, d.h. immer weniger als intimer Bereich verstanden, der vor der Wahrnehmung nicht dem Ensemble angehöriger Akteure zu hüten ist. 2. Die Vorderbühne büsst in vielen Bereichen ihren klaren Vorderbühnencharakter ein, da keine eindeutige Segregation zwischen Insidern und Outsidern mehr besteht. 3. Das Verhalten der Akteure auf der Vorderbühne passt sich in den verschiedensten sozialen Kontexten dem durch die Institution Fernsehen präsentierten Publikum an, wodurch die Mittel der Eindrucksmanipulation einen allgemeinen fernsehgerechten Charakter annehmen.

2.2.2 Werbung: visuelles Produkterlebnis

Der Darstellung des Einflusses der Werbung auf das Realitätsverständnis der Konsumenten können wir direkt an die Untersuchung des Fernsehens anschliessen, da die Werbung bezüglich ihrer Konstruktion dem Spielfilm nahe verwandt ist. Wie im Falle des Spielfilms ist das wahrzunehmende Bild (in fotografischer wie in gefilmter Werbung) speziell für den Betrachter konstruiert. Wie im Spielfilm wird dem Betrachter auch in der Werbung der Platz zugeteilt, aus dem heraus er die Szene beobachtet. Gegenüber dem Spielfilm besteht in der Werbeanzeige allerdings insofern ein Unterschied, als der Zuschauer im Spielfilm einen imaginären Platz einnimmt, während er von der Werbung teilweise direkt, teilweise unbemerkt in die Werbung integriert wird. Der Betrachter der Werbemitteilung wird, wie Victoroff an der "Grammatik" des Bildes zeigt, in die Werbung einbezogen, indem sie sich im Text oder im Bild gezielt an ihn richtet (Victoroff 1978, 106ff). Während der Spielfilm scheinbar unbemerkt Wahrnehmungsschranken überwindet, werden sie von der Werbung ignoriert. Sie lässt den Betrachter nach Belieben an verschiedensten Situationen teilnehmen.

Die spezielle Situation, in die der Betrachter der Werbung

versetzt wird, entspringt der pragmatischen Aufgabe der Werbung: Sie wirbt für ein Produkt oder vielmehr wirbt das Produkt um die Gunst des Zuschauers. Sie ist darauf ausgerichtet, beim Konsumenten das Bedürfnis nach einem bestimmten Produkt zu fördern. Mit grösstmöglicher Effizienz versucht sie Erwartungen, Meinungen, Gefühle, Haltungen und Verhalten der angesprochenen Konsumenten gegenüber dem Produkt zu beeinflussen (vgl. Victoroff 1966, 146). Die pragmatische Aufgabe der Werbung ist Ursache dafür, dass die Werbung vom Zuschauer als solche erkannt werden kann. Die Werbung für ein Produkt oder vielmehr das um die Gunst des Zuschauers werbende Produkt lässt die Mitteilung implizit als Werbebotschaft erkennen.

Um zu zeigen, wie der Betrachter eine Werbebotschaft als solche erkennt und wie er sie im Alltag erfährt, greifen wir auf die von der Semiotik eingeführte, rein analytische (Victoroff 1978, 85) Unterscheidung einer denotativen und einer konnotativen Mitteilungsebene zurück, wobei wir uns auf die Theorie von Péninou stützen. Die denotative (figürliche) Ebene (Péninou 1968, 31) stimmt mit der visuell direkt wahrnehmbaren Situation überein (Péninou nennt sie deshalb an anderer Stelle auch ikonische Ebene Péninou 1972, 100). Die konnotative (ableitbare) Mitteilung vermittelt den in der Darstellung enthaltenen Sinn. Die denotative Mitteilung besteht aus dem in der Werbung visuell und akustisch Dargestellten, d.h. aus der unmittelbar wahrgenommenen Situation, in die der Betrachter der Werbung hineinblickt. Sie stellt den Referenten (das Produkt), auf das sich die Werbung bezieht, als neu dar, erinnert an seine Existenz oder weist auf bestimmte Qualitäten hin (Péninou 1968, 41). Die denotative Mitteilung erfüllt die informative Funktion der Werbung: Sie gibt über das Produkt Auskunft, auf das sich die Werbung bezieht. Gleichzeitig ist die denotative Mitteilung aber auch Träger der konnotativen Mitteilung, die substantiell nicht autonom ist. Die konnotative Mitteilung, die den Sinn der Werbebotschaft vermittelt und deshalb von grösstem Interesse für den Werbeproduzenten ist, kann sich nicht unabhängig von den Mitteln der denotativen

Ebene ausdrücken. Die Vermittlung des Sinns ist gänzlich auf die Darstellung (denotative Mitteilung) angewiesen (ebd., 42).

Ein Vergleich dieser zwei Mitteilungsebenen bringt ein zentrales Charakteristikum der Werbung zum Ausdruck. Aufgrund der pragmatischen Aufgabe, welche die Werbung zu erfüllen hat, steht die Beherrschung der konnotativen Mitteilungsebene an oberster Stelle der Werbeproduktion. Die Werbung hat auf konnotativer Ebene eine doppelte Funktion zu erfüllen: Sie muss den Referenten der Werbung (das Produkt) in einen Wert verwandeln und gleichzeitig beim Konsumenten gegenüber dem Referenten eine positive Einstellung bewirken (ebd., 44). Damit eine Werbemitteilung als erfolgreich bezeichnet werden kann, genügt es nicht, dass sie die Aufmerksamkeit des Betrachters auf das Produkt lenkt. Die Werbemitteilung muss dem Zuschauer die Bedürfnisbefriedigung, die vom Produkt ausgeht, erlebbar machen.

Betrachten wir das Spektrum der Werbeanzeigen als Kontinuum von Mitteilungen mit unterschiedlicher Gewichtsverteilung auf die konnotative resp. auf die denotative Mitteilung, so sind am einen Ende des Kontinuums Darstellungen zu treffen, die hauptsächlich auf der konnotativen Ebene operieren, am andern diejenigen, die hauptsächlich auf denotativer Ebene funktionieren. Die Ersteren geben sich durch ihre Armut des Inhalts in Bezug auf den Referenten und ihren Reichtum an impliziten Werten zu erkennen. "Dans ce type de manifestes, la proclamation des performances techniques du produit n'est pas l'objet de la communication: on glisse du pratique au mythique, de l'objet au signe" (ebd., 46). Die Zweiteren vermeiden möglichst weitgehend, eine implizite Definition der konnotativen Mitteilung und können als "blosse Mitteilung" oder als "Betriebsanleitung" charakterisiert werden.

Auf der Grundlage dieser Unterscheidung stellen wir nun dar, wie der Konsument im Alltag der Werbung begegnet und welche Bedeutung die in der Werbung produzierte Konnotation für das Erlebnis der Produkte im Alltag hat.

Schon in der Einleitung zu 2.2 haben wir auf das Erleben optisch produzierter (im Falle des Films akustisch unterstützter) Darstellungen hingewiesen. Für das Verständnis der Wahrnehmung von Werbebotschaften wesentlich ist die vom Betrachter unbewusst erbrachte Konstitutionsleistung, durch die er die Bilder automatisch zu einem für ihn sinnhaften Kontext zusammenfügt. Der Empfänger der Bilder (der denotativen Mitteilung) übersetzt diese in einen eigenen Erfahrungskontext zurück, ohne sich seines Beitrages zur sinnhaften Wahrnehmung bewusst zu sein (vgl. Virilio 1986). Altheide spricht in diesem Sinn von der Kraft der Medien: Media Power (Altheide 1985). Gerade durch seine automatische Konstitutionsleistung produziert der Empfänger ein Erlebnis, das er als unmittelbare Wirklichkeit (Wildermuth 1981, 146) erlebt. Diese Bewusstseinsleistung ist sozusagen die Gegenleistung der Arrangierung der konnotativen Mitteilung durch den Werbeproduzenten.

Die Werbeproduzenten versuchen, sich durch die Beherrschung der konnotativen Mitteilungsebene diese Bewusstseinsleistung zunutze zu machen. Sie vermeiden es in der Regel die Eigenschaften, die das Produkt für den Konsumenten attraktiv machen sollen, direkt zu behaupten. Viel häufiger konstruieren sie deshalb aufgrund methodisch ermittelter Daten ein Bild, das gewisse Eigenschaften des Produkts auf konnotativer Ebene erlebbar macht. Anstatt mit einer Darstellung konfrontiert zu werden, die lediglich einen Wert des Produktes behauptet, begegnet der Konsument einer grafisch gestalteten Situation, die ihm auf der konnotativen Ebene eine optimales Erlebnis zu vermitteln versucht. Das Produkt, das um die Gunst des Konsumenten wirbt, ist derart in das Erlebnis integriert, dass es als zentraler Bestandteil des Erlebnisses wahrgenommen wird. Der Betrachter begegnet einer sinnlich wahrnehmbaren Wirklichkeit, die in eben dieser Weise zwar nur aufgrund der speziellen medialen Konstruktion so erlebt werden kann, die er aber als Folge seiner Konstitutionsleitung als unmittelbare Wirklichkeit versteht. Er missachtet, dass die

Realität in dieser Weise nur durch den, vom Medium vollzogenen Ausschluss verschiedenster anderer, im Alltag immer präsenter Eindrücke zustande kommt. Temperaturen und Gerüche, die für das Erlebnis des Produkts im Alltag wesentlich sind, können von der Werbung nie unmittelbar weitergegeben werden. Eine typische Getränkereklame, die die erfrischende Wirkung des Produkts demonstriert, stellt die Wärme mit optischen Mitteln so dar, dass die Situation als möglichst angenehm erfahren wird. Momente, die im Alltag typischerweise zur dargestellten Situation gehören, die aber den idealen Eindruck beeinträchtigen, werden von der Werbemitteilung ausgeschlossen. Der Werbeproduzent entscheidet frei darüber, ob Insekten, die vom süssen Getränk angezogen werden könnten, aus dem produzierten Bild ausgeschlossen werden. Ebenso stellt er den körperlichen Zustand der in der Mitteilung gezeigten Akteure dem erwünschten Eindruck entsprechend nach Belieben dar. Die vom Zuschauer wahrgenommene Situation hat weder Vorgeschichte noch Zukunft; sie ist eine abstrakte Momentaufnahme, die nur auf die besten Erfahrungen des Konsumenten Bezug nimmt.

Um ein Erlebnis optimal darstellen zu können, greift die Werbung vom Betrachter meist unbemerkt zu Mitteln, die der Alltagserfahrung oder den Normen, die das Verhalten im Alltag prägen, widersprechen. Die Automobilwerbung visualisiert das vom werbenden Auto versprochene Fahrerlebnis durch Fahreindrücke die mit Sicherheit einem gesetzeswidrigen Fahrstil entsprechen und im Alltag von der Mehrheit der Zuschauer als rowdyhaft verurteilt würden. "Verbotene Spiele" lautet die Ueberschrift zu zwei "Polizeifotos" welche die abgebildeten Citroën-Modelle bei einer Geschwindigkeit von 215 respektive 184 km/h erfasst haben. Der kleingedruckte Kommentar dazu: "215 (resp. 184) km/h Spitze sind zweifellos verboten, aber: Gut, sie zu kennen, wenn man einen Wagen sucht, der die Leistung [...], das Fahrwerk, die Bremsen, das Cockpit und den Komfort hat, um damit umzugehen." Gut wozu? Werbemitteilungen, die ein Produkt mit einer erotischen Vorstellung verbinden (vgl. Haug 1971, 91ff), machen dies in einer sadistischen Weise, die der gesellschaftlich als normal verstandenen Erotik widersprechen (vgl. D. MacCannell, 1987).

Baudrillard zeigt, dass die Freiheit mit der in der Werbung gegenüber der Alltagserfahrung die Beziehung von Gesellschaft und Individuum gerade umkehrt, ein konstitutives Moment der Werbung bildet (Baudrillard 1985, 236). Während die Gesellschaft erwartet, dass sich das Individuum gesellschaftlichen Normen unterordnet, behauptet die Werbung, dass sich in der industriellen Gesellschaft alles auf den einzelnen ausrichtet. Die Werbung gibt dem Konsumenten zu verstehen, dass das Industriesystem nicht für einen anonymen Durchschnittskonsumenten produziert, der selbst über die Zweckmässigkeit der Produkte zu entscheiden hat. Sie behauptet, dass sich die Industrie gerade auf den individuellen Konsumenten ausrichtet, für den sie Produkte verfügbar macht, die nur gerade dem persönlich angesprochenen Konsumenten in seiner Individualität entsprechen. Die Werbung für die RockWatch dokumentiert dies: "Jede RockWatch ist einzigartig wie Ihre Augen, persönlich wie Ihre Unterschrift. Tissot RockWatch, aus Urgestein. Endlos schimmernder Reichtum der Farben, geschaffen in Jahrmillionen. Fr. 300.-" Mit der Abbildung einer Frau, die so aufgenommen wurde, dass sich nur Gesicht und Armgelenk mit Hand, auf die sie ihren Kopf stützt, vom "nächtlichen" Hintergrund abheben, stellt Tissot die "Persönlichkeit der RockWatch dar. Die leuchtenden Augen zeigen die Uebereinstimmung ihrer Individualität mit dem ebenfalls leuchtenden Zifferblatt der RockWatch, die sie trägt.

Die Beschränkung der Werbemitteilung auf visuelle und z.T. akustische Mittel hat aber nicht nur für die Erlebbarkeit der Darstellung selbst Konsequenzen. Sie prägt schliesslich auch das Erlebnis des Produkts im Alltag. Wie beschrieben, wird das Produkt, auf das sich die Werbung bezieht, so in die Konstruktion des Erlebnisses integriert, dass es vom Konsumenten als konstitutiver Bestandteil des Erlebnisses erfahren wird. Es genügt nicht, wenn ein von der Werbung dargestellter Kontext als erotisch erfahren wird, die Erotik soll im Falle einer erfolgreichen Werbung schliesslich auf das Produkt bezogen werden. Das werbende Produkt soll als genau der Bestandteil des visuellen Erlebnisses aufgefasst werden, mit dem das Erlebnis in den Alltag eingeflochten werden kann.

So wie die Gestalt des Produkts für die visuelle Erlebnisvermittlung in die Werbung einbezogen wird, muss sie den Anforderungen der visuellen Erlebnisproduktion unterworfen werden. Sie bildet sozusagen die Brücke für die Uebertragung des von der Werbung versprochenen Erlebnisses auf den Alltag. Mit der visuellen Gestaltung des Produkts wird sozusagen die Konnotation der Werbemitteilunq in die Alltagserfahrung übertragen. Mit nur wenigen Ausnahmen wird bspw. von der Werbung der Charakter eines Parfüms nicht durch den Geruchs vermittelt, sondern durch visuelle Mittel dargestellt. Für die visuelle Werbekommunikation spielen deshalb Verpackung und Gestaltung des Behälters eine entscheidende Rolle, weil durch sie die Brücke zum dargestellten Erlebnis geschlagen werden kann. Die Gestaltung des Behälters trägt ihren Teil zur Erfahrung des Parfüms bei, indem diese im Alltag die Verbindung zu dem in der Werbung produzierten Erlebnis schafft.

Ein Beispiel dazu aus der Schokoladewerbung: CAMILLE BLOCH weist auf die "Zärtlichkeit in der Schokolade" hin. "Zärtlichkeit, die auf der Zunge vergeht. Torino." Der zuvorderst aus dem roten Staniolpapier enthüllte und angeschnittene Schokoladenriegel (wer hätte schon Lust, in einen angebissenen Schokoladeriegel zu beissen ?) ist vor sanftrotem Hintergrund abgebildet, auf dem zwei "weisse" Tauben miteinander turteln. MÖVENPICK wirbt "für das neue Märchen vom feinen Geniessen" mit der Abbildung einer in blauen Schleier gehüllten "Prinzessin", die in der rechten Hand eine verschlossene blaue Packung "FINESSE EN NOUGAT" auf Kopfhöhe und in der linken Hand ein Praline direkt vor den Mund hält. Offensichtlich wartet die Prinzessin mit verschlossenen Augen auf das Praliné, das sie erlösen wird. Diesem Beispiel könnten insbesondere aus den Bereichen der Genussmittel und der Körperpflegemittel beliebig weitere angefügt werden.

Baudrillard macht auf die zentrale Bedeutung aufmerksam, die der Konnotation für den modernen Konsum zukommt: "Die Werbung konstituiert [..] [e]ine reine Konnotation. [...] [S]ie tritt insgesamt in das System der Objekte ein, nicht nur, weil sie sich mit dem Konsum befasst, sondern weil sie [selbst] wieder Objekt des Konsums wird. [...] [S]ie wird konsumierbar als kulturelles Objekt." (Baudrillard 1985, 229). Diese konnotative Prägung der Wahrnehmung, die von der Werbung gezielt genutzt wird, ist allerdings nicht exklusives Phänomen der Werbung. Wie wir mit Altheide festgestellt haben, ist die automatische Konstitution einer konnotativen Bedeutung eine grundlegende Voraussetzung für ein adäquates Verständnis der Massenmedien. Die zunehmende Präsenz der Massenmedien in unserer Kultur dürfte massgebend dafür verantwortlich sein, dass unsere Zivilisation insgesamt als "Zivilisation der Konnotation" bezeichnet werden kann (Barthes 1985a, 245).

2.2.3 <u>Der Konsum im Zeitalter simulierter Wirklichkeitsausschnitte</u>

Die bisherigen Ausführungen zur Wahrnehmung der visuell vermittelten Werbebotschaften haben zum Ergebnis geführt, dass sich die Bilder soweit emanzipieren, bis sie als unmittelbare Wirklichkeit erlebt werden. Im Anschluss an diese Feststellung drängt sich die Frage auf, ob näher bestimmt werden kann, in welcher Weise die Werbung diese eigenständige Wirklichkeit so auf den lebensweltlichen Kontext des Konsumenten zu beziehen vermag, dass er ein Produkt als erstrebenswert erfahren wird. Oder anders: Wie führt die Werbung dem Konsumenten den Wert des Produkts für seinen Alltag vor?

Um dieser Frage näher zu kommen, greifen wir zunächst nochmals auf die Ebenen der Werbemitteilung zurück. Wie wir gesehen haben, ist die denotative (unmittelbar bildliche Ebene) durch die Emanzipation der Bilder für hyperreale Darstellungen frei. Die Werbeproduzenten wollen nicht darstellen, was im Sinn der Alltagserfahrung wirklich ist, sondern was durch optimale Reproduktion wirklich erscheint. Sie verwenden künstlichen Regen anstatt "Gottes Regen", da der künstliche Regen wirklicher aussieht (Schudson 1984, 217). Die Werbefotografie benützt, wie Rosenblum schreibt, einen "lebendig frischen Brennpunkt" um eine dichte und detaillierte Oberfläche zu produzieren. Licht wird in Verbindung mit dem Brennpunkt genutzt, um einen hypertaktilen Effekt zu erzeugen. Dadurch erscheinen die Dinge wirklich, beinahe zu wirklich (vgl. Rosenblum 1978, 18). Während die denotative Ebene völlig frei ist, ist der Werbegestalter darauf bedacht, das visuelle Erlebnis so zu gestalten, dass es vom Konsumenten in bestimmter Weise in seinen lebensweltlichen Kontext zurückübersetzt wird. Trotz der Emanzipation der visuellen Erlebnisvermittlung ist die Werbung weiterhin an die Lebenswelt des Konsumenten gebunden. Die Werbung produziert weder eine Repräsentation der Alltagswirklichkeit, noch eine völlig erfundene Welt. Die Werbewirklichkeit existiert auf ihrer eigenen Wirklichkeitsebene (Schudson 1984, 214). "The advertisement does not so much invent social values or ideals of its own as it borrows, usurps, or exploits what advertisers take to be prevailing social values. It then reminds us of beautiful moments in our own lives or it pictures magical moments we would like to experience" (ebd., 221). Die Werbung führt dem Betrachter nicht Ausschnitte aus dem Alltag vor Augen, die versuchen, die Wirklichkeit in ihrer Komplexität darzustellen, sondern Eindrücke, die durch Vereinfachung und Abstrahierung zeigen, wie das Leben idealerweise sein sollte. Sie lässt den Konsumenten seine Mängel gegenüber dem Ideal erleben und zeigt ihm gleichzeitig, wie ihm das Produkt hilft, den aufgewiesenen Mangel zu überwinden. "Haben Sie sich entschieden, niemals dick zu werden?" steht als Ueberschrift zum Foto eines schlanken, blonden Mädchens, das im Gymnastikdress abgebildet ist, so dass ihre ideale Figur deutlich zum Ausdruck kommt. Neben ihr ist gleich auch das Mittel "für alle, die sich entschieden haben, niemals dick zu werden", die "LINEA-Margarine" abgebildet. Auf Interesse dürfte die Darstellung bei all jenen stossen, die mit Gewichtsproblemen zu kämpfen haben. Die Werbung zeigt dem Betrachter in konstruierten Ausschnitten, wie die ideale Familie, das ideale Paar, der ideale Mann, die ideale Frau, das ideale Baby, die ideale Grossmutter, der ideale Hund, die ideale Katze ... aussehen und welchen Beitrag das Produkt zum Erreichen des Ideals leistet.

An dieser Stelle erlangt der zweite mit der Verbreitung der Massenmedien einhergehende Faktor - die Ueberwindung traditioneller Wahrnehmungsschranken - entscheidenden Einfluss auf die Werbung. Bevor wir diesen Zusammenhang aufzeigen, sei der Wirkung der visuellen Massenmedien auf die Wahrnehmung der Konsumenten zusammengefasst:

1) Die Ausstellung der verschiedensten Hinterbühnen durch das Fernsehen zeigt dem Zuschauer, dass es keine wohlbehütete Region mehr gibt, zu der er nur im Rahmen seiner Familie gemeinsam mit den engsten Freunden Zugang hat. Die Einsicht in das Geschehen aller erdenklichen Hinterbühnen macht aufmerksam auf die Diskrepanz zwischen dem von Eindrucksmanipulation geprägten Verhalten auf der Vorderbühne und dem "privaten" Verhalten auf der Hinterbühne. Dies mag die Konsumenten dazu veranlassen, die alten "Masken" fallen zu lassen (Meyrowitz 1985, 140), d.h. die traditionellen Mittel der Eindrucksmanipulation teilweise aufzugeben.

2) Das unablässige Eindringen des Fernsehens in Situationen, zu denen dem Aussenseiter vormals der Zutritt versperrt war, zeigt dem Fernsehpublikum diverseste Kontexte, die nun nicht mehr nur durch die Insider definiert werden, sondern ein dem Fernsehen angepasstes Verhalten annehmen. Es geht den Akteuren in einer sozialen Situation nicht

mehr nur darum, die Mitglieder des gegenüberstehenden Ensembles in erwünschter Weise zu beeindrucken. Das Verhalten richtet sich nach dem ganzen Publikum oder zumindest dem für den Akteur relevanten Teil der Zuschauer. Die Fernsehzuschauer nehmen eine von ihrer Teilnahme geprägte "Aufführung" wahr, die MacCannell als "inszenierte Authentizität" (staged authenticity) bezeichnet (MacCannell 1976, 91ff). Die von der Kamera anvisierten Personen legen Wert darauf, den Zuschauern einen "echt" wirkenden Eindruck zu vermitteln.

3) Der Einblick des Fernsehens in ehemals private Bereiche zeigt dem Konsumenten, dass diese nicht mehr im traditionellen Sinn privat sind. Sie werden zunehmend als Bereiche erlebt, in die befreundete Personen ohne weiteres Einblick nehmen können. Unabhängig von der tatsächlichen individuellen Oeffnung wird der private Raum durch die vom Fernsehen vermittelte Vorstellung des verallgemeinerten Andern als potentiell geöffnet wahrgenommen. Die ehemalige Hinterbühne wird damit zu einer Art "Mittelbühne" (vgl. Meyrowitz 1985), die von der neuen Eindrucksmanipulation geprägt ist.

Die mit dem Fernsehen aufwachsende Generation wird nicht mehr mit einer Wirklichkeit konfrontiert, die sie als Vertraute, Insider oder Outsider gegenüberstehen. Ihre Erleben lässt sich beschreiben als Partizipation an einer wesentlich von der Eindrucksmanipulation geprägten Mittelbühne und einer inszenierten Wirklichkeit, an der sie als Kollektiv der Fernsehzuschauer teilnimmt. Die Fernsehzuschauer verstehen sich nicht mehr als Aussenseiter gegenüber Situationen, zu denen sie aufgrund ihres Status keinen Zutritt haben. Mit dem Fernsehen nehmen sie an verschiedensten sozialen Kontexten teil, wodurch sie diese nicht mehr als fremde Welt, sondern als mögliche Optionen für ihr eigenes Leben wahrnehmen.

Die Werbung kann sich diesen nachhaltigen Einfluss des Fernsehens auf die Wahrnehmung der Konsumenten in zweifacher Hinsicht ausnützen: Einerseits kann sie zur Darstellung des Charakters eines Produkts Ausdrucksmittel verschiedenster, vormals gesellschaftlich getrennter Situationen verbinden, die in einer von Wahrnehmungsschranken geprägten Gesellschaft als widersprüchlich interpretiert worden wären. Andererseits ist es ihr aufgrund der Oeffung der Hinterbühne möglich, den Konsumenten so in andere Haushalte blicken lassen, dass er die ehemalige Hinterbühne ebenfalls als potentiell dem Urteil anderer Konsumenten ausgesetzt erfährt. Traditionelle Hinterbühnen werden von der Werbung als Bereiche der Vorderbühne dargestellt.

Einige Beispiele zur Ausstellung der Hinterbühne:

> bulthaup gewährt mit einem Foto Einsicht in den "schönsten[n] Ort im Haus". "Je höhere Ansprüche Sie an eine Küche stellen, umso kleiner wird die Auswahl. bulthaup Küchen sind für all jene gemacht, die in einer Küche mehr sehen, als nur einen Arbeitsplatz. Die ungewöhnlichen bulthaup Küchen gefallen durch ein auffallend konsequentes und zeitlos modernes Design. Über die funktionell einwandfreie Ausstattung hinaus lassen sie viel freien Raum für behagliche Wohnfreude."
>
> Die Küchenmöbelwerke zeyko inserieren: "Früher war die Küche der Mittelpunkt des Familienlebens. Ein Treffpunkt. Damit verglichen sind Küchen heute in erster Linie funktionell. Aufgeräumt. Vielfach ein notwendiger aber nicht besonders wohnlicher Teil des Haushalts. Schade um die gute Küche. Die Küche - wenn man sie modern konzipiert - kann wieder Zentrum der Familie werden. Kein isolierter Nutzraum, sondern lebendiger Bestandteil der Wohnung. Vorbereitungsraum für das Erlebnis Kochen und Essen. Nähzimmer für die Frau. Spielecke oder Hausaufgabenplatz für die Kinder. Aussprecheplatz für die Familie und Treffpunkt für Gäste, während die Hausfrau Essen zubereitet." Eingelöst wird der neue Anspruch an die Küche von zeyko durch das moderne Design: "Statt üblicher Drahtstäbe mit Kunststoffüberzug, blitzt bei der inholz-Ausstattung eine breite Chromreling auf Drehböden und Auszügen. Hinzu kommt die elegant gelöste, kraftschlüssige Verbindung von Holz und Chrom. Da sieht und fühlt man das Mehr an Qualität."
>
> LEICHT kommentiert den Einblick in die LEICHT Küche mit dem Hinweis auf die moderne Arbeitsweise: "Wer Arbeit in

> ein System bringt, unternimmt den ersten Schritt in Richtung Arbeitserleichterung und Zeitverkürzung. Bei jeder Leicht-Küche steht die Forderung nach Funktionalität im Vordergrund. Durchdachte Arbeitszentren harmonisieren mit Arbeitsabläufen. Auch aus der schönsten Küche wollen Sie schliesslich irgendwann mal rauskommen." Das Rauskommen bezieht sich allerdings nur auf die Arbeit, denn wie die Abbildung zeigt, ist die Küche in den Wohnraum integriert.

Alle drei Beispiele stellen die Küche nicht mehr als abgeschlossenen Arbeitsplatz dar, sondern als Raum, der einem breiteren Publikum geöffnet werden soll. In der Küche soll sich die ganze Familie ebenso wie Gäste wohl fühlen. Dafür sind an die Gestaltung der Küche dieselben Ansprüche zu stellen wie an einen Wohnraum. So wie sich der Geschmackswandel in den Wohnräumen durchsetzt soll er seinen Niederschlag auch in der Küche finden.

> "Immer faszinierender und komfortabler werden die Geräte, mit denen Köchinnen und Köche unsere Gaumenfreuden zubereiten. Und mit veränderter Esskultur wandelt sich der Geschmack. Auch in Bezug auf die Küchengestaltung." (therma).
>
> Ebenso wie die Kücheneinrichtung hat sich auch das Küchengeschirr als Bestandteil modernen Essens den Ansprüchen zeitgemässen Lebens anzupassen, soll das Kochen Anerkennung gewinnen. "Danke schön! Für das herrliche Pot-au-Feu gestern abend, für die gute Laune, die fröhliche Stimmung am Tisch. Und dafür, dass es Dir gelingt, uns jeden Tag mit Deinen Kochkünsten zu verwöhnen." Diese Notiz wurde (auf der Werbeabbildung) der Rose beigelegt, die jemand (vermutlich der verliebte Ehemann) bei der "SIGG Las Vegas, mit vergoldeten Griffen und Stielen" (Pfanne) hinterlegt hat. Denn "[w]er mit SIGG Pfannen kocht, erhält öfters nette Komplimente."

Nach demselben Muster stellt die Werbung andere vermeintliche Hinterbühnen-Bereiche aus.

> Hoesch wirbt für eine Badewanne, die "mehr Format ins Bad" bringt. "Mehr Anspruch, mehr Individualität ins Bad: Kreta, die ideenreich designierte Luxus-Eckwanne von Hoesch." Dass Baden in moderner Form eine wohltuende Abwechslung sein kann, wird dem Betrachter von einer Frau nahegelegt, die in ein Badetuch gehüllt, darauf wartet, sich in das sprudelnde Nass zu legen.
>
> Der Einblick ins Badezimmer hört bei der Badewanne nicht auf.

> Der Leser lernt schliesslich auch, dass sich "[D]as Hygienebewusstsein [..] in den letzten Jahren grundlegend geändert [hat]. Deshalb wird man sich immer mehr bewusst, dass der Schritt von der Papierrolle zur ganzheitlichen Reinigung mit einem frischen Wasserstrahl (auf Knopfdruck) ein entscheidender Schritt zur besseren Lebensqualität ist. Denn Reinigen mit Wasser ist doch die natürlichste Sache. An diesem Ort erst recht." (Geberit Propomat).
>
> Mit einem Blick in eine moderne Waschküche stellt der Leser schliesslich fest, dass in einem modernen Haushalt mit einer umweltschonenden Waschmaschine gewaschen wird: "AEG Öko-Lavamat" und mit einem Tumbler getrocknet wird, von dem "der Stromzähler [...] kaum Notiz nimmt.

Diese Beispiele, von der Küche bis zum Badezimmer und zur Waschküche, gewähren Einblick in einen, modernen Haushalt, an dem der Konsument seine eigene Einrichtung beurteilen kann. Gleichzeitig wird ihm mitgeteilt, dass die abgebildete Situation für ihn keineswegs fremd und unerreichbar ist. Die dem Zuschauer vom Fernsehen vermittelte Illusion, an den verschiedensten sozialen Kontexten teilnehmen zu können, widerspiegelt sich in der Werbung nicht nur im Einblick in die diversesten Hinterbühnen, sondern auch in der von der Werbung behaupteten Vereinigung verschiedenster Kontexte in einem Produkt. Die Werbung führt vor Augen, dass ein Produkt nicht mehr durch einen jeweils typischen Kontext definiert ist, sondern den verschiedensten Kontexten gleichzeitig gerecht wird.

> Das Bild eines silbergrauen Automobils, das vor einem (farblich dem Fahrzeug entsprechenden) unübersehbar modernen Geschäftshaus parkiert ist, ist mit der "Frage" überschrieben, "haben Sie sich schon mal in einen Caravan verliebt?" Auf die Frage, die voraussetzt, dass man an einem Stationswagen im Privatleben keine Freude haben kann, folgt im Werbetext promt eine Antwort, die zeigt, dass der traditionelle Widerspruch vom OPEL-Omega überwunden wird. Der OPEL-Omega ist ein Fahrzeug, das zu den "technisch fortschrittlichsten Automobilen" gehört. Gleichzeitig ist das so praktische Automobil so schön, dass "man sich mit ihm überall sehen lassen kann. Was zweifellos an seiner Form liegt, die den Betrachter erstmal an eine elegante Limousine denken lässt." Die Werbung bezeichnet den Stationswagen zugleich als praktisch, als luxuriös und als sportlich.
>
> Einen vergleichbaren traditionellen Widerspruch überwin-

det - wie die Werbung zeigt - der Toyota LandCruiser. Die Ueberschrift weist auf seine Qualität als Geländefahrzeug hin: "Rallye Paris-Dakar: Rang 1 in der Marathonklasse". Dem Bild entsprechend, (der glänzend saubere Wagen steht in einer einladenden Hügellandschaft im Licht der untergehenden Sonne parkiert), soll der Geländewagen aber nicht als strapazierfähiges Arbeitsfahrzeug verstanden werden, sondern als ein Automobil, mit dem die Freiheit des Rallys in romantischer Weise erlebt wird. Gleichzeitig verrät die Aufmachung des Fahrzeuges (verchromte Alu-Felgen, verchromtes Trittbrett, strahlend saubere weisse Lackierung), dass es ebenso als luxuriöses Fahrzeug die Blicke auf sich lenkt (und nach einer Partnerin ausschaut, die nach Feierabend die romantische Freiheit mitgeniessen möchte).

Direkten Bezug auf die Vielseitigkeit des Produkts nimmt LIGNEROSET mit der Ambivalenz zwischen Werbetext und Bild. Die Abbildung eines blutroten Sofas, das im Zentrum eines völlig mit Mosaiksteinen ausgelegten, schwach blau beleuchteten Raumes (bei genauem Hinsehen gibt er sich als luxus-Swimming-Pool zu erkennen), in einer völlig kalten Ambiance steht, ist überschrieben mit dem Satz: "Auch wenn Sie eines Tages doch zum guten, alten Kaminfeuer zurückkehren, das Sofa müssen Sie deswegen nicht wechseln." Das Sofa passt ohne Vorlieben in jeden Kontext.

Der bisherige Darstellung der langfristigen soziale Wirkung des Fernsehens auf die Wahrnehmung der Werbebotschaften könnte den Eindruck erwecken, jeder Konsument erfahre potentiell jede Werbebotschaft als sinnhaft. Beizupflichten ist dieser Vermutung insofern, als sie vom Zuschauer auf einen medial erlebten Kontext bezogen wird. Soll die Werbebotschaft vom Betrachter aber auf seinen lebensweltlichen Kontext bezogen werden, reicht allein das sinnhafte Erkennen nicht aus. Sie muss sich, wie an Schütz' Darstellung der thematischen Relevanz zu zeigen ist (vgl. Schütz/Luckmann 1979, 229ff) in den für den Konsumenten relevanten Sinnzusammenhang einfügen.

Schütz zeigt in Anlehnung an Husserl, dass jedes Thema - in unserem Sinn: jede Situation -, dem sich der Akteur zuwendet (beispielsweise Fernsehen, Zeitschrift), "einen grundsätzlich unbegrenzten inneren und äusseren Horizont" hat (ebd., 236). Der innere Horizont umfasst "alles, was 'im Thema' selber enthalten ist, die verschiedenen Elemente also, in die das Thema 'zerlegt' werden kann, die Teilstrukturen dieser Elemente und deren Gesamtzusammenhang, durch den sie zu einem einheitlichen Thema werden" (ebd., 237). "Der äussere Horizont umfasst alles, was gleichzeitig mit dem Thema im Bewusstsein gegeben ist" (ebd., 236). Aus dem theoretisch unbegrenzten Horizont kann in Anlehnung an Gurwitsch ein thematisches Feld herausgelöst werden, "das aus thematischen Relevanzen besteht, die implizit zum Thema gehören und ursprünglich in vergangenen Erfahrungen angelegt wurden oder in der aktuellen Erfahrung mitgegeben sind" (ebd., 237). Das thematische Feld besteht aus Bestandteilen des Horizonts, die wesentlich zum Thema gehören.

Erachten wir die vom Fernsehen gesendeten Bilder, respektive die bedruckten Seiten der Zeitschrift als thematisches Feld, wendet der Akteur die Aufmerksamkeit bestimmten Subthematisierungen (verschiedenen Kontexten, auf die sich die Darstellungen beziehen) zu, deren innerer Horizont für seinen äusseren Horizont eine gewisse Relevanz haben, während andere Subthematisierungen unbeachtet bleiben. Diese gehören quasi implizit als Ballast zum Durchblättern von Zeitschriften oder zum Fernsehen. Soll es einer Werbebotschaft gelingen, die Aufmerksamkeit des Betrachters auf sich zu ziehen, ist die Motivation des Betrachters zu einem Themenwechsel (Subthemenwechsel) Bedingung. Dies gelingt ihr aber nur unter der weiteren Bedingung, dass der präsentierte (innere) Horizont des Subthemas von Relevanz für den äusseren Horizont des Betrachters ist. Anders formuliert: der Werbung muss es gelingen, die Aufmerksamkeit des Betrachters vom momentanen thematischen Inhalt weg und auf einen andern Inhalt hinzulenken.

Die Voraussetzungen für die Thematisierung einer Werbeanzeige in der Wahrnehmung des Betrachters führt uns direkt zur Bedeutung der Auswahl des Mediums für die erfolgreiche Vermittlung (die Subthematisierung durch den Betrachter) der Werbebotschaften. Weicht nämlich das Subthema einer Werbebotschaft zu stark vom thematischen Feld einer Zeitschrift respektive des Fernsehprogrammes ab, ist es unfähig, den Betrachter zu einem Themenwechsel zu veranlassen. Während die Fernsehwerbung den Vorteil hat, ein extrem breites Publikum anzusprechen und sich dem Zuschauer dadurch, dass sie ein anderes Thema programmmässig ersetzt, sozusagen "auferlegt" (vgl. Schütz/Luckmann 1979, 229), ist sie nur soweit erfolgreich, als ihre Mitteilung im äusseren Horizont der Zuschauer relevant ist und sie zu einem Themenwechsel bewegen kann. Wegen der notwendigen Uebereinstimmung von äusserem und innerem Horizont des Themas für die erfolgreiche Werbekommunikation spielen die spezialisierten Zeitschriften für die Werbung eine zunehmende Rolle.

Diese produzieren in gegenseitiger Abhängigkeit mit der Werbung ein thematisches Feld, das die optimalen Voraussetzungen für die Vermittlung der Werbebotschaften bietet. Leiss (1986, 68ff) beschreibt, wie Zeitungen und Zeitschriften in finanzieller Abhängigkeit von der Werbung daran interessiert sind, sich an ein Publikum zu richten, das mit den Mitteln der Marktforschung möglichst genau definiert und den Werbeagenturen verkauft werden kann. Insbesondere seitdem sich das Fernsehen zum Medium mit der weitaus breitesten Streuung entwickelt hat, sind die Zeitschriften darauf angewiesen, mit der gezielten Orientierung an einem thematischen Feld ein Publikum zu finden, das sie (empirisch präzise definiert) den Werbeagenturen für die Inserierung bestimmter Produkte verkaufen können. Wie beispielsweise die Allensbacher Werbeträger-Analyse (Deutschlands massgebende Zeitschriften-Leser-Analyse) zeigt, wurde 1985 für 162 Zeitschriften die Leserschaft mit buchstäblich hunderten von Kriterien zum soziodemographischen Stand, zu Freizeitinteressen und Politikinteressen, zum Besitz von Produkten und zu ihrer Einstellung gegenüber Dienstleistungen und Freizeitbetätigungen etc. erfasst. Die Daten, mit denen die Interessenschwerpunkte der Leserschaften erfasst werden, dienen den Werbeagenturen dazu, die passende Leserschaft für die zu inserierenden Produkte auszuwählen und die Werbebotschaft dem thematischen Feld der Zeitschrift anzupassen. Durch diesen Prozess der gegenseitigen Abstimmung von Zeitschriften und Werbebotschaften erfolgt oft eine derartige

Annäherung der thematischen Felder, dass der Leser die Abfolge von Berichten und Werbeanzeigen eher als thematische Entwicklung, (bei der "das Hauptthema nicht aus dem Griff des Bewusstseins" entlässt,) denn als thematischen Wechsel erlebt (ebd., 238). Gerade auf dem rasch expandierenden Markt spezialisierter Freizeit-Magazine, der sich auf die immer diverseren und spezialisierteren Freizeitinteressen ausrichtet, entsteht wegen der gegenseitigen Abhängigkeit von Werbung und Zeitschrift eine thematische Einheit, die kaum mehr zwischen Werbung und Berichten unterscheiden lässt. In einer neuen Fahrradzeitschrift begegnet der Leser Reportagen über die neuesten Entwicklungen in der Fahrradtechnik und der Fahrradmode, Vergleichen verschiedener Fahrräder und deren Komponenten, sowie Berichten über Fahrraderlebnisse. Diese Beiträge werden von Werbebotschaften durchsetzt, die kaum noch als Kontrast erkannt werden. Sie stellen in derselben Weise Fahrräder, Zubehör und Erlebnisse dar. Die Zeitschrift wird insgesamt ein Instrument, um die neuen Produkte zu vermarkten: Sie erlaubt dem Konsumenten durch Werbeanzeigen und Berichte ein Erleben der jeweils neuesten Produkte in einer idealen, illusorischen Bilderwelt.

3. PRODUKT UND AKTIVITAET: DIE VERSELBSTAENDIGUNG DER PRODUKTE

Im vorangehenden Kapitel haben wir den Einfluss anderer Akteure auf die Erfahrung der Produkte durch den Konsumenten untersucht. Das Produkt funktioniert unter diesen Bedingungen als intersubjektives Zeichen, dessen Bedeutung in der konkreten Handlungssituation aktualisiert wird. Der Konsument nimmt das Produkt als Bestandteil der gesellschaftlichen Situation wahr. Die Wahrnehmung des Produktes hängt von seiner bisherigen Erfahrung, von der aktuellen Situation und seiner relativen Position in der Interaktion ab. Wie wir vor allem an den rahmenbildenden Produkten gesehen haben, werden diese in der Weise, wie ein Akteur ihre aktualisierte Bedeutung in der Interaktion auf sich selbst bezieht zu einem wichtigen Faktor der Selbstwahrnehmung. Wie gezeigt wurde, wirkt das Produkt allerdings nicht nur in der aktuellen Interaktion auf das Selbstbewusstsein. In der Form des verallgemeinerten Andern vergegenwärtigt es auch in der Einsamkeit eine bedeutungsstiftende Interaktion in abstrakter Form.

Im Unterschied zu dieser "vermittelten Wahrnehmung" stellt sich speziell im Hinblick auf die Gebrauchsprodukte die Frage, ob und in welcher Weise der Konsument die Produkte allenfalls auch direkt erfahren kann. Ist eine körperlich direkte, von der gesellschaftlichen Interaktion unabhängige Erfahrung insbesondere der Produkte denkbar, die aufgrund ihrer Funktionalität vom Konsumenten in eine körperliche Aktivität involviert werden? Die Untersuchung dieser Frage gibt möglicherweise einen weiteren Hinweis auf die im vorangehenden Kapitel diskutierte Frage, inwiefern die Wahrnehmung eines Produktes durch die visuellen Massenmedien geprägt wird.

Wie anhand der in ein Gebrauchsprodukt "eingeschriebenen" körperlichen Aktivität unschwer zu erkennen ist, wurde diese mit dem in den Produkten realisierten technischen Wandel selbst einer wesentlichen Veränderung unterworfen. Der technische Wandel bildet sich global betrachtet am Uebergang von rein mechanischen zu elektrisch angetriebenen und schliesslich zu elektronisch gesteuerten Produkten ab. Der Wandel brachte eine unübersehbare Aenderung der Aktivität der Produktbenützer mit sich. Die Darstellung der sich mit den Produkten ändernden körperlichen Aktivität, soll einen möglichen Wandel in der Wahrnehmung der Produkte aufdecken.

3.1 Geräte

Geräte erlauben durch die Transformation einer Körperbewegung dem Konsumenten einen physikalischen Effekt zu erzielen, den er allein mit seinem Körper in eben dieser Weise nicht zustande bringen würde. Die Funktionalität des Produktes bringt zum Ausdruck, in welcher Weise es für das Erreichen eines bestimmten gesellschaftlich definierten Effekts eingesetzt werden kann. Durch seine auf die Zweckerreichung zugeschnittene Gestaltung zeichnet es die Handhabung durch den Benützer in sich vor. Moles spricht von Geräten wie von Werkzeugen als "partenaire du geste humain, défini par l'action enterprise et la façon dont l'individu le prend et s'en sert" (Moles 1987, 14.1). Werkzeuge, Küchengeräte, Schreibwerkzeug, Musikinstrumente usw. laden den Konsumenten, der sie zum Erreichen eines bestimmten Zwecks benützen will, zu einer bestimmten Handhabung geradezu ein. "Die verschiedenen Weisen des 'Um-zu' wie Dienlichkeit, Beiträglichkeit, Verwendbarkeit, Handlichkeit konstituieren", wie es Heidegger formuliert, "eine Zeugganzheit" (Heidegger 1963, 68). Das Zeug ist "das im Besorgen begegnende Seiende" (ebd.,).

Für die Körpererfahrung, die mit der Benützung mechanischer Produkte einhergeht, sind insbesondere Geschick und Kraftaufwand ausschlaggebend, die das Produkt dem Konsumenten zur Erreichung eines bestimmten Zwecks abverlangt. Mit zunehmender Uebung, die der Benützer durch die wiederholte Handhabung erlangt, ändert sich dementsprechend seine Körpererfahrung. Jemand, der zum erstenmal ein Werkzeug, bspw. einen Hammer in die Hand nimmt, erfährt dieses als einen seinem Körper fremden Gegen-Stand. Das Gewicht des Hammers und der Abstand des Hammerkopfes zur Hand geben der Armbewegung eine bestimmte Dynamik. Der Hammer wird vom Benützer in der Weise wahrgenommen, wie er die Beziehung zwischen seinem Körper als Organismus und der Umgebung lockert (vgl. Gallagher 1986, 148). Während der Körper in der normalen (eingespielten) Situation des Alltags so in seine Umgebung integriert ist, dass zwischen dem "gelebten Körper" und der "Umgebung" nicht unterschieden werden kann (ebd., 162), beginnt sich die Umgebung in ihrer Gegenständlichkeit zu revidieren, sobald die eingespielte Beziehung zwischen Körper und Umgebung gestört wird (ebd., 151). Bei der erstmaligen Benützung eines Hammers wird dieser durch das ungelenke Verhalten des Körpers wahrgenommen. Er ist für den Benützer anfänglich ein fremder Gegenstand, der die Koordination der Körperbewegung beeinträchtigt. Es fällt dem Benützer zunächst schwer, den noch körperfremden Hammer gerade so auf den Kopf des Nagels zu führen, dass der Schlag die von ihm erwünschte Kraft ausübt. Erst durch das wiederholte Ausführen des Schlagbewegung adaptiert der Körper das Produkt allmählich. Der Körper wird nach und nach mit der neuen Umgebung in ein Gleichgewicht gebracht, das den Hammer miteinbezieht. Das anfänglich unvertraute Produkt wird nun zu einem Bestandteil des körperlichen "in-der-Umgebung-Seins", das die Wahrnehmung der Welt auf einem "vor-reflexiven" Stadium beeinflusst (ebd., 144). Die Einübung der Handhabung des Hammers führt zu einer Körpererfahrung, die unbewusst vorhanden und als scheinbar garantiert gegebene immerzu verfügbar ist (ebd., 153). Der Konsument begegnet dem körperlich eingeübten Instrument oder Werkzeug in der Haltung des "Mit-dem-Produkt-Vertrautseins". In dieser Situation hat sich "das Hämmern [...] dieses Zeug so angeeignet, wie es angemessener nicht möglich ist" (Heidegger 1963, 69).

Genauso wie der Konsument mit den Produkten durch visuelle Abschattungen (vgl. Husserl 1966, 3ff, Sartre 1940, 18) vertraut wird, geht das Produkt durch andere körperliche Abschattungen in seine Erfahrung ein. Dem so angeeigneten Produkt begegnet der Konsument nicht nur in visuell, sondern ebenso in anderer körperlich vertrauter Weise. Der Umgang mit dem Produkt führt zu einer Tendenz, diesem in bestimmter, alle betroffenen Sinne einschliessenden Weise zu begegnen. Beim Greifen nach einer Tasse stellt sich die Hand selbst auf den Gegenstand ein, dem sie sich nähert. Der gelebte Körper organisiert sich selbst gegenüber seiner Umgebung. Er eignet sich die Umgebung in der Form von Bewegungen und Handlungen an. Die Handlungen, in die sich der Mensch regelmässig engagiert, inkorporieren ihre Instrumente und machen diese zu einem Teil der eigenen Körperstruktur (vgl. Merleau-Ponty 1985, 81ff). Heidegger spricht davon, dass "[d]as Hämmern selbst [..] die spezifische 'Handlichkeit' des Hammers" entdeckt. "In solchem gebrauchendem Umgang unterstellt sich das Besorgen dem für das jeweilige Zeug konstitutiven Um-zu; je weniger das Hammerding nur begafft wird, je zugreifender es gebraucht wird, um so ursprünglicher wird das Verhältnis zu ihm, um so unverhüllter begegnet es als das, was es ist als Zeug" (Heidegger 1963, 69). Er bezeichnet die "Seinsart von Zeug, in der es sich von ihm selbst her offenbart [...] als Zuhandenheit" (ebd.,).

Die wiederholte Begegnung mit der Umgebung führt zu einem Körperschema, das jeder künftigen Aktivität zugrunde gelegt wird (vgl. Head 1926). Dieses Schema, ist nicht fixiert, sondern der Abfolge von Erfahrungen entsprechend einer dauernden Entwicklung unterworfen. Wie Gallagher schreibt, übernimmt es aktive Rolle bei der Begegnung mit der Umwelt, indem es die Haltung die der gelebte Körper im Alltag einnimmt, reflektiert und bestimmt (Gallagher 1986, 157). Die körperliche Erfahrung eines Werkzeuges oder Instrumentes geht allmählich als gesicherter Bestandteil in den "abwesend verfügbaren Körper" ein.

An dieser Stelle sei speziell darauf hingewiesen, dass auf dem Hintergrund des verwendeten Wahrnehmungsbegriffs die objektivistische Vorstellung der Körpererfahrung als vermittelnde Instanz von "Aussen" und "Innen" (physiologische und psychologische Erfahrung) als psychologische Abstraktion zu kritisieren ist, die unter dem Aspekt der abwesend verfügbaren Körpererfahrung in sich zusammenfällt (ebd., 161). Der Körper stellt sich nicht zwischen die Umgebung und das Individuum, sondern ist lediglich die innere Abbildung der Umgebung. Es existieren nicht zwei Pole der Wahrnehmung, die interagieren; die Situation, in der das Individuum steht, ist die "Organismus-Umgebung" (Dewey 1986, 357ff). Der Organismus existiert nur mit und in der Umgebung, so dass zwischen gelebtem Körper und Umgebung keine Unterscheidung mehr gemacht werden kann. Das Werkzeug wird zu einer gelebten Ausdehnung des Körpers. Umgekehrt betrachtet ist natürlich der Hammer die Umgebung des Körpers, die den gelebten Körper beeinflusst. Das auf den Kopf des Nagels gerichtete Hämmern bringt ein bestimmtes Körperverhalten mit sich. Dieses Verständnis der inneren Umgebung, "die homöostatisch und automatisch" funktioniert und von unzähligen physiologischen und neurologischen Geschehnissen konstituiert wird, ist lediglich eine internaliserte Uebersetzung und Weiterführung der externen Umgebung (Gallagher 1986, 164). Der Unterschied dieser Betrachtungsweise zur Psychologie besteht darin, dass das Zusammenspiel von "Innen" und "Aussen" nicht als Stimulus-Response-Kette verstanden werden kann. Da zwischen "Innen" und "Aussen" kein Abstand besteht, ist weder Reiz noch Antwort einem "Innen" oder "Aussen" zuzuschreiben, sondern umfasst sowohl "interne Disposition" als "externe Position" (ebd., 164).

Der Hammer steht als Beispiel für mechanische Produkte, deren Handhabung dem Benützer relativ wenig Geschick abfordern, um einen befriedigenden Effekt zu erzielen. Das Ergebnis, an dem die Aktivität bemessen wird, reflektiert den Effekt der Einwirkung in wenig differenzierter Weise. Der Hammer wird am Widerstand, den der Nagel dem Schlag leistet, an dessen Ablenkung der Bewegung, evtl. am Knicken des Nagels erfahren. Die vom Hammer ausgehende Körpererfahrung wird aufgrund des grossen Bereichs befriedigender Ergebnisse rasch zum Bestandteil der abwesend verfügbaren Fähigkeiten. Der Hammer geht im Gleichschritt mit der Ausbalancierung seiner Handhabung (die Ausbalancierung kann auch im blossen in die Hände nehmen, bestehen) in die Körpererfahrung ein, die gleichzeitig Umgebungserfahrung ist.

Mit der Erfahrung des Hammers unmittelbar vergleichbar ist diejenige von anderen Werkzeugen, Küchengeräten, Haushalts- und Gartengeräten. Deren körperliche Aneignung erfordert allgemein einen relativ geringen Aufwand; die Revision der körperlichen Erfahrung dieser Produkte dringt dem Benützer meist als Folge von Ermüdung ins Bewusstsein. Eine Schere, die beim Zerschneiden von Papier vom Körper völlig adaptiert wird, wird beim Zerschneiden von dickem Karton als Gegenstand erfahren, der dem Körper

Widerstand leistet und der Hand Schmerzen und Ermüdung bereitet.

Bei anderen Produkte wie im extremen Fall von Musikinstrumenten bedarf die Ausbalancierung des Körpers mit dem Musikinstrument eines langen Prozesses der Einübung, während dem das Instrument den Körper immer wieder als noch ungenügend angepasst zuerkennen gibt. Das sehr sensibel reagierende Musikinstrument stellt dem Körper eine äusserst feine Umgebung entgegen, die - um von Körper beherrscht zu werden - im Vergleich zu den genannten Werkzeugen viel mehr Uebung erfordert. Dem Anfänger widersetzt sich das Musikinstrument genauso wie das Werkzeug. Er richtet die Aufmerksamkeit auf seine Aktivität und beurteilt sie, indem er dem durch die Einwirkung auf das Instrument erzielten Effekt als Zuhörer gegenübersteht. Hollander stellt diese Haltung, des sich selbst Beobachtens sogar noch bei Musikstudenten fest, die, anstatt sich auf die Ideen und Freuden der Musik zu konzentrieren, ihre Aufmerksamkeit auf mögliche Zuhörer richten. Sie wollen gehört werden und spielen immer noch für ihre Eltern (Hollander 1983, 119). Die von Hollander gemachte Beobachtung zeigt, dass selbst Musizierende auf einem weit fortgeschrittenen Niveau in bestimmten Situationen eine bewusste Einstellung gegenüber ihrer Produktion einnehmen. Sie sind Zuhörer ihrer eigenen Musik. Andere Menschen werden plötzlich für die Wahrnehmung der eigenen körperlichen Aktivität relevant. Die Aktivität wird an einem durch Vorbilder oder Freunde etc. gegeben Massstab bemessen. Erst wenn dieses Stadium überwunden wird, nimmt der Musizierende das Instrument nicht mehr als ein Objekt wahr, das ihn über die Misstöne seinen Körper erfahren lässt. Das Instrument wird zu einer komplexen Umgebung des Körpers, das im Falle eines Saiteninstruments am Widerstand den die Saiten der den Bogen führenden Hand bieten und am Ton, den das Instrument von sich gibt, insgesamt erlebt wird. Der Körper spielt sich auf eine Ton und Reibungswiderstand bietende Umgebung ein, was zu einer scheinbaren Verselbständigung des Körpers führt. "[...] the piano, for example, is no longer experienced as an external mass of ivory and wood and steel, but [..] it rather seems to dissolve into an inner aquisition of spaces to speak with" (Sudnow 1979, 6f). Sudnow spricht, um das Erinnerungs- und Fühlungsvermögen einer geübten Hand eines (Jazz-)Musikers zu beschreiben, von einer "improvisatory hand", die der Klaviatur begegnet, indem sie selbst immer wieder gute Positionen findet, die ein dauerndes Vorwärtstreiben erlauben (ebd., 12). "And when fingers in particular learn piano spaces in particular, much more is in fact being learned about than fingers, this keyboard, these sizes. A music-making body is being fashioned". (ebd., 17) Wie Sudnow zeigt, ist das Einüben eines Musikinstrumentes nicht als eine Leistung des Bewusstseins zu verstehen, das Hand und Fuss zu den erwünschten Bewegungen veranlasst, sondern als Leistung, die der Körper unmittelbar selbst erbringt. Der Körper lebt die Musik selbst, was, wie Hollander schreibt, im Extremfall bis zu einer teilweisen Verselbständigung des Körpers führen kann: "Und schliesslich geschah in meinem siebzehnten Lebensjahr etwas Interessantes. Ich begann die Kontrolle über die rechte Seite meines Körpers zu verlieren. Während fünf bis sechs Jahren, bis in meine frühen Zwanzigerjahre, wurde meine rechte Hand allmählich von einem Instrument in meiner Kontrolle zu etwas, das einen eigenen Geist zu haben schien" (Hollander 1983, 120). Diese Situation zeigt einen Extremfall eines abwesend verfügbaren Körpers dar, dessen Kontrolle dem Musizierenden teilweise entgleitet.

Der Umgang mit einem Werkzeug, Gerät oder Instrument führt, wie diese Ueberlegungen zeigen, normalerweise zu einer körperlichen Fähigkeit, die als abwesend vorhandene oder verfügbare Fähigkeit jede Begegnung mit der Umgebung prägt. Ein Hammer, genauso wie eine Schere, ein Pinsel, aber auch eine Schreibmaschine oder ein Klavier, eine Geige etc. kann dem Körper als fremder Gegenstand entgegenstehen. Durch die körperliche Internalisierung des Gegenstandes wird dieser in eine Fähigkeit, der Umgebung in geübter Weise zu begegnen, verwandelt. Die Beziehung des Akteurs zur Umgebung wird durch das jeweils erreichte Geschick geprägt. Ausgehend von dieser körperlichen Produkterfahrung wollen wir nun zeigen, in welcher Weise die Wahrnehmung elektrisch angetriebener Apparate gegenüber den mechanischen durch die Zufuhr von Fremdenergie differiert.

3.2 Apparate

Zum Begriff Apparate gehören Maschinen, die durch Zufuhr von Fremdenergie eine aus einer Rotationsbewegung abgeleitete mechanische Bewegung ausführen. Der Konsument setzt die Apparate als Hilfsmittel bei der Erfüllung von Haushalts-, Gartenarbeiten sowie bei seiner Freizeitbeschäftigung ein. Als weit verbreitete Beispiele sind Staubsauger, Mixer, Raffel, Schamponiermaschine, Baumsäge, Rasenmäher, Nähmaschine, Bohrmaschine, Fräse, Schleifmaschine, Hobel, usw. zu nennen. Im Hinblick auf die körperliche Wahrnehmung dieser Produkte ist zunächst zu bemerken, dass die vom elektrischen Apparat vollführte Bewegung nicht einen mit mechanischen Produkten unvollziehbaren Effekt erzielt. Der Apparat ersetzt vielmehr eine manuelle Aktivität durch eine von einem Elektro- oder Verbrennungsmotor unterstützte Bewegung.

Das Gerät wird - wie oben dargestellt - bei der Einübung der Handhabung über den Widerstand, den es zusammen mit der zu bearbeitenden Umgebung dem Körper bietet, als "Umgebungsbezug" vom Körper internalisiert. Mit der Benützung eines Schwingbesens wird zugleich Instrument und bearbeitete Umgebung vom Körper wahrgenommen und adaptiert. Die Körperermüdung, die die Umgebung wieder ins Bewusstsein rückt, muss überwunden werden, bis bspw. das Eiweiss steif geschlagen ist. Streben wir denselben Zweck mit einem elektrischen Handmixer an, wird zwischen die Hand und bearbeitete Umgebung aus der Steckdose Energie zugeführt. Der Apparat führt nun die zur Bearbeitung der Umgebung erforderliche Bewegung selbst aus. Körperlich wird der Apparat wie das mechanische Gerät mit der greifenden Hand wahrgenommen, von der sich das Gewicht auf den belasteten Arm überträgt. Gegenüber den Geräten bringt die Zufuhr von Fremdenergie durch die Reduktion des Umgebungswiderstandes eine wesentlich abweichende Erfahrung der Apparate mit sich. Da die von aussen zugeführte Energie nicht unmittelbar körperlich erfahren werden kann, wird die Umgebungserfahrung transformiert, ohne dass die Ursache der Transformation sinnlich wahrgenommen werden könnte.

Dieser Umstand lässt sich an der Bearbeitung der Umgebung beispielhaft aufweisen. Beim maschinellen Schlagen von Eiweiss wird die Kraft, die bei der Benützung eines Schwingbesens zur Ermüdung des Körpers geführt hat, von "aussen" eingebracht. Die Transformation der bearbeiteten Umgebung wird kaum mehr von körperlicher Ermüdung begleitet. Die Transformation der Umgebung wird zwar weiterhin mit den Augen überwacht, sie ist aber wenig von der körperlichen Betätigung abhängig. Der Benützer des Apparates wartet die Transformation ab, die er mit den Augen beobachtet.

Die Zufuhr von Fremdenergie wirkt bei allen Apparaten in vergleichbarer Weise: Durch die Einschaltung einer regelmässigen Bewegung zwischen den menschlichen Körper und die zu bearbeitende Umgebung rückt die Transformation der Umgebung "einem Schritt" von der Körperempfindung weg. Das Bemühen der Konstrukteure, die Gestaltung auf eine möglichst ermüdungslose und präzise Benützung auszurichten, führt zur optimalen Anpassung der Apparate an den menschlichen Körper. Im Vergleich zu den Geräten steht bei der Benützung von Apparaten nicht so sehr das körperliche Geschick als vielmehr die Beherrschung deren eigener Wirkungsweise im Vordergrund. Da die Wirkungsweise des Apparates vergleichsweise wenig erspürt werden kann, spielt die visuellen Kontrolle eine wesentlich grössere Rolle. Im Extremfall wird nach Ingangsetzen eine körperliche Führung vollständig überflüssig. Der Benützer muss den erwünschten Effekt nur noch abwarten (fix plazierten Mixer oder Kaffeemühle). Diese Freistellung des Produkts findet eine starke Verbreitung durch die Anwendung der Mikroelektronik in der Apparatesteuerung.

3.3 Elektronische Steuerung

Durch den Einsatz elektronischer Bauteile zur Steuerung von Produkten, wird es möglich, mit einem Produkt verschiedene Funktionen auszuführen. Es kann dadurch auf verschiedene Zustände der Umgebung in angepasster Weise reagieren. Durch die elektronische Steuerung löst es sich - wie im Falle des Roboters offensichtlich - im Vergleich zu Werkzeugen und elektrisch angetriebenen Apparaten noch weiter von der Notwendigkeit menschlich-körperlicher Steuerung, bis es praktisch unabhängig wird.

Ein mit einem Mikroprozessor ausgerüsteter Apparat übernimmt Funktionen, die sonst durch den Benützer ausgeführt werden. Der Umgebungswiderstand wird unter Zuhilfenahme eines elektronisch gesteuerten Produkts in körperlich kaum noch wahrnehmbarer Weise transformiert. Eine Bohrmaschine mit elektronisch gesteuerter Drehzahlstabilisierung gleicht den variierenden Widerstand der "Bohr-Umgebung" automatisch aus, während dieser im Falle der elektrischen Maschine gefühlsmässig vom Benützer durch Anpassung des Drucks oder Erhöhung der Rotationsgeschwindigkeit angepasst werden muss. Ebenso steuern Mikroprozessoren im Haushalt den Ablauf moderner Wasch- und Abwaschmaschinen, den Einsatz der Zentralheizungsanlage, den Einsatz von Kochherd, Backofen, Mikrowellenofen, Kaffeemaschine, Nähmaschine usw. In all diesen Fällen bewirkt die elektronische Steuerung, dass die Anpassung der Maschine an die Umgebung durch die Betätigung der richtigen Funktion vom Produkt selbst und nicht mehr durch die Körpereinwirkung verursacht wird.

Die Steuerung der Produkte durch Mikroprozessoren führt dazu, dass der Benützer einer Umgebung begegnet, die kaum mehr ein körperlich erfahrbares Abbild ihrer ursprünglichen Ausprägung ist. Die derart transformierte Umgebung ist so konzipiert, dass sie dem Konsumenten zum Erreichen eines bestimmten Effekts einen minimalen Körpereinsatz abfordert und gleichzeitig eine möglichst präzise Bearbeitung gestattet. Die moderne Technologie, insbesondere die Elektronik führt bei immer mehr Produkten dazu, dass deren Dimensionen kaum mehr einen notwendigen und mechanischen Bezug zu ihren "Organen" hat (Moles 1987, 14.3). Im Umfang wie die Produkte durch den Einsatz von Elektronik gestaltungsmässig von den Erfordernissen der mechanischen Apparatur befreit werden und die Bedienungsfunktionen von der Oberfläche ins Innere verlegt werden, wird das Produkt für die ergonomische und symbolisch-stilistische Gestaltung frei. Der Designer erwirbt durch diese Entwicklung nicht nur die Freiheit, das Produkt ergonomisch auf dessen Bedienbarkeit hin zu optimieren, sondern kann die Gestaltung gleichzeitig auf das Sinnesvergnügen des Berührens und Manipulierens durch den Benützer ausrichten (ebd., 16.2).

Während der Benützer elektronisch gesteuerter Apparate, zumindest noch visuell mit der vom Apparat bearbeiteten Umgebung in Kontakt steht, begegnet er im Falle rein elektronischer Produkte (Stereoanlage, elektronische Musikinstrumente, elektronische Spiele, Computer) einer vollständig durch das Produkt definierten Umgebung. Ihr Aeusseres trennt sich nicht nur vom Inneren, sondern auch von der Umgebung. Die Erscheinung, mit der sie dem Benützer begegnen, ist vom Designer weitgehend frei gestaltbar. Die Manipulation der Produkte erfolgt über Kipp- und Drehschalter oder Tasten, die auf eine optimale Erfühlbarkeit hin konzipiert sind. Das Keyboard des Computers hat für die Optimierung der Bedienung exemplarischen Charakter: Es steht in keinerlei zwangsläufiger Beziehung zur Wirkungsweise des Computers, sondern richtet sich rein auf die Begegnung mit dem Benützer aus. (IBM und Hewlett-Packard weisen in der Werbung für ihre Computer auf das besondere Gefühl hin, das "ihre Tasten" dem Benützer vermitteln.) Während bei der Benützung eines Federhalters das erzeugte Schriftbild unmittelbar von der Art der individuellen Handhabung abhängt (daher die Möglichkeit der Grafologie), hat der Benützer eines Computer-Keyboards keinerlei unvermittelten Einfluss auf das Erzeugnis auf dem Bildschirm. Der Widerstand, den die Tasten dem Körper bieten, ist in keiner Weise mehr Abbild der bearbeiteten

Umgebung, sondern Resultat des Produktestyling, das den Eindruck von "Zuverlässigkeit" oder "Modernität" (Sensoren) vermitteln soll.

Vergleichen wir die vom Computer präsentierte Umgebung mit derjenigen eines akustischen Musikinstrumentes, kann deren Reaktion zwar in beiden Fällen auf die körperliche Einwirkung zurückgeführt werden. Während aber das Musikinstrument analog antwortet und die Uebung zu einem Zusammenfallen der körperlich wahrgenommenen Umgebung und der körperlich erzeugten (akustischen) Umgebung führt, ist die Antwort des Computers Ergebnis einer digitalen Uebersetzung, die die Einwirkung des Benützers nur binär entgegennimmt und keine körperliche Abstimmung mit dem Produkt zulässt.

So wie beim Musizieren die Umgebung insgesamt wahrgenommen werden kann - das Instrument verliert dadurch seine "Vermittlerbedeutung", die Umgebung wird zum direkten Spiegel des körperlichen Ausdrucks -, wird die vom Computer präsentierte Umgebung höchstens bei dessen "Missbrauch" für "Realzeitspiele" (real-time-games) vom Körper adaptiert (vgl. Sudnow 1983). Im Falle der "Normalbenützung" des Computers stellt dieser dem Körper ein ideales Reiz-Antwort-Modell entgegen, das nur kognitiv bedient werden kann und je nach Programm unterschiedlich kompliziert ist, d.h. mehr oder weniger Reize (in Form von Tastenkombinationen) und Antworten bereitstellt. Je komplexer das steuernde Programm, desto geringer ist die Möglichkeit, die angebotene Umgebung körperlich zu adaptieren. Die unmittelbar mit den Fingern wahrnehmbare Umgebung löst sich völlig von der visuellen Umgebung, die durch die Fingerbewegungen hervorgerufen wird. Die vom Computer präsentierten, optischen Reaktionen sind reine Simulationen, die keineswegs körperlich mit der Aktivität am Computer verbunden werden können. In diesem Zusammenhang ist allerdings darauf hinzuweisen, dass bei der Benützung eines Computers der Begriff der Normalbenützung fragwürdig wird, da gerade in diesem Bereich eine starke Verwischung von spielerischen und zweckgerichteten Elementen erfolgt (de Certeau 1988, 77).

3.4 Das Auto: Gestylte Umgebung par excellence

Wegen seiner dominanten Stellung, die das Automobil schon rein ökonomisch, insbesondere aber auch kulturell besehen im Alltag des zeitgenössischen Konsumenten einnimmt, wird in diesem Abschnitt die Benützung eines modernen, mit allen technischen Optionen versehenen Autos mit dem Gebrauch eines Fahrrades verglichen.

Funktionalistisch betrachtet transformiert das Fahrrad die Körperbewegung in eine Drehbewegung, wodurch gegenüber dem Gehen zu Fuss eine beschleunigte Fortbewegung möglich wird. Da die Fortbewegung gänzlich vom Krafteinsatz des Radfahrers abhängig ist, ist das Gerät auf die optimale Leistungsausnützung ausgerichtet. Den bisherigen Ausführungen zur Wahrnehmung von Produkten folgend, wird klar, dass das Fahrrad allerdings nicht nur die Kraft des Benützers, sondern auch dessen Wahrnehmung übersetzt. Gegenüber dem "Ergehen" oder "Erwandern" einer Landschaft oder Stadt (vgl. insbesondere de Certeau 1988, 179 ff) öffnet sich, v.a. wenn das Vorwärtskommen relativ wenig Anstrengung verlangt, die Umgebung, durch die der Radfahrer hindurchgleitet, viel schneller. Je anstrengender (bspw. bei Steigungen) das Fortkommen wird, desto mehr nähert sich die Erfahrung dem Gehen zu Fuss; wegen dem Ausbleiben des Fahrtwindes werden die ans Ohr dringenden Geräusche unter diesen Umständen durch das Radfahren kaum verändert, der Blick bleibt oft an einzelnen, nahen Punkten hängen. Die Transformation der Bewegung dringt aber auch durch die Schläge und Erschütterungen, die der Sattel auf das Gesäss, den Rücken und schliesslich den Kopf ausübt, auf den Körper ein. Einen unstabilen Untergrund wie etwa auf einer Natur- oder Kiesstrasse oder gar einer vereisten oder verschneiten Strasse erfährt er unmittelbar an den Bewegungen, die die Ausbalancierung des Fahrrades erfordern. Von den Augen kaum feststellbare Steigungen und Senkungen der Strasse drücken sich direkt in einem grösseren oder geringeren Krafteinsatz aus. Das Wetter prägt das Erlebnis schliesslich, indem die Hitze den Schweiss auf die Haut treibt, der Regen Kleider und Schuhe mit Nässe durchdringt und die Kälte seine Finger allmählich so steif werden lässt, dass das Bremsen Mühe bereitet.

Das Bild sollte genügend Kontrast präsentieren, um zu erkennen in welcher Weise die Erfahrung der Umgebung durch das Fahren eines modernen Autos transformiert wird. Schon in der Garage besteigt der zeitgenössische Automobilist das Fahrzeug, das ihn mit dem noch kalten Ledersitz, der sich bald seiner Körpertemperatur anpasst, empfängt. Per Tastendruck öffnet er aus dem Wageninnern die Türe, die sich dem Bug einer Fähre gleich, nach oben aufschwenkt. Nachdem er mit seinem Automobil die geheizte Garage verlassen hat, schliesst er die Garagetüre wieder per Ultraschallgerät. Mit einer leichten Bewegung des motorisch unterstützen Steuerrades schwenkt er das Automobil vom Garagenvorplatz in die Strasse ein. Die Klimaanlage hält die Temperatur im Innern des Fahrzeuges konstant auf angenehmem Niveau, unabhängig davon, ob er durch eine eisig kalte Winterlandschaft fährt oder unter der Hitze der sommerlichen Sonne dahinzieht. Die blaugetönten Scheiben lassen den Schnee in einem sanften Blauton erscheinen oder verleihen den unter der Sommersonne grell leuchtenden Farben einen kühleren Eindruck. Das Geräusch des Motors wird von der zur Stimmung passenden Musik überstrahlt, die in perfektem Stereoton aus vier Lautsprechern ertönt. Der Allradantrieb sorgt dafür, dass das Automobil auf Schnee und Eis präzis den Bewegungen des Steuerrades gehorcht. Auf geraden Strecken gibt der Fahrer dem Automobil über eine Taste am Steuerrad den Befehl unabhängig von Steigung oder Gefälle der Strasse mit konstanter Geschwindigkeit zu fahren. Die weiche Federung des Fahrzeugs trägt schliesslich das ihre zur Illusion des Fahrers bei, durch die Landschaft zu gleiten.

Der Benützer des modernen Autos begibt sich in eine Umgebung, in der alle körperlichen Empfindungen geplant sind und vom Konsumenten kontrolliert werden. Mit der Wahl des Fahrzeugs wählt er ein durch Aufhängung, Sitzposition und Motorgeräusch definiertes Fahrgefühl aus. Er entscheidet über die farbliche Tönung, in der er die vorbeiziehende Landschaft wahrnimmt und mit der Gestaltung des Armaturen-"brettes" über den stilisierten Ausdruck von Modernität. Temperatur, Musik und Geschwindigkeit regelt er durch die Betätigung von optimal positionierten Knöpfen, Tasten und Pedalen, die alle auf eine bestimmte Empfindung hin konzipiert sind. Die Sonne kann, falls dies als angenehm empfunden, per Knopfdruck durch das Schiebedach hereingelassen werden, ohne dadurch die Umgebungstemperatur zu beeinflussen.

Die genau nach individuellen Vorstellungen gestaltete Umgebung, verbunden mit der Herausforderung der durch die Geschwindigkeit vermittelten Risikoempfindung verleiht dem Fahren einem spielerischen Charakter.

> "Conduire, c'est jouir, ou son équivalent atténué: jouer. Jeu d'habileté, d'adresse, où l'on ressent l'impression exaltante de donner toute sa mesure [...] Jeu de hasard où on joue parfois, comme à la roulette russe, en courant des risques, en perdant la maîtrise de notre corps et de sa prothèse motorisée, en laissant le hasard décider seul [...] continu (Scardigli 1983, 128).

Der spezielle Charakter des vom Autofahren vermittelten Erlebnisses wird insbesondere durch die schnelle Bewegung bestärkt, die der Autofahrer allein in seiner Kabine erfährt. Das Automobil setzt zwei Bereiche der Unbeweglichkeit in eine Beziehung, die, wie de Certeau es ausdrückt, dem Reisenden "einen Befehl der Loslösung [erteilt], der dazu zwingt, eine abstrakte Herrschaft des Auges über den Raum damit zu bezahlen, dass man jeden eigenen Ort verlässt und nirgends mehr Fuss fassen kann". Die Bewegung enthebt den Autofahrer aller ortsgebundener sozialer Strukturen, sie vermittelt ihm das Gefühl, unerreichbar, unabhängig von Grenzen des Alltag zu sein.

> "Cette liberté est peut-être comprise comme la faculté de s'évader. S'évader des contraintes des relations de

> voisinage, s'évader des soucis de la vie au travail et au logis: cette étrange liberté fonctionne à la façon d'une soupape de sécurité qui permet à l'individu de se réfugier dans le rêve et la fuite, ..." (ebd., 130).

Gerade das Erlebnis, aller sozialen Strukturen enthoben zu sein, macht das Automobil zum idealen Instrument der Freizeitkonstitution. Während sich der "Ausflügler" die Strecke (das Gelände) aussucht, die er mit dem Auto abfährt, um einen erwünschten visuellen Eindruck oder eine körperliche Erregung zu erleben, ist die Fahrt zur Arbeit eine gesellschaftlich sanktionierte, notwendige (Frei-)Zeit, die dem einzelnen zugebilligt wird. Am Bestimmungsort angekommen, ist "Schluss mit der Ferien-Enklave. Die schöne Abstraktion des 'Gefängnisses' wird durch die Kompromisse, Trübseligkeiten und Abhängigkeiten eines Arbeitsplatzes ersetzt. Es beginnt wieder die hautnahe Auseinandersetzung mit einer Wirklichkeit, die den von de[r Strasse] und den Fensterscheiben getrennten Betrachter aus seiner Rolle entlässt." (de Certeau 1988, 213f)

Diese Aspekte lassen erkennen, weshalb der Ersatz des alten Autos durch ein neues mehr bedeutet als nur die Aufgabe der alten Umgebung zugunsten einer neuen, noch besser den eigenen Wünschen entsprechenden. Mit dem Ersatz des alten Autos lässt der Konsument auch die mit dem Auto verbundenen Erinnerungen, die wie etwa Beschädigungen in der Karosserie auf Beziehungen zur restriktiven Welt des Alltags hinweisen, hinter sich zurück. Mit dem neuen Automobil wird ein neuer Ausgangspunkt für ein, von der Relationen des Alltags befreites Erlebnis erworben.

3.5 Die Emanzipation der konnotativen Bedeutung des Produkts

In den vorangehenden Abschnitten haben wir gezeigt, wie die Produkte körperlich-sinnlich wahrgenommen werden. Bei den rein mechanischen Produkten haben wir festgestellt, dass diese durch Einübung körperlich soweit adaptiert werden können, bis der

Benützer der bearbeiteten Umgebung sozusagen vermittelst einer einfachen Transformation begegnet. Durch den Einbezug von Fremdenergie im Falle elektrisch angetriebener Apparate und Maschinen hat sich gezeigt, dass die Beziehung des Benützers zur Umgebung eine weitere Transformation erfährt. Mit dem Einsatz eines Elektromotors wird zwischen den aktiven Körper und die Umgebung, auf die er einwirkt, eine Kraft eingesetzt, die selbst nicht körperlich wahrnehmbar ist. Die Wahrnehmung wird durch die Transformation des Widerstandes, den die Umgebung dem Körper leistet, in nahezu magischer Weise verändert. Aufgrund der konstanten Wirkungsweise des elektrisch angetriebenen Produktes ist dessen Steuerung aber noch weitestgehend von der Handhabung durch den Benützer abhängig und kann auch noch vom Körper adaptiert werden. Die Einführung der Elektronik (zunächst in der Form von Mikroprozessoren) in die Apparatekonzeption führt zu einer weiteren "Entfremdung" der körperlichen Erfahrung von der bearbeiteten Umgebung. Indem das elektronisch gesteuerte Produkt seine Relation zur Umgebung immer umfassender selbst kontrolliert, wird die Wahrnehmung des Konsumenten zunehmend vom Produkt definiert. Das Produkt gestaltet in grossem Ausmass die körperlich wahrgenommene Umgebung. Den Höhepunkt der Transformation körperlicher Beziehung zur Umgebung haben wir bei den vollelektronischen Produkten ausgemacht, die einen völlig gestylten Wahrnehmungshintergrund präsentieren.

Da die Reihenfolge der Darstellung gleichzeitig der historischen Entwicklung der Produkte entspricht, gelangen wir zum Schluss, dass die technische Produkteentwicklung zu einer zunehmenden Entfernung zur körperlich-sinnlichen Erfahrung der manipulierten Umgebung geführt hat. Diese Entfremdung findet ihren vorläufigen Höhepunkt in der vollständigen semantischen Transformation zwischen Einwirkung auf das Produkt (bspw. Keyboard des Computers) und sinnlich wahrnehmbarer Antwort der Umgebung (Bildschirm, Drucker).

Dadurch, dass die Produkte für immer mehr Tätigkeiten die Wahrnehmung des Benützers gestalten und kontrollieren, werden sie für den Konsumenten zu weitgehend kalkulierbaren "Erlebniseinheiten". Wenngleich der Computer durch die vollständige Simulation einer Umgebung die Wahrnehmung in extremem Ausmass bestimmt, können auch weniger wahrnehmungsdefinierende Produkte unter den gegenwärtigen Umständen des Produkteangebotes als Erlebniseinheiten interpretiert werden. Die Produkte werden als Elemente erworben, mit denen ein erwünschter Erlebniskontext erzeugt werden kann. Die dazu notwendige Fähigkeit des Konsumenten, Gefühlszustände systematisch mit den angemessenen Produkten zu kombinieren, erachtet Leiss als spezifischen Ausdruck der modernen Angebotsbedingungen (Leiss 1976, 19). So werden selbst rein mechanische Produkte wie das Fahrrad als Erlebniseinheiten gekauft und in einen mit Produkten zusammengefügten Erlebniskontext integriert. Das Fahrrad spielt immer weniger eine Rolle als Fortbewegungsmittel, als das es im täglichen Gebrauch die verschiedensten, von der Natur dominierten Eindrücke vermittelt. Stattdessen wird es zunehmend zu einem Instrument, mit dem sich der Benützer in der Freizeit die Umgebung (Natur) gezielt aneignet. Der zeitgemässe Konsument legt mit dem Fahrrad nicht die zwischen Wohnort und Arbeitsplatz vorgezeichnete Strecke zurück, sondern wählt eine Tour, die ihm bei passenden Wetterverhältnissen ein bestimmtes Erlebnis zu vermitteln verspricht. Der gegenwärtige Verkaufsboom von Mountain-Bikes ist mit diesem modernen Fahrradverständnis zu erklären. Sie werden meist als Schönwetter-Sportgeräte verkauft. Bei ungünstigen Witterungsverhältnissen steigt man auf den Hometrainer um.

Analog zur Entwicklung der Fahrradproduktion hat sich eine Industrie entwickelt, die für die Aneignung der Natur die verschiedensten Sportgeräte in unerdenklichen Varianten bereitstellt. Die Wellen des Meeres werden zur Herausforderung für "Surfer"; der über Meer und See wehende Wind wird vom "Windsurfer" in ein rasendes Gleiten über die Wasseroberfläche umgesetzt. Deltasegler und Segelflugzeug erfüllen den ewige Traum, sich die Welt aus schwindliger Höhe anzueignen. Der Ballonflieger schaut, vom Wind lautlos vorwärtsgetrieben, wie von einem unendlich hohen Turm auf den Boden hinab, dem er im Alltag nicht entkommt. Mit Skis an den Füssen, erlebt der Skifahrer die sauber weisse Berglandschaft in kurvend tanzenden Bewegungen (Slalomski), in rasend gleitender Fahrt (Abfahrtski) oder in springenden und balletthaft kurvenden Körpergewegungen (Akrobatikski). Die Möglichkeiten, die Luft, Wind, Wasser und Boden in der Gestalt verschneiter Abhänge, sandigen Hügel, der steiniger und felsiger Berglandschaft der geteerter Strassen usw. bieten, sind unbegrenzt.

Diese Entwicklung der Produkte zu Erlebniseinheiten, mit denen ein individueller Erlebniskontext zusammengestellt wird, ist in Abhängigkeit von der technologischen Entwicklung weitgehend parallel zur oben beschriebenen Entwicklung der Massenkommunikation verlaufen. Diese Parallelität hat wesentlich zur vermuteten Aufwertung der konnotativen Bedeutung beigetragen: Je mehr eine durch ein Produkt vermittelte Körpererfahrung vom Produkt bestimmt und kontrolliert wird, desto weniger gerät die konnotative Mitteilung der Werbung in Konflikt mit der Alltagserfahrung. Je klarer die mit dem Produkt einhergehende Erfahrung vom Produkt selbst definiert ist, desto einfacher ist es für den Werbeproduzenten, einen bestimmten Erlebnisgehalt zu konstruieren. Je mehr sich das Produkterlebnis von einem unkontrollierbaren Erlebnis löst, umso besser lässt sich - gerade wenn sich der Kontakt mit dem Produkt wie beim Computer auf eine Finger-Augen Beziehung reduziert - das Erlebnis optisch-akustisch gestalten. Umgekehrt erleichtert die spezifische Produktbenützung dem Werbenden auch zu demonstrieren, wie ein Produkt benützt werden sollte, um mit ihm das vorgespielte Erlebnis zu vollziehen.

Die technologische Entwicklung spielt schliesslich speziell für die Darstellung der Gebrauchsprodukte eine nicht zu überschätzende Rolle. Je weniger das Produkt an dessen Wirkungsweise begreifbar ist und je wichtiger die visuelle Kontrolle für die Bedienung des Produkts wird, desto freier wird die Erzeugung einer bestimmten Produktwahrnehmung durch dessen Gestaltung und dessen audiovisuelle Darstellung in der Werbung. Die Produktgestaltung, die im Falle der mechanischen Produkte weitgehend dem Funktionalismus untergeordnet war, erlangt durch die Elektronisierung einen bis anhin unbekannten Freiraum. Lannoch schreibt, dass mit dem Aufkommen mikroelektronischer Produkte das Produktevolumen entscheidend an Bedeutung eingebüsst hat. " Size and shape is primarily determined by the way and context in which the user interacts with these products. The contact takes place only on the product's surface and the only function of the product's volume is to present this surface" (Lannoch 1984, 22). Die Oberflächengestaltung soll dem Konsumenten helfen, die Funktionsweise des Produkts zu verstehen. Gleichzeitig soll dem Produkt oder der Umgebung durch die Gestaltung ein Erlebnischarakter verliehen werden, der über dessen unmittelbare Funktion hinausgeht. Indem die Technologie die Anforderungen an die Form minimiert, kann das Design die Form auf praktischem und emotionalem Ausdruck ausrichten (vgl. McCoy 1984, 16).

Das Produkt, das sich in seinem Erlebnischarakter von der zu erfüllenden Funktion gelöst hat, wird als gestaltbares Zeichen verfügbar. Der Produktdesigner wird zum Lieferanten von Erscheinungen, mit denen der Konsument seine Freizeit- oder Arbeitsumgebung zusammenstellt (ebd., 19). Die Werbung vermittelt dem Konsumenten Muster, die ihm zeigen, in welchem Kontext das Produkt eine bestimmte Erfahrung produzieren hilft.

4. WERTVERAENDERUNG DES PRODUKTS

Erst im Verlaufe des neunzehnten Jahrhunderts hat der Konsument allmählich gelernt, was heute jeder Konsument weiss: Der Wert jedes einmal erworbenen Produkts ändert mit der Zeit (Moles 1987, 12). Die meisten Produkte unterliegen einem typischen Wertänderungsprozess, der die Erwartung des Konsumenten schon beim Erwerb des Produkts prägt. Dies trifft für verderbliche Lebensmittel zu, deren Verbrauch speziell auf die zu erwartende Haltbarkeit ausgerichtet werden muss, ebenso wie für Güter, die mit der Erwartung einer künftigen Wertsteigerung verbunden werden. In diesem Kapitel geht es uns darum, aufzuzeigen wie verschiedene Arten der Wertänderung vom Konsumenten wahrgenommen werden und welche Bedeutung die Wertänderung für den Konsumenten hat.

Jede Wertänderung wird vom Konsumenten als zeitliche Erscheinung wahrgenommen, weshalb sie eine wesentliche Rolle für die mit dem Konsum einhergehende Zeitkonstitution spielt. Die wichtigste Unterscheidung unter dem Aspekt der Zeitkonstitution folgt aus der Einbettung der Wertänderung in die individuelle respektive in die soziale Zeit. Diese Unterscheidung legen wir der Gliederung des Kapitels zugrunde. Vorläufig begnügen wir uns damit, die Differenzierung damit zu charakterisieren, dass die Wertänderung in einem Fall auf die eigene Aktivität zurückzuführen ist, während sie im andern Fall nur in einem gesellschaftlichen Kontext wahrnehmbar ist. Bei den Produkten der einen Kategorie kann der Wertverlust auf die eigene Einwirkung bezogen werden; im Falle der technischen oder modischen Veralterung ist er nur im Bezug auf einen gesellschaftlichen Kontext wahrnehmbar. In gewissem Sinn eine Zwischenstellung nehmen Produkte ein, deren Wertverlust zwar durch den individuellen Gebrauch verursacht wird, deren Entwertung aber durch gesellschaftliche Normen oder Vorschriften bestimmt wird.

4.1 Wertänderung und die Einwirkung des Konsumenten auf das Produkt

Unter diesem Abschnitt wollen wir die Wertänderung von Produkten darstellen, die vom Konsumenten als Folge seiner Benützung erlebt wird. So lassen sich verschiedene Produktkategorien auseinanderhalten:

- In der ersten Kategorie erfassen wir die Produkte, die durch die Benützung ihren Zustand unwiederbringlich ändern - das in die Aktivität einbezogene Produkt büsst kontinuierlich oder diskret von seiner ursprünglichen Substanz ein und der Konsument kann die Substanzeinbusse unmittelbar auf seine verbrauchende Aktivität zurückführen.

- Einen speziellen Fall dieser Produktekategorie bilden Produkte, deren Benützung nicht mit einem wahrnehmbaren Substanzverlust einhergeht. Sie scheinen dem Benützer ewig haltbar zu sein. Die Benützung der Produkte scheint keinen Einfluss auf ihren Wert zu haben.

- In einer dritten Kategorie erfassen wir Produkte, deren Substanz bei der Benützung zwar nicht unwiederbringlich ändert, deren Erscheinung infolge des Gebrauchs aber so beeinflusst wird, dass sie aufgrund gesellschaftlicher Normen als verbraucht erachtet werden.

4.1.1 Salami - unwiederbringlicher Genuss

Der Verbrauch eines Salami wird wahrgenommen am Abschneiden einer Scheibe des vorliegenden Stücks, am Schälen und schliesslich am Essen der vorbereiteten Scheibe. Bei diesem Vorgang erlebt der Konsument eine Reduktion im Umfang der abgetrennten Scheibe. Der Wert des Salami besteht in der Wiederholbarkeit dieses Aktes. Der Verbrauch wird an der nicht rückgängig zu machenden Reduktion festgestellt. In jedem Akt realisiert der Konsument ein Stück des Werts. Zu jedem Zeitpunkt wird der Wert als Retention der bereits aufgeführten Akte und als Protention der in Zukunft noch ausführbaren Akte erfahren.

Der aktuell ausgeführte Akt des Abtrennens, Schälens und Essens bildet beim Konsumenten eine "Urimpression" (Husserl 1980, 390), die in der Erinnerung als ausgeführte und in der Erwartung als wiederholbare erlebt wird. Der als unwiederbringliche Wertverminderung erlebte Akt des stückweisen Verzehrs ist in die Impressionen des Alltags eingebettet, die den subjektiven Zeitfluss konstituieren. Der Verbrauch wird als selbst bewirkte Aenderung der Umgebung wahrgenommen, die eine bestimmte Widerholbarkeit vermuten lässt.

Achtet ein Konsument auf sein Körpergewicht - was ihn dazu veranlassen mag, nur jeden zweiten Tag eine abgewogene Menge Salami zu essen -, übersetzt er die visuell wahrgenommene Substanz durch die von der Waage gegebene Zahl in ein gesellschaftlich eingerichtetes objektives Masssystem. Ebenso bettet er seinen Konsum bewusst in die soziale Zeit ein, wodurch er das vom Akt des Konsums geprägte subjektive Zeiterlebnis in Ueberschneidung mit der "sozialen Zeit" und der "Weltzeit" bringt (Schütz/ Luckmann 1979, Bd. 1, 75). Der Konsument kann in diesem speziellen Fall feststellen, wie lange sein Salamikonsum in der "sozialen Zeit" andauern wird. Durch den geplanten Verbrauch wird die soziale Zeit adaptiert. Der Salami selbst ist nicht ein "Zeitobjekt" (Husserl 1980, 384ff), das an sich eine Konstitution in der Zeit vorgibt. Der einzelne Akt, der als Verbrauch verstanden wird, ist ein sich in der Zeit konstituierendes Phänomen, der Verbrauch des ganzen Salami, d.h. die Aneinanderreihung der Konsum-Akte gibt sich jedoch nicht selbst zeitlich vor, sondern wird so erlebt, wie diese in den Ablauf des Alltags eingebettet werden.

Mit dem Beispiel von Hautcreme soll dem obigen Beispiel eine Variante entgegengestellt werden, die sich durch den visuell schwerlich feststellbaren Verbrauch auszeichnet. Der Verbrauch wird zwar am Entnehmen von Creme aus der entsprechenden Dose und am Einreiben in die Haut erfahren. Die damit einhergehende Wirkung auf die Zeitkonstitution ist aber viel vager als im vorangehenden Beispiel. Die Begrenztheit der Repetierbarkeit des Aktes ist beim Verbrauch nur undeutlich präsent, da beim jeweiligen Entnehmen von Creme kaum ein Unterschied von "Vorher" und "Nachher" wahrgenommen wird. Der Substanzverlust und damit die Begrenztheit der Repetierbarkeit wird oft erst bemerkt, wenn bereits der Boden der Dose sichtbar wird. Erst in diesem Moment artikuliert sich eine zeitliche Komponente in der Wahrnehmung des Verbrauchs, als "schon wieder eine Dose verbraucht" oder auch "diese hat aber lange hingehalten" etc.

Die von Haug beschriebenen Cremedosen mit doppeltem (hohlem) Boden (Haug 1971, 49) beeinflussen die Wahrnehmbarkeit des Verbrauchs in genau der Weise, dass durch den Trug der visuellen Wahrnehmung die Restmenge bis kurz vor dem Aufbrauchen - vermutlich bis zum überraschenden Erreichen des Bodens - nicht mit der Erwartung der Wiederholbarkeit des Verbrauchsaktes gesetzt wird. Die Begrenztheit der Menge wird, da die Restmenge falsch eingeschätzt wird, lange nicht bemerkt. In dem von Haug beschriebenen Fall soll der Konsument vermutlich davon abgehalten werden, sparsam mit der verfügbaren Menge umzugehen. Dasselbe Phänomen, das vom Konsumenten allerdings nicht als unfairer Verkaufstrik verurteilt wird, ist bei den Plastiktuben auszumachen, die der einfacheren Entnahme wegen nach Verwendung jeweils auf den Kopf gestellt werden. Diese haben zwar keinen absichtlich eingebauten Leerraum, sie geben aber bei der Entnahme bis kurz vor dem endgültigen Aufbrauchen nicht zu erkennen, dass der Verbrauchsakt nicht unbegrenzt wiederholt werden kann. Zu vermuten ist, dass auch diese Tuben verbrauchsfördernd wirken sollen.

4.1.2 Qualitätspfanne - die Investition für's Leben

Im Hinblick auf die Wahrnehmung des Verbrauchs lassen sich Produkte ausgrenzen, deren Gebrauch nicht als wertmindernd erfahren wird. Zwar ist im vornherein zu betonen, dass die hier als "Qualitätsprodukte" definierten Güter nicht eine Kategorie bilden, die den umgangssprachlich so benannten Produkte entspricht. Die spezielle Stellung der "Qualitätsprodukte" ergibt sich, wie die Beispiel von stählerner Wasserpfanne oder Dampfkochtopf zeigen, daraus, dass im Normalfall vom Konsumenten der Gebrauch nicht mit einem Wertverlust verbunden wird. Während sich beim neu erworbenen Produkt anfänglich noch Spuren des Verbrauchs in Form von

Kratzern, die beim Reinigen entstehen, werden keine Veränderungen mehr festgestellt, sobald die Oberfläche der Pfanne einmal in gewissem Mass zerkratzt ist. Das Aussehen der Pfanne hat bald einen Stand erreicht, der die Einwirkung einer erneuten Benützung nicht mehr erkennen lässt. Der Konsument nimmt im gegenwärtigen Zustand eine unbeschränkte Wiederverwendbarkeit der Pfanne an.

In vielen Fällen verweist ein derartiges Produkt auf eine Zeit, die die subjektive Zeit transzendiert. Der Konsument gelangt möglicherweise in den Besitz einer gusseisernen Pfanne, die- wie er erfährt - schon vor seiner Geburt von seiner Grossmutter benützt wurde. Damit wird auf einen Punkt in der sozialen Zeit verwiesen, der vor der Zeit liegt, die er mit eigenen Erinnerung verknüpft. Diese Erfahrung stützt die im eigenen Gebrauch erworbene Erwartung, dass das Produkt unbegrenzt gebraucht werden kann. Das Qualitätsprodukt wird als vermeintlich ewig dauerndes Produkt erlebt, das auch die eigene Zeit überdauern wird. Einmal dem eigenen Besitz zugeteilt, bildet es einen unveränderlichen Bestandteil im Leben des Konsumenten.

Bilden wir die Kategorie der Qualitätsprodukte mit dem Kriterium, dass der Gebrauch der entsprechenden Produkte den Konsumenten tatsächlich nicht auf einen Wertverlust hinweist, können weitere Beispiele nur unter Vorbehalt genannt werden. Heimwerker-Werkzeuge, andere Küchengeräte, Musikinstrumente die aufgrund der alltagssprachlichen Begriffsverwendung genannt werden könnten, weisen deutlich auf eine notwendige Relativierung des Begriffs hin. Bei all diesen Produkten ist mit gewissen Verschleisserscheinungen zu rechnen: Als Folge der Korrosion einer Schraube löst sich bei der Pfanne der Griff, beim Hammer beginnt der ausgetrocknete Holzstiel zu wackeln, der Stechbeutel wird durch den regelmässigen Gebrauch stumpf, infolge der häufigen Benützung werden beim Musikinstrument die Federn von Tasten oder Klappen lahm. Die sporadisch oder auch kontinuierlich auftretenden Verschleisserscheinungen werden möglicherweise erst im Vergleich mit einem fabrikneuen Produkt festgestellt.

Den Charakter als Qualitätsprodukte erhalten sie demnach nicht durch eine tatsächliche Verschleisslosigkeit. Charakteristisch ist, dass der Verschleiss bei der Benützung nicht in die Wahrnehmung eingeht, und dass der Verschleiss im Verhältnis zum Produkt nur als partielle Beeinträchtigung beurteilt wird. Dabei verstehen wir unter partiellem Verschleiss, dass dieser klar lokalisiert und einem bestimmten Charakteristikum - wie etwa der Schraube des Pfannenstils oder dem Hammerstil - zugeordnet werden kann, das Produkt ansonsten aber unbeeinträchtigt erscheint. Der vom Defekt überraschte Benützer wird feststellen, dass er das Produkt lange gebraucht hat, ohne eine Abnützung wahrzunehmen. Er wird folglich erwarten, dass er es nach Beheben des Defekts wieder auf unbestimmte Zeit wird verwenden können.

Die Gegenüberstellung der Abnützungserscheinungen von Wanderschuhen und leichten Sommerschuhen verdeutlicht dies. Stellt der Benützer der Wanderschuhe bei der Reinigung plötzlich fest, dass die Absätze abgelaufen sind, erachtet er nicht die Schuhe als abgenützt; abgenützt sind lediglich die Absätze, deren Ersatz die Schuhe wieder auf unbestimmte Zeit weiter einsatzfähig macht. Wird bei den Sommerschuhen an abgelaufener Sohle, Absatz und eventuell brüchigem Oberleder eine Abnützung festgestellt, gelten bald einmal die Schuhe insgesamt als verbraucht. Ganz ähnlich beurteilt der Konsument den abgelaufenen Autoreifen. Stellt er im Herbst bei der Montage der Winterpneus fest, dass die Sommerpneus einseitig oder auf der ganzen Fläche abgelaufen sind, ist der Pneu (als solcher) entwertet. Er zieht normalerweise nicht in Betracht, dass der Reifen an sich (der innere Aufbau) noch völlig unbeeinträchtigt ist und lediglich das Gummiprofil auf der Lauffläche flachgefahren ist.

Mit dem Autoreifen haben wir ein zweites Beispiel für eine Kategorie von Produkten erwähnt, die als verbraucht gelten, wenn ihre Erscheinung als Folge der Benützung verändert ist. Da der

Standard, an dem die Veränderung der Erscheinung beurteilt wird, gesellschaftlich durch Vorschriften (Autoreifen) oder Normen (Schuhe) vorgegeben wird, der Verbrauch aber auf die eigene Einwirkung des Konsumenten auf das Produkt zurückgeführt wird, handelt es sich bei dieser Kategorie um einen Grenzfall der Wertänderung, die durch gesellschaftliche und individuelle Einflüsse zustande kommt.

4.1.3 Kleenex und Autoreifen; die gesellschaftliche Definition von Verbrauch

Am Beispiel "Autoreifen" soll hier der Einfluss gesellschaftlicher Institutionen auf die individuelle Beurteilung des Verbrauchs oder die Entwertung von Produkten dargestellt werden. Durch die Benützung der Autoreifen, d.h. durch das Fahren des Automobils, wird das Gummiprofil auf der Lauffläche des Reifens abgerieben. Die kontinuierliche Abnützung wird normalerweise beim Fahren, d.h. während des Verbrauchs, nicht wahrgenommen. Nur im Fall einer extremen Bremsung, bei der die Reifen durch die Blokkierung der Räder an einer Stelle extrem beansprucht werden, kann eine beim Fahren spürbare Unebenheit verursacht werden. In diesem speziellen Fall wird die Abnützung vom Automobilisten mit dem einprägsamen Ereignis in Verbindung gebracht. Die "normale" kontinuierliche Abnützung kann vom Fahrer festgestellt werden, wenn sich das Automobil bei heftigem Regen plötzlich nicht mehr wie gewohnt steuern lässt. Bringt der Autofahrer diese Schwierigkeit mit der Abnützung des Reifenprofils in Zusammenhang, wird er beim weiteren Fahren mit einer zunehmenden Verschlechterung der Fahreigenschaften rechnen.

Für die meisten Autoreifen-Konsumenten ist dies allerdings eine Ausnahmesituation. Normalerweise nehmen sie die Abnützung der Reifen erst durch die fachmännisch vorgebrachte Empfehlung ihres Garagisten zur Kenntnis, die abgelaufenen Reifen gelegentlich auszuwechseln. Den Verschleiss der Autoreifen bringen sie in diesem Fall nicht mit einer Erfahrung beim Autofahren, sondern mit dem Hinweis des Garagisten auf das Gefahrenpotential abgelaufener Reifen, oder mit der gesetzlichen Bestimmung zur Profilhöhe in Beziehung. Glaubt der Automobilist dem Garagisten, wird er, obwohl er den Verbrauch selbst nicht wahrgenommen hat, die Reifen als tatsächlich verbraucht beurteilen, d.h. ihrem Zweck nicht mehr entsprechend. Zweifelt er hingegen an der fachlichen Kompetenz des Garagisten oder erachtet er die gesetzliche Bestimmung als völlig übertrieben (was er damit begründet, dass der Automobilist unabhängig von der Höhe des Profils seinen Fahrstil sowieso den Strassenverhältnissen und seinen eigenen Fähigkeiten anzupassen hat), betrachtet er seine völlig gleichmässig abgelaufen Reifen, die noch "wie neu" aussehen, keineswegs als verbraucht. Den Verbrauch misst er einzig an der gesetzlich vorgegebene Limite. Subjektiv erachtet er die Reifen längst nicht als verbraucht. Sein Verhalten ordnet er dem Gesetz einzig unter, um der gesetzlich vorgesehenen Strafe zu entgehen.

Während die Produkte, für die der Verbrauch gesetzlich geregelt ist, abgesehen vom Automobil, relativ selten sind, gibt es unzählige Produkte, für die unausgesprochene Normen definieren, was als verbraucht gilt.

Mit dem Papiertaschentuch schneuzt sich der Konsument die Nase oder wischt sich damit den Schweiss ab. Dadurch wird das Papiertaschentuch nicht aufgebraucht und auch nicht in einer Weise beeinträchtigt, die eine wiederholte Benützung verunmöglichen würden. Das Taschentuch büsst nach dem Urteil des Konsumenten bei der Benützung nicht die Substanz, sondern seine Qualität ein. Das Papiertaschentuch wird dadurch entwertet, dass es in Kontakt mit dem Schleim der Nase oder dem Schweiss des Körpers kommt. Dementsprechend wird die Entwertung direkt mit der Benützung verbunden, die Beurteilung der Entwertung ist hingegen individuell verschieden und vom sozialen Kontext abhängig, der für den einzelnen Konsumenten relevant ist. Während der eine Konsumenten ein Papiertaschentuch als verbraucht erachtet, sobald er sich damit einmal den Schweiss von der Stirn gewischt hat, wird es der andere solange benützen, bis es in seinem Hosensack in Stücke zerfällt. Obwohl in beiden Fällen gesellschaftliche Normen darüber befinden, wie oft ein Papiertaschentuch verwendet werden darf, betrachten es beide Konsumenten in dem Moment als verbraucht, wenn sie es beseitigen.

Während die Verbrauchsvorstellung beim Papiertaschentuch, wie bei anderen Produkten, die mit dem Körper in Kontakt gebracht werden, von hygienischen Normen kontrolliert werden, haben wir mit den Sommerschuhen ein Beispiel angesprochen, deren Verbrauch durch ästhetische Normen gemessen wird. Während der eine Konsument die Sommerschuhe solange trägt, bis die Sohle durchgelaufen, die Absätze schräg und das Oberleder angerissen ist, trägt sie ein anderer nur so lange, bis sich die ersten Falten deutlich sehen lassen oder das Leder etwas abgemattet ist. Beide sind aber schliesslich der Ansicht, die Schuhe verbraucht zu haben.

In welcher Weise der soziale Kontext für das Urteil des einzelnen Konsumenten relevant ist, soll an dieser Stelle nicht mehr erörtert werden. Wir haben dies mit der Darstellung der am Konsum beteiligten Akteure bereits getan. Hier begnügen wir uns mit dem Hinweis, dass der Massstab an dem sich des "Verbrauchtsein" misst, in der Logik der Eindrucksmanipulation begründet ist. Berücksichtigen wir den Einfluss der Massenmedien auf unseren sozial relevanten Kontext, überrascht es wenig, dass viele Konsumenten Socken, Unterwäsche, Bettzeug usw. als verbraucht erachten, wenn diese an irgendeiner Stelle durchgescheuert sind. Flickstellen werden unter den gegenwärtigen Voraussetzungen des Wohlstandes als unmissverständliches Zeichen von Armut oder Sparsamkeit interpretiert.

Zusammenfassend können wir festhalten, dass der Konsument den Verbrauch der erwähnten Produkte direkt auf seine Verwendung der Produkte zurückgeführt werden kann. Er nimmt die Spuren der Benützung am Produkt wahr, beurteilt aber nach einem sozial konstruierten Massstab, wann ein Produkt als verbraucht gilt. Während in einigen Fällen (bspw. WC-Papier) ein weitgehender Konsens über die Entwertung des Produktes besteht, differiert das Urteil in anderen Fällen (Sommerschuhe) stark mit dem sozialen Kontext, der für den Konsumenten relevant ist. Mit dem Beispiel des Autoreifens haben wir schliesslich ein Produkt erwähnt, für das eine Gesellschaft gesetzlich festlegt, wann es als verbraucht gilt. Die unterschiedlichen Reaktionsmöglichkeiten der Konsumenten haben in diesem Fall gezeigt, dass der gesetzliche Massstab nicht von allen Konsumenten auch zum eigenen gemacht wird.

4.2 Wertveränderung als Folge der gesellschaftlichen Definition von Aktualität

Im Abschnitt 4.1 sind wir der Frage nachgegangen, wie der Konsument die Wertveränderung eines Produkts als Folge seiner Einwirkung wahrnehmen kann. Im folgenden Abschnitt soll erläutert werden, wie der Wertverlust, der durch die "gesellschaftliche Veralterung" des Produkts eintritt, vom Konsumenten festgestellt wird. Im Gegensatz zur Entwertung infolge von Gebrauch und Abnützung, ist die Entwertung durch Veralterung nicht auf eine Beeinträchtigung durch "Gebrauch" zurückzuführen. Die Entwertung durch gesellschaftlich bestimmte Veralterung wird im Wandel der Struktur erzeugt, in der das Produkt benützt wird. In verschiedenen Kontexten des Konsums lassen sich unterschiedliche Systeme der Veralterung mit spezifischer Geschwindigkeit und Regelmässigkeit ausmachen. Die folgenden Beispiele sollen zeigen, wie die gesellschaftlich definierte Veralterung vom einzelnen Konsumenten erfahren wird und welche Bedeutung für die Selbsterfahrung seine Relation zum gesellschaftlichen Wandel hat.

Mit der Tageszeitung und der Kleidermode sprechen wir zwei Beispiele gesellschaftlicher Veralterung an, für deren Erfahrung massgebend die direkte Interaktion der Konsumenten verantwortlich ist. Am Beispiel der Spiegelreflexkamera soll der Einfluss der

Werbung erläutert werden. Abschliessend wollen wir am Beispiel der Antiquitäten einen Bereich des Konsums darstellen, in dem die Logik der Entwertung durch gesellschaftliche Veralterung umgekehrt wird und der anscheinend eine Enklave in der Entwertung der Produkte bildet.

4.2.1 Zeitung - die gesellschaftliche Definition von Gegenwart

Tages-Zeitungen erscheinen jeden Tag neu. Sie berichten - sehen wir einmal von den Hintergrundanalysen ab - vom Tagesgeschehen. Die Zeitungen reportieren das, was in ihrer Sicht die charakterisitischen Merkmale der Gegenwart sind. Der Zeitungsleser als Empfänger der, auf die Gegenwart hin formulierten Informationen, definiert durch den Bezug der Informationen auf das Erscheinungsdatum der Zeitung, was von einem breiten Publikum als öffentliche Gegenwart, Zukunft und Vergangenheit verstanden wird. Die Zeitungen liefern ihren Lesern den Rohstoff mit dem sie die Gegenwart interpretieren. Sie tragen in den von ihnen erfassten Bereichen wesentlich zur Konstitution eines intersubjektives Gegenwartsverständnis bei.

Dauer und Intensität mit der die Zeitung von einem Ereignis berichten, bestimmen weitgehend, wie lange dieses öffentliche Bedeutung hat und welcher Stellenwert ihm beigemessen wird. Ein Flugzeugsabsturz wird, wo immer er auf der Welt geschehen ist, dadurch zum Bestandteil der Gegenwart, dass die Zeitungen davon berichten. Fand das Flugzeugunglück im Inland statt, werden die Zeitungen dem Geschehen während mehrerer Tage Beachtung schenken. Bald schon wird es durch neue Meldungen aus der Zeitungsgegenwart verdrängt. Die Zeitungen können ein Ereignis, wie bspw. einen Börsenkrach, von dem viele Menschen im Alltag direkt betroffen sind, aber auch über Monate hinweg zu einem Gegenwartsproblem machen, indem sie an die Tage nach dem Krach erinnern, oder beschreiben, welche Konsequenzen in der Zukunft zu erwarten sind.

Da die Zeitungen täglich neu definieren, mit welcher Gegenwart ihre Leser konfrontiert werden, und die Zeitungsinformationen, in den meisten Fällen nur in der Interaktion mit andern Konsumenten einen Wert haben, verlieren die Informationen, sobald sie sich nicht mehr auf die gesellschaftliche Zeitungsgegenwart beziehen, ihren Wert für den Leser. Der Zeitungsleser bezieht im allgemeinen Informationen, die in einem für ihn relevanten gesellschaftlichen Kontext potentiell aktualisiert werden können. Er liest aus der angebotenen, öffentlichen Gegenwartsperspektive täglich einen bestimmten Ausschnitt aus. Das am Kopf jeder Seite abgedruckte Datum bestätigt ihm, dass er auch wirklich die mit der Zeitungsleser-Gemeinschaft geteilte Realität aufnimmt.

Eine Relativierung des Wertverlustes tritt bspw. ein, wenn sich jemand die Zeitung während den Ferien oder bei anderer Gelegenheit ins Ausland nachschicken lässt. In dieser speziellen Situation verlieren viele Informationen ihren Wert trotz dem Verzug ihres Eintreffens nicht, da der für die Zeitungsnachrichten relevante Kontext nicht mehr derselbe ist. Der Leser wird, um seinen gewohnten Informationszusammenhang aufrecht zu erhalten, seine Aufmerksamkeit im Ausland vor allem auf die Informationen richten, die ihm die Kontinuität seiner gewohnten Zeitungsgegenwart gewähren. Seine gegenüber dem sozialen Datum verschobenen Zeitungsgegenwart kann während dem Auslandaufenthalt kaum aktualisiert werden; sie erhält ihre Bedeutung erst nach der Rückkehr in den gewohnten Alltag.

Aus diesen Ueberlegungen geht hervor, dass die Wertänderung einer Zeitung in der Wahrnehmung des Konsumenten weitgehend vom sozialen Kontext bestimmt wird, in dem ihr Wert aktualisiert wird. Da die Leser das Gegenwartsverständnis nach dem Kalenderdatum ausrichten, repräsentiert eine Zeitung mit älterem Datum keine intersubjektive Aktualität mehr und verliert ihren Wert.

4.2.2 Mode - Institutionalisierte Variation in der Selbstpräsentation

Mit dem Beispiel der Mode sprechen wir das am weitesten verbreitete System an, das die besessenen Produkte unabhängig von deren Benützung durch die regelmässige Aenderung der neu erscheinenden Produkte entwertet. Kaiser definiert Mode in einem weiten Sinn als eine Form kollektiven Verhaltens, das zu einer bestimmten Zeit gesellschaftlich anerkannt ist und von dem erwartet wird, dass es sich ändert. Moden im Bekleidungsstil sind definitionsgemäss gesellschaftlich akzeptiert und werden von vielen Gesellschaftsmitgliedern zu einer bestimmten Zeit getragen (Kaiser 1985, 8). Im Sinne Barthes (Barthes 1985) ist Mode als System distinktiver Merkmalen zu bezeichnen, die den Wechsel der Erscheinung der Kleider als Mode zu erkennen geben. Beziehen wir uns im Folgenden auf die Kleidermode, kann vorausgeschickt werden, dass die modischen Kleider genau wie die Zeitungen ihren Wert daraus schöpfen, dass sie von den modebewussten Konsumenten gleichzeitig als zeitgemäss erachtet werden. Bevor wir allerdings die Mode am Beispiel der Kleider darstellen, sei darauf verwiesen, dass sich das Phänomen analog auf immer weitere Bereiche der Konsumgüterproduktion ausweitet und die modischen Accessoires, Schuhe, Sportbekleidung und -ausrüstung (Turnschuhe, Wanderschuhe, Skis, Fahrräder, etc.) erreicht hat.

Die traditionelle Kleidermode im Sinne der Haute Couture ist ein institutionalisiertes System, das örtlich definierte Zentren hat und mit den Namen bestimmter Modeschöpfer verbunden werden kann (Black/Garland 1980, 201ff). Zudem folgt die Kommunikation der modisch distinktiven Merkmale ganz bestimmten Kanälen wie Modeschauen, Modezeitschriften, Tageszeitungen und manifestiert sich schliesslich in Schaufenstern. Die in der Haute Couture realisierte Mode wird nicht nur durch die Präsentation von Kleidungsstücken- und Kombinationen implizit vermittelt, sondern zusätzlich verbal expliziert. Gehen wir von der Mode als System variabler und distinktiver Erscheinungsmerkmale der Bekleidung aus, weist die Haute Couture einen sehr hohen Grad variabler Merkmale auf. Dementsprechend gross ist die Diskontinuität der Erscheinung zweier aufeinander folgender Mode-Saisons.

Damit eine von der Haute Couture präsentierte Mode von der Modeindustrie in die Massenproduktion aufgenommen wird, muss deren Akzeptanz zuvor genügend gesichert sein. Nicht alle Haute Couture Moden werden in Konfektionsmode umgesetzt. Einige verlieren sich, insbesondere wenn sie zu stark vom gewohnten Muster der Bekleidung abweichen, zuvor (Horn 1981, 178f). Die dem Beispiel der Haute Couture folgende Massenkonfektion, übernimmt von ihrem Vorbild nur einzelne Merkmale, die der neuen Kollektion aufgrund der Aenderungen gegenüber der vorangehenden ein systematisch neues Gepräge verleiht. Die Beschränkung der Variation distinktiver Merkmale gewährt der Erscheinung der Kleider eine gewisse Kontinuität, die für eine massenhafte Akzeptanz der Mode unerlässlich ist. Fragen wir im Interesse an der Wertänderung der Produkte nach der Wahrnehmung der Entwertung durch die Mode, müssen wir zwischen verschiedenen Konsumenten unterscheiden.

Extrem modebewusste Konsumenten, die sich nach Erscheinen der jeweils neuen Kollektion ganz mit neuen Kleidern eindecken und zumindest in der Oeffentlichkeit nur noch die der aktuellsten Mode entsprechenden Kleider anziehen, wechseln ihr Erscheinungsbild im Zyklus der Mode. Diese bietet ihnen ein gesellschaftlich akzeptiertes System, das ein freies Spiel mit der eigenen Erscheinung erlaubt (Dichter 1985, 30). Immer wieder können sie etwas Neues ausprobieren, ohne dabei Gefahr zu laufen, den als normal verstandenen Rahmen zu verlassen, da die Mode selbst den Rahmen liefert, innerhalb dessen das Spiel mit der Selbstpräsentation als normal erachtet wird (Back 1985, 4). Die Mode bildet ein System überwachter Freiheit (Barthes 1985, 167ff). Barthes begründet dies damit, dass in der Mode wie in jedem andern sinnhaften System, Sinn nur zustande kommt, wenn der Variantenreichtum des Systems begrenzt wird. Ohne Begrenzung der Freiheit entsteht kein Sinn und mithin kann die Aenderung in der Bekleidung nicht als systematisch verstanden werden. "Je tiefer man in eine semantische Struktur eindringt, desto deutlicher sieht man, dass es die Zwänge sind und nicht die Freiheiten, von denen aus sich diese Struktur definieren lässt" (ebd., S. 167).

Indem der modebewusste Konsument seine Kleider mit der Mode dauernd wechselt, verhindert er deren Altern im traditionellen Sinn der Abnützung. Gleichzeitig begrenzt er die Internalisierung der Kleider und lässt die mit ihnen verbundenen Erlebnisse mit ihrer Beseitigung hinter sich zurück. Im Gegensatz zur Wahrnehmung von Kleidern, die beim Tragen allmählich abgenützt werden, kann der Konsument, der seine Kleider mit der Mode auswechselt deren Vergänglichkeit in seiner Zeit nicht feststellen. Die Prägung des subjektiven Zeitbewusstseins durch das Tragen modischer Kleidung, ist nicht mit der Erwartung einer endgültigen Abnützung eines Kleidungsstücks befrachtet. Das Zeitbewusstsein, das die modische Kleidung begleitet, ist geprägt von der Erfahrung des Wechsels. In der Weise wie der Konsument seine Aufmerksamkeit auf den Wechsel richtet, reduziert er die Konfrontation mit der Vergänglichkeit seiner subjektiven Zeit. Seine Erwartung basiert auf der Erfahrung, dass die Mode ihm jedes Jahr einen neuen Rahmen bietet, mit dem er den alten hinter sich lassen kann. Die Adaptierung des gesellschaftlich sanktionierten Wechsels beschränkt die Wahrnehmung der Vergänglichkeit seiner subjektiven Zeit. Die Mode institutionalisiert - dem Wechsel der Jahreszeiten gleich - einen zeitlichen Ablauf ohne Ausdruck von Vergänglichkeit: "We strip off the old dress and with it all that is old, tired, dead. We feel renewed, at least on the outside. [...] Old dresses make you old. Fashion is one of the oldest fountains of youth." (Dichter 1985, 30).

Aufgrund der massenhaften Verbreitung der Mode begegnet der Konsument einem allgemeinen Wandel der Bekleidung, dem er zumindest unter urbanen Verhältnissen kaum ausweichen kann. Die in den Schaufenstern ausgestellte und in Werbeprospekten abgebildete

Bekleidung ändert ihre Erscheinung rhythmisch mit der Modesaison. Die von den Konsumenten getragene Bekleidung passt sich insgesamt allmählich der aktuellen Modeströmung an. Während die von einer Saison zur andern variierenden Merkmale als modische Varianten erkannt werden, ist die einem Trend gleichende, kontinuierliche Bewegung ein unbewusst wahrgenommener Ausdruck der Gegenwart. Diese Trends prägen allgemein das Verständnis dessen, was als zeitgemässe Erscheinung aufgefasst wird.

Wie mit dem Beispiel "Benetton" ersichtlich wird, richten einzelne Modeproduzenten ihre Kollektion darauf aus, Konstanz innerhalb der grundlegenden Aenderung zu gewähren. Den modischen Kleiderkollektionen entsprechend, erneuert Benetton das ganze Angebot im Rhythmus der Mode. Mit ihrer Kollektion folgt Benetton jedoch nur sehr begrenzt den prägenden Merkmalen der jeweiligen Mode. Indem sie lediglich mit einzelnen, im längerfristigen Trend liegenden Merkmalen spielt, gewährleistet die Unternehmung, dass ihre Produkte nicht eindeutig einer Modeerscheinung zugeordnet werden können. Mit den saisonalen Aenderungen - insbesondere in der Farbe - erlaubt sie dem Konsumenten, jederzeit neue Kleider zu erwerben, ohne dadurch in auffallender Weise mit seinem Aussehen zu spielen. Der Benetton-Kunde hat die Möglichkeit, immer wieder etwas Neues zu kaufen, ohne sich modisch zu geben. Indem er in "klassischer" Weise dem Trend folgt, wird er sich im als "immer der Gleiche" präsentieren. Die Erfahrung des Benetton-Kunden ist von der Erwartung geprägt, dass er seine Kleider jederzeit durch neue ersetzen kann, ohne Gefahr zu laufen, den Charakter seiner Erscheinung durch die Bekleidung zu ändern. Benetton wird für seine Kunden immer wieder etwas Neues bereit haben, das genau deren Erwartungen entspricht, dem Käufer selbst Abwechslung bietet und erst noch zeitgemäss ist.

Dem Erfolgsbeispiel Benetton sind neue Produktkollektionen gefolgt, die dem modischen Trend gehorchend, den Rhythmus der Präsentation neuer Varianten erhöhen. Der Konsument kann dadurch neue Produkte in einer gegenüber der saisonalen Mode noch beschleunigten Abfolge erwerben. Die Möglichkeit vertraute Produkte durch andere zu ersetzen, die sich als Varianten des Bekannten zu erkennen geben, scheint zunächst allerdings nicht eigentlich neu. Kann er nicht schon innerhalb einer Modekollektion unbeschränkt neue Produkte auswählen?

Genau besehen ändert mit dem beschleunigten Rhythmus der Präsentation von Neuerscheinungen die Erfahrung der Möglichkeit, Neues zu erwerben. Produkte, die der Konsument aus einer bestehenden Modekollektion auswählt, ordnet er, wenngleich sie von ihm neu entdeckt werden, dem gegenwärtigen Modezyklus zu, wodurch er sie als gesellschaftlich bereits bekannt identifiziert. Selbst wenn sie für ihn neu sind, weiss er, dass sie von andern als Ausdruck einer bestehenden Mode erkannt werden. Durch die bspw. vom der Bekleidungsindustrie "Esprit", oder von "Swatch" eingeführte Reduktion des Neuerscheinungs-Rhythmus auf zwei Monate, begegnet der Konsument in verkürzten Abständen neuen Modellen, die er auch als gesellschaftlich neu identifiziert. Mit dem Erwerb eines neuen Produktes kann er für kurze Zeit aus der bekannten Erscheinung auszubrechen und die gesellschaftliche Neuheit des erworbenen Produkts geniessen. Er lernt natürlich auch, dass er sich dadurch gleichzeitig die beschleunigte Veralterung des erworbenen Produkts einhandelt. Der Konsument erwirbt ein Produkt, das sich (vergleichbar mit der Zeitung) mit zunehmender Eindeutigkeit einem bestimmten Moment der gesellschaftlichen Zeit zuordnen lässt. Die subjektive Zeiterfahrung wird dabei verstärkt mit der gesellschaftlichen identifiziert.

4.2.3 Die Spiegelreflexkamera: Teilnahme an der modernen Welt der Technik

Mit dem Beispiel der modischen Bekleidung haben wir die Wahrnehmung eines gesellschaftlich bedingten Wertverlustes dargestellt, der in der Selbstdarstellung erlebt wird. In der direkten Begegnung mit andern erfährt der Konsument, wie sich die modische

Erscheinung der Konsumenten insgesamt allmählich ändert. Am Beispiel der Spiegelreflexkamera wollen wir nun danach fragen, wie die Entwertung eines Produkts infolge des technischen Fortschritt wahrgenommen wird, der sich nicht direkt in der Erscheinung des Produkts abbildet. Produkte, diesem Charakteristikum der Veralterung entsprechen sind bspw. Personal-Computer, Stereoanlagen, Taschenrechner etc. genannt werden.

An der Erscheinung der Spiegelreflexkamera fällt auf, dass sie in den groben Zügen durch die Optik (Standard-Filmgrösse und darauf abgestimmte Grösse der Linsen) definiert ist. Die durch die Optik bedingte Gestaltung lassen eine Spiegelreflexkamera unabhängig von der Herstellerfirma unschwer als solche erkennen. Der technische Wandel hat sich in ihrer Erscheinung in den letzten fünfzehn Jahren nur unwesentlich ausgedrückt. Dennoch werden weiterhin neue Kameras verkauft und der Occasionsmarkt, der auf die Wahrnehmung einer Veralterung schliessen lässt, expandiert dauernd. Die Frage, wie der technische Fortschritt wahrgenommen und als Entwertung der älteren Kamera verstanden wird, drängt sich unter diesen Umständen förmlich auf. Zur Klärung der Frage ist in einem ersten Schritt zu untersuchen, wie sich der technische Fortschritt in den Spiegelreflexkameras ausdrückt, um in einem zweiten Schritt zu untersuchen, wie der Konsument die erfolgte Aenderung wahrnimmt und als Entwertung der älteren Kamera interpretiert.

Die wichtigsten Aenderungen während der letzten zehn Jahre gingen in der Entwicklung der Kameratechnik zweifellos von der Indienstnahme der Mikroelektronik aus. Funktionen, wie die Einstellung der Distanz, der Verschlusszeit, der Blende, der Filmempfindlichkeit, die Abstimmung des Blitzlichtes auf Distanz und Verschlusszeit, der Transport des Filmes usw., die noch vor zwanzig Jahren fast ausnahmslos manuell über mechanische Gewinde, Drehknöpfe und Hebel vollführt wurden, hat die Elektronik zunehmend ins Innere der Kamera verlegt. Die Abstimmung der Kamera auf die zu fotografierende Umgebung erfolgt immer mehr automatisch gesteuert durch die Kamera. Sobald der Benützer per Knopfdruck den "Befehl erteilt", stellt sich die Kamera optimal auf die anvisierte Umgebung ein. "(D)as eingebaute TTL-Blitzgerät macht ausgeglichene Tiefenblitz-Fotografie - schwierig selbst für professionelle Fotografen - so einfach wie das Drücken eines Knopfes" schreibt Nikon in einer Werbeanzeige für die neue Kamera 4004. Anstatt der Ajustierung über mechanische Teile, löst der Benützer die automatische Regelung des Fotoapparates durch Betätigung eines Knopfes aus. Dazu wählt er zwischen verschiedenen Programmen und kontrolliert die Steuerung der Funktionen auf einer LCD-Anzeige. Der von der Kameratechnik in Dienst genommene technische Fortschritt gibt sich dem Benützer zunächst optisch zu erkennen durch den Ersatz mechanischer Teile durch die digitalen Knöpfe und LCD-Anzeige. Der Besitzer einer älteren Kamera wird eine neue anhand der Knöpfe und der Funktionsanzeige unschwer als moderner identifizieren können, wenn er sie in die Hand nimmt. Bei genauerem Hinsehen bringt die Kamera die Modernisierung in der Erscheinung subtil zum Ausdruck gebracht.

Mit der Feststellung, dass die technische Entwicklung in der optischen Erscheinung der Kamera ausgedrückt wird, ist noch nicht geklärt, weshalb der Besitzer einer älteren Kamera diese durch das Erscheinen einer neuen als entwertet erachtet. Damit er zum Eindruck der Entwertung gelangt, muss die Neuerung von ihm beurteilt und in Bezug zu seiner Kamera gestellt werden können. Während die Mode als gesellschaftliches System der Erscheinungsgestaltung in der Selbstpräsentation aktualisiert wird, hat der technische Fortschritt keine institutionalisierte Funktion für Interaktion in der Oeffentlichkeit. Eine Fotokamera ist nicht primär ein Mittel, sich andern Konsumenten zu präsentieren. Wie im Abschnitt 2.1 gezeigt, stellt die Werbung viele Produkte die nicht direkt in den öffentlichen Austausch integriert sind, als öffentliche Produkte im Sinn der Modeartikel dar. Die Werbung simuliert ein Publikum, das dem Konsumenten die Konsequenzen des technischen Fortschritts an den Produkten vorführt und den neuen Produkten die erwünschte gesellschaftliche Bedeutung zuschreibt.

Da der Konsument im seltensten Fall die Gelegenheit hat, den Fortschritt in der Kameratechnik an seinen Bildern zu beurteilen, solange er nur seine eigene Kamera behützt, erinnert ihn die Werbung vor allem in Zeitschriften, die potentiell von Amateurfotografen gelesen werden, an die Schwierigkeiten, die er einzig aufgrund der alten Technik hat und verspricht ihm, dass gerade diese Schwierigkeiten mit der neuen Kamera beseitigt werden.

> Mit der Ueberschrift "Introducing a 35mm SLR capable of making pictures you've always considered good, look bad" macht Nikon den Betrachter der Reklame darauf aufmerksam, dass jeder Benützer den Vorteil der neuen Kamera unmittelbar erfahren kann. An zwei abgebildeten Fotografien, die dasselbe Sujet eingefangen haben (kleines Mädchen mit jungem Hund in den Armen), die aber in der Belichtungsqualität einen offensichtlichen Unterschied aufweisen, beschreibt der Text ausführlich den Vorteil des in der neusten Kamera eingebauten Blitzgerätes. Gleichzeitig wird darauf hingewiesen, dass das "Decision Making System" alle Situationen der Schärfeneinstellung und der Belichtung meistert.
> Olympus teilt dem Leser der Werbeanzeige mit, dass sie nach schlechten Fotos Ausschau halten. Mit dem Versprechen, den Benützern der neuen OM-77 AF für jedes eingesandte nicht perfekt scharfe oder perfekt belichtete Foto einen Dollar zu vergüten, soll glaubhaft gemacht werden, dass der Konsument mit der neuen Kamera in Zukunft immer das Resultat erzielen wird, das er immer erzielen wollte: "The clear. The Sharp. The perfectly focused and exposed."

In anderen Werbetexten werden die Vorteile der neuen Kamera nicht im Vergleich mit der alten demonstriert. Diese Werbetexte begnügen sich mit dem Hinweis auf die Möglichkeiten, die sich dem Fotografen erst mit der neuen Kamera eröffnen.

> Canon beginnt die Erläuterung der Vorteile der neuen EOS 650 mit der Aussage: "Es gab nie eine Spiegelreflexkamera, die so viel so gut konnte" (Uebersetzt vom Verfasser). Im anschliessenden Werbetext werden die praktischen Vorteile der neuen Kamera im einzelnen erläutert. Immer wieder wird im Text betont, dass "EOS Autofokus ist, wie nie zuvor".
> Ganz ähnlich wie Canon begnügt sich Minolta damit, die Ueberlegenheit der neuen Kamera mit der Bemerkung zu dokumentieren, dass die Technologie der fortschrittlichen 7000 den Benützer befähigt, "to take advantage of opportunies as well as create them".

In nahezu jeder Werbeanzeige für Spiegelreflexkameras wird in dem Betrachter zu verstehen gegeben, dass die technischen Neuerungen praktische Konsequenzen haben, die die neue Kamera gegenüber der alten Kamera überlegen machen. Der technische Fortschritt führt zur Produktion modernerer, aber auch besserer Produkte. All dies mag jedoch noch nicht genügen, um den Konsumenten, der mit den Fotos, die er mit seiner alten Kamera geschossen hat, zufrieden sein mag, von der Entwertung seiner Kamera zu überzeugen. Die Werbung gibt dem Konsumenten deshalb auch klar zu verstehen, dass die moderne Kamera von Kennern auch eindeutig als die bessere verstanden wird, wozu sie Bezug auf Personen nimmt, die sie als Autoritäten im Bereich der Fotografie darstellt.

> Canon wirbt mit dem Argument, dass für Michael Lawton, der für NASA arbeitet und in National Geographic publiziert, nach zehnjähriger Erfahrung mit Canon Fotokameras kein Zweifel bestand, inskünftig die neue F1 zu verwenden. Olympus hat laut Werbetext mit all den technischen Neuerungen eine Kamera produziert, die den Anforderungen kompromissloser Profis entspricht.
> Auch das neue EOS Programm von Canon wurde auf die Erfordernisse professioneller Benützer ausgerichtet. Minolta preist das Modell 7000 schliesslich mit dem Hinweis an, dass es die weltweit bestverkaufte Autofokus-Kamera und Gewinner des ersten Preises der Autofokus-Kameras ist. "Isn't it time to take a firsthand look at the autofocus SLR that's second to none?"
> Nikon schliesslich begnügt sich, selbst die Rolle der urteilenden Zuschauer zu übernehmen, indem sie zur abgebildeten, eben aus der Originalverpackung entnommenen Kamera schreibt: "Congratulations. You've finally gotten serious".

Durch die Werbung für Fotokameras, der der Konsument in Kinos, auf Plakatwänden, in Wochenzeitschriften etc. begegnet, wird er unvermeidlich mit der Tatsache konfrontiert, dass es neue Fotokameras gibt, die gegenüber den alten Modellen aufgrund ihrer Neuheit als überlegen gelten. Der Einfluss der Werbung auf das subjektive Verständnis der Entwertung der eigenen, als alt erkannten Fotokamera hängt von der Bedeutung ab, die der individuelle Konsument der Modernität zumisst. Der Konsument, der seine eigene Kamera allmählich als entwertet betrachtet und sich veranlasst sieht, eine neue zu erwerben, bestätigt sich selbst und andern seine Einstellung zur Modernität. Mit dem Erwerb eines, dem neusten Stand der Technik entsprechenden Produkts beweist er sich, dass er mit dem Fortschritt mithält und ihn begrüsst. Er weiss, dass die technische Verbesserung unaufhaltsam fortschreitet und es deshalb nutzlos wäre, für den Kauf einer neuen Kamera einen Stillstand abzuwarten, von wo aus nicht mehr mit einer Entwertung rechnen wäre.

Werbung und Fotozeitschriften spielen eine zentrale Rolle für die Vermittlung der kaum mehr selbst überprüfbaren Vorstellung, dass jede neu erscheinende Kamera axiomatisch dem vorangegangenen Modell technisch überlegen ist und von der Gesellschaft demzufolge höher bewertet wird. Der technische Wandel, der sich wegen des gestalterischen Imperativs, der von der Optik der Kamera ausgeht, nur in subtiler Weise auf das Design der Kamera übertragen lässt, kann bei andern technischen Produkten in einem viel deutlicheren ästhetischen Wandel ausgedrückt werden. Die kurzfristige technische Veralterung der Computer wird beispielsweise im einem unübersehbaren Wandel der optischen Gestaltung dargestellt. Dasselbe Phänomen ist auch bei Stereoanlagen, Fernsehapparaten, portablen Radios etc. zu beobachten.

Wir haben mit dem Beispiel der Spiegelreflexkamera ausschliesslich die Rolle der Werbung für die Vermittlung der Produktentwertung infolge technischer Veralterung dargestellt. Selbstverständlich spielt diesbezüglich auch die direkte Interaktion der Konsumenten eine massgebende Rolle. Da wir uns diesem Problem schon im Kontext der Mode beschäftigt haben, verzichten wir hier auf eine analoge Erörterung.

4.2.4 Antiquitäten: der Wunsch nach bleibendem Wert

Das Interesse an Antiquitäten hat zu Beginn des zwanzigsten Jahrhunderts eingesetzt und seither zunehmende Verbreitung gefunden (Schwartz/Wade 1972, 3). Es scheint die Beschleunigung der gesellschaftlichen Veralterung der neu auf den Markt erscheinenden Produkte, zeitlich begleitet zu haben. Schartz/Wade vermuten eine wesentliche Ursache für das zunehmende Interesse an Antiquitäten in der auf Qualität und Dauerhaftigkeit ausgerichteten Beschaffenheit der Antiquität im Gegensatz zur geplanten Obsolenz der modernen Produkte (ebd., 3). Mallalieu unterstützt die Annahme, dass die Qualität der Antiquität, durch die sie sich von den Produkten der modernen Massenprodukion abhebt, für deren Wertschätzung grundlegend sei (Mallalieu 1985, 13). Die Vermutung liegt nahe, dass die Popularität der Antiquitäten ihren Ursprung in der Erfahrung des unaufhaltsamen Wertverlusts der modernen Produkte hat.

Als Antiquität wird, wie Schwartz/Wade schreiben, von einigen Händlern alles verstanden, was gegenwärtig nicht mehr produziert wird. Die Verfasser des New York Times Book of Antiques selbst verstehen unter der Bezeichnung "Antiquität" dekorative Objekte, die gewöhnlich für einen praktischen Zweck in einem Haushalt produziert wurden und die Mode der Periode repräsentieren, in der sie gemacht wurden (Schwartz/Wade 1972, 3). Entscheidend für die Beurteilung einer Antiquität ist die Gewissheit des Konsumenten, dass das fragliche Produkt nicht der aktuellen Produktion entspringt. Der von Thompson am Beispiel der "Stevengraphs" (leuchtend farbige, auf einem Jacquardwebrahmen hergestellte Seidenbilder, die Sujets wie bspw. die York - London Postkutsche repräsentieren) dargestellte Lebenslauf einer Antiquität, hat modellhaften Charakter, weshalb er hier zusammengefasst wiedergegeben wird (Thompson 1979, 13ff).

Die Stevengraphs wurden 1879 an einer Ausstellung in York vor den Augen der Besucher auf einem Webrahmen angefertigt und konnten als Souvenirs für einen Schilling erworben werden. Zwischen 1879 und 1940 - bis die in Coventry angesiedelte Unternehmung in einem deutschen Luftangriff schliesslich völlig zerstört wurde -, wurden Stevengraphs mit etwa 70 verschiedenen

Landschaftssujets und 80 verschiedenen Portraits hergestellt. Obwohl in dieser Zeit immer wieder neue Stevengraphs produziert wurden, die die alten ersetzten, existierte bis Anfang der 60er Jahre für die Stevengraphs überhaupt kein second-hand Markt. 1959 erschien ein erstes Buch über Stevengraphs, gefolgt von einem zweiten 1962. Ab ca. 1963 explodierten die Preise für Stevengraphs plötzlich: 1967 wurden an einer Auktion für ein einziges Bildchen 52 Pfund bezahlt, 1969 wurden hintereinander Rekordpreise von 220, 290 und 520 Pfund erzielt. Ohne die Preisentwicklung weiter zu verfolgen, wird aus diesen Fakten klar, dass zu Beginn der 60er Jahre plötzlich ein ausreichendes Interesse entstand, um einen eigentlichen Markt für diese, über mehr als 70 Jahre als wertlosen Kitsch betrachteten Bildchen aufblühen zu lassen.

Das Beispiel der Stevengraphs belegt Thompsons These, dass ein Produkt, bevor es den Status einer Antiquität annehmen kann, aus dem Markt verschwunden sein muss. Es kann erst zur Antiquität werden, nachdem seine Produktion infolge einer zunehmenden Werteinbusse aufgegeben wurde und es nicht mehr neu am Markt erworben werden kann. Nur ein Produkt, das von der Gesellschaft einmal als unzeitgemäss erachtet aus dem Markt verdrängt wurde, kann zu einem späteren Zeitpunkt zu einer Antiquität werden. Obwohl die Antiquität bei ihrer erneuten Aufwertung vom Besitzer wieder in eine zeitgemässe Struktur gestellt wird, ist sie nach seinem Dafürhalten von der gesellschaftlichen Veralterung gefeit. Dadurch, dass sie nicht mehr im Kontext der Zeit ihrer Entstehung steht, wird sie zum Zeichen einer transzendenten Zeit. Schwartz und Wade finden den Reiz der Antiqutät gerade darin begründet, dass sie den Geist einer vergangenen Zeit wachruft. Indem sie den Wandel der Zeit hinter sich gebracht hat, wird die Antiquität zum Ausdruck einer Zeit, die gerade in den überlebenden Objekten noch gegenwärtig ist.

Bezeichnenderweise lassen sich nach Ansicht der meisten Besitzer von Antiquitäten diese mit jeder Art zeitgenössischer Möbel kombinieren. Sie erinnern ihn nicht an einen Geschmack, den er selbst einmal als überholt verurteilt und absichtlich aus seinem Wahrnehmungsfeld verbannt hat. Die Antiquitäten sind für ihn neue, von der Vergangenheit unbelastete Raritäten. Die Vermutung liegt nahe, dass eine Generation, die selbst die Produkte einer bestimmten Zeit als zeitlich überholt und gesellschaftlich entwertet deklariert hat, diese nicht selbst wieder als Antiquität in den Alltag zurückholt. Gesellschaftlich entwertete Produkte können erst dann mit der Mystik der Antiquität in den Alltag reintegriert werden, wenn sie nicht mehr einen Bestandteil der individuell erlebten Vergangenheit der Konsumenten bilden und damit frei von persönlicher Konnotationen sind. Die vom Modehistoriker James Laver vorgeschlagene Skala, die den zeitlich typischen Wandel im Verständnis einer bestimmten Bekleidung zeigt, dokumentiert die Befreiung der Wahrnehmung von persönlichen Erinnerungen. Gemäss Lavers Skala wird ein Kleid zehn Jahre nach dem Erscheinen als "scheusslich" empfunden, zwanzig Jahre danach als "lächerlich", dreissig Jahre danach als "amüsant", fünfzig Jahre danach als "altmodisch", siebzig Jahre danach als "entzückend", hundert Jahre danach als "romantisch", hundertfünfzig Jahre danach als "prächtig" (Laver 1939, 102). Ohne den Wandel in der Bewertung zu erklären, scheint mit der Skala ein Hinweis gegeben, dass die Verurteilung, die zur Entwertung des Produkts geführt hat, zunächst "gesellschaftlich vergessen" werden muss, bis ein Produkt später wieder aufgewertet werden kann.

Mit dieser Erläuterung haben wir allerdings erst auf die Neubewertung eines vergangenen Stils hingewiesen. Um die Wahrnehmung der Antiquitäten zu verstehen, muss berücksichtigt werden, dass der Liebhaber von Antiquitäten eindeutig zwischen Stilmöbeln und echten Antiquitäten unterscheidet. Stilmöbel, die z.T. äusserst getreu dem echten Vorbild nachgemacht werden und als solche genauso, wie die Antiquität den Geschmack einer vergangenen Epoche repräsentieren, werden von einem Liebhaber von Antiquitäten dennoch nie als gleich wertvoll beurteilt wie eine echte Antiquität. Es sind eben gerade die Spuren der Zeit, die den Wert der Antiquität ausmachen. Für den Liebhaber der Antiquität besteht ihr Wert darin, dass sie anerkanntermassen in einer früheren Epoche produziert wurde und einzig aus diesem Grund nicht nachgemacht werden kann. Während billige Antiquitäten ihre Echtheit durch Verschleissspuren zu erkennen geben, legt der Käufer von wertvollen Antiquitäten, die so gut erhalten sind, dass ihnen der lange Gebrauch nicht anzusehen ist, Wert auf die vertragliche Bescheinigung der Echtheit.

Im Hinblick auf den zeitlichen Bezug der Wertveränderung sind die Antiquitäten unschwer als Gegensatz zu den sich rasch ausbreitenden, Aktualität verkündenden Produkte auszumachen. Durch die beschleunigte Aesthetisierung von immer mehr Produkten wird im Konsum Gegenwart in der Form von Aktualität hergestellt. Dadurch wird die Wahrnehmung einer Entwertung als Folge der Benützung des Produkts immer stärker in den Hintergrund gedrängt. Der nagende Zahn der Zeit zeichnet sich immer weniger auf den Produkten ab. Stattdessen drängt sich Zeit dem Konsumenten durch die sich rasch ändernde Produkteumgebung als unumkehrbaren Prozess der Aenderung auf. Anstatt als Folge der eigenen Aktivität, wird Aenderung als "Gesichtswechsel" der Produkte erfahren, die den Konsumenten an das unaufhaltsame Entrinnen der Zeit erinnern.

In diesem Kontext bilden die Antiquitäten eine gesellschaftlich sanktionierte Enklave, die durch ihren Verweis auf eine transzendente Zeit gewissermassen aus dem Zeitfluss herausgehoben sind. Sie werden als Zeichen einer vergangenen Zeit aus der Gegenwartskonstitution ausgeklammert. Durch den Erwerb von Produkten, die schon mehrere Generationen überdauert haben, umgibt sich der Konsument mit Gegenständen, die eine Anknüpfung an eine authentische Zeit zu gewähren scheinen. Genau besehen verwendet er sie jedoch in vielen Fällen in einem Kontext, der sie eher in Gegenwart konstituierende Elemente verwandelt, als der entfliehenden Gegenwart einen Zeitbezug zu schaffen.

5. DAS AUSSCHEIDEN DES PRODUKTS AUS DEM ALLTAG DES KONSUMENTEN

In diesem letzten Kapitel der Beobachtung des Konsums gehen wir der Frage nach, wie ein Produkt den Alltag des Konsumenten wieder verlässt. Es soll gezeigt werden, dass die Art, wie der Konsument das Produkt aus dem Alltag ausscheidet, einen wesentlichen Hinweis auf seine Wertschätzung gegenüber dem gebrauchten Produkt gibt.

Betrachtet der Konsument ein Produkt als Abfall, hat es in seinen Augen den Wert gänzlich eingebüsst. Er trachtet nun danach, das Abfallprodukt aus seinem Wahrnehmungsbereich zu beseitigen, um nicht mit dem entwerteten Produkt in Verbindung gebracht wird. Werden bestimmte Produkte zwecks Recycling (Papier, Glas, Alu-minium etc.) aus dem Abfall ausgesondert und separat eingesammelt erfährt der Konsument, dass diese als Rohstoffe wieder verwertbar sind und dementsprechend noch einen gewissen Wert haben. Men-schen, die in Kalifornien wegen des zwei-Cent-Depots Aluminium-büchsen sammeln, demonstrieren mit ihrer Tätigkeit, dass Abfall, bezogen auf den Wert des Produkts, ein relativer Begriff ist.

Alle andern Arten der Produkteverbannung aus der Wahrnehmung des Konsumenten, bedeuten für ihn selbst noch eine bestimmte Form der Wertrealisierung. Im Fall des Occasionsverkaufs eines Pro-dukts realisiert der Konsument einen Preis, der ihm die Wertschätzung des Produkts seitens irgendeines anonymen Konsumenten ausdrückt. Im Fall des Geschenks tauscht der Konsument das Pro-dukt gegen die damit geforderte Verbindung zum Beschenkten, die in Verpflichtung und Dankbarkeit besteht. Wird ein Produkt, das als charakteristischer Bestandteil des Rahmens die Erscheinung einer Person prägte, explizit zum Gegenstand eines Erbes gemacht, versucht der Erblasser dadurch einen Teil seiner Persönlichkeit in der Erinnerung der Erben zu erhalten. Schliesslich kann ein Konsument, die durch neue Produkte aus dem Alltag verdrängten Produkte auch aufbewahren. Dadurch bleiben sie verfügbar, ohne dass er einer Identifikation mit den alten Produkten ausgesetzt beleibt.

5.1 Abfall: das Ende des entwerteten Produkts

Ein Produkt, das als Abfall verstanden wird, ist in den Augen seines Besitzers vollständig entwertet. Wann es diesen Zustand erreicht hat, ist - wie Thompson am Beispiel frühviktorianischer Häuser in einem Londoner Stadtviertel beschreibt - vom subjektiven, zwischen verschiedenen Konsumenten extrem unterschiedlichen Gesichtspunkten abhängig (vgl. Thompson 1979, 34ff). Auch wenn alle Mitglieder einer Gesellschaft einen weitgehend unproblematischen Umgang mit dem Begriff Abfall haben, besteht innerhalb einer Gesellschaft deutlich Uneinigkeit darin, was als "Abfall" zu erachten ist und was nicht. "It is clear that one man's rubbish can be another man's desirable object" (ebd., 97).

Die Handhabung des Produkts durch den Konsumenten gibt zu erkennen, wann ein Produkt von ihm als Abfall, d.h. als völlig entwertet verstanden wird. Was als Abfall bezeichnet wird, verbannt der Konsument aus seinem Wahrnehmungsbereich. Wie Ausscheidungen des eigenen Körpers lässt er die Abfallprodukte verschwinden. Die negative Bewertung des Abfalls, die zu dessen Verdrängung aus dem Alltag führt, zeigt sich gerade dann, wenn Abfall nicht an dem dafür vorgesehenen Platz (dem Abfalleimer, Komposthaufen) versteckt wird. Die Grenze zu abnormalem Verhalten ist gerade in diesem Bereich sehr eng gezogen. Die modernen, hoch standardisierten Vorrichtungen für die Beseitigung von Abfall lassen nur einen minimalen Spielraum des normalen Verhaltens zu. Längst sind wir an die Wasserspülung des WCs gewöhnt, die den Haushalt von Spuren der körperlichen Ausscheidungen befreit (der automatische Duft-Control-Spray hilft auch noch den Geruch im WC zu überdecken). Für Haushaltabfälle ist in vielen Wohnungen ein, meist in einem Kasten versteckter auf den Standard-Abfallsack ausgerichteter "Abfalleimer" vorgesehen, der sich geruchlos verschliessen lässt und vor den Augen Dritter verborgen ist. Auf öffentlichen Plätzen werden neuerdings Hunde-WC eingerichtet, die vermeiden sollen, dass der Kot an Orten herumliegt, die von Fussgängern frequentiert sind. Schliesslich kann der Tierkot in speziell dafür vorgesehenen Behältern vom Tierhalter mit einem bereitgestellten hygienischen Plastiksack beseitigt werden.

Was der Konsument einmal als endgültig entwertet erachtet, beseitigt er so aus dem Alltag, dass er dem entwerteten Produkt nicht mehr begegnet. Der Abfall gelangt in einem undurchsichtigen Plastiksack, der verschnürt wird, bevor er für die Abfuhr auf das Trottoir gestellt oder in den Container geworfen wird. Wie auch das Zerknäueln oder Zerreissen von Papier zu erkennen gibt, soll, was als Abfall beurteilt wird, unwiederbringlich beseitigt werden. Wo, wie etwa bei benütztem Packpapier oder Geschenkpapier, die Entwertung nicht eindeutig feststeht, wird diese durch das fast genüssliche Zerknäueln oder Zerreissen noch unterstrichen.

Wenn wir diejenigen Produkte als Abfall bezeichet haben, die in einem bestimmten Zustand vom Konsumenten als entwertet angesehen werden, ist damit gemeint, dass die Produkte erst dann unter diese Kategorie fallen, wenn sie nach Ansicht des betreffenden Konsumenten als absolut, d.h. für alle anderen Konsumenten ebenfalls entwertet erachtet werden. Produkte, die ihren Wert im Alltag des einen Konsumenten eingebüsst haben, von denen er aber weiss, dass sie für einen andern Konsumenten noch einen Wert haben, fallen nicht unbedingt in die Kategorie des Abfalls, sondern werden möglicherweise als Recycling-Gut weggegeben oder verschenkt, verkauft, oder aufbewahrt. Jede dieser Formen der Ausscheidung bedeutet noch eine Realisierung eines "Restwerts".

5.2 Recycling: gesellschaftliche Aufwertung des Abfalls

Wird ein Produkt, das bis anhin als Abfall betrachtet wurde, als

Recycling-Gut wiederverwertbar, erfährt es in den Augen des Konsumenten unmittelbar eine Aufwertung. Flaschen, Aluminiumbüchsen, Aluminiumverpackungen, Weissblechbüchsen, Zeitungen und Telefonbücher und neuerdings auch organische Abfälle werden dadurch, dass sie separat eingesammelt und der Produktion neuer Güter zugeführt werden, wieder zu gesellschaftlich verwertbaren Produkten. Sie verlieren ihren Status als Abfall und treten dadurch wieder in eine begrifflich fassbare Kategorie. In der Weise wie sie wieder einen begrifflichen Platz einnehmen, wird ihnen tendenziell auch wieder ein Platz im Erfahrungsalltag der Konsumenten zugeteilt. Der Umgang mit den aufgewerteten Produkten lässt einen gegenüber dem Abfall weiteren als normal verstandenen Handlungsspielraum offen. Recycling-Produkte werden in der Küche, im Keller, in der Garage gesammelt und zum Zweck der Abfuhr offen auf die Strasse gelegt oder in speziell dafür bestimmten, öffentlich zugänglichen Containern deponiert. Durch das Wissen, dass die eigenen Abfallprodukte für jemand andern noch einen Wert haben, gewinnen sie im eigenen Alltag einen Restwert zurück, der deren Aussonderung aus dem Abfall lohnend macht. Während im Falle des Recycling der Abfall nur als Rohstoff eine Aufwertung erfährt, hat das Produkt, das durch Verschenken, Stapeln oder Verkaufen aus dem Alltag ausgeschieden wird, noch in der Funktion einen Wert, in der es für den Besitzer entwertet war.

5.3 Aufbewahren: die geheime Ablehnung der Entwertung

Anstatt nach dem Ausscheiden aus dem Alltag direkt dem Abfall zugeführt zu werden, finden viele Produkte zunächst eine Art Zwischenaufenthalt in Kästen, Schubladen, Schachteln im Keller oder Estrich eines Hauses. Die Produkte werden, verbannt aus dem Gesichtsfeld des Besitzers und verschlossen vor den Augen Dritter, aufbewahrt. Dem Abfall gleich werden sie aus dem Alltag entfernt; im Unterschied zum Abfall, der die Entwertung der Produkte endgültig besiegelt, bleiben die gestapelten Produkte für den Konsumenten jedoch weiterhin erreichbar. Sie sind scheinbar nur temporär aus dem Alltag verdrängt und können jederzeit zurückgeholt werden.

Durch die Ausscheidung des Produkts aus dem Alltag demonstriert der Konsument, dass es seinen Wert für ihn eingebüsst hat. Er scheidet es aus dem Bereich aus, der seine Persönlichkeit konstituieren hilft. Gleichzeitig dokumentiert er durch das oft sehr sorgfältige Aufbewahren, mit dem er es vor Beschädigungen bei der Lagerung bewahren will, dass er es nicht als absolut entwertet betrachtet. Die Produktekategorien, die tendenziell häufig gestapelt werden, decken den scheinbaren Widerspruch dieses "Lagerns" auf: Aufbewahrt werden beispielsweise Kleider, Möbel, Geschirr, Zeitschriften - Produkte, die durch den gesellschaftlichen Wandel entwertet werden. Diese Fälle weisen die Bedeutung des Aufbewahrens auf. Produkte, die ihren Wert in einem bestimmten gesellschaftlichen Kontext einbüssen, jedoch kaum Spuren des Gebrauchs aufweisen, werden vom Besitzer nicht als absolut entwertet erachtet. Deshalb ist er oft nicht bereit, sie als Abfall zu beseitigen. Das Lagern gebrauchter Produkte fördert oft noch die Verhaftung des Konsumenten an die traditionelle Unterscheidung von gesellschaftlicher verbrauchsunabhängiger Entwertung und Entwertung durch Benützung oder Abnützung zutage. Zwar akzeptiert er durch das Ausscheiden des Produkts die gesellschaftliche Entwertung, gleichzeitig bewahrt er es sorgfältig auf, als rechne er jederzeit mit der Möglichkeit des Wiedergebrauchs.

Jemand, der gewohnt ist sich modisch zu kleiden, lässt die Kleider im Anschluss an eine Saison eventuell im Kasten mit den Kleidern der aktuellen Saison hängen, oder er hängt sie aus Platzmangel bereits in einen andern Kasten. Selbst wenn die alten Kleider noch neben den aktuellen hängen, wird er diese kaum mehr beachten. Dennoch wird er den Kasten nicht bis auf diejenigen Kleidungsstücke entleeren, die tatsächlich in die Auswahl einbezogen werden. Die alten Kleider helfen weiterhin eine Fülle zu erzeugen, die bezogen auf die tatsächlich in die Auswahl einbezogenen gar nicht besteht. Wie im Erwarten, die gegenwärtig modischen Kleider einmal nicht mehr durch neue ersetzen zu können und froh über den Vorrat von lediglich gesellschaftlich entwerteten Kleidern sein zu müssen, die aber noch "wie neu" aussehen, bewahrt der Konsument die alten Kleider, versteckt vor der eigenen Aufmerksamkeit, weiterhin auf. In seinem öffentlichen Verhalten zeigt er, dass er die gesellschaftliche Entwertung akzeptiert, im privaten Bereich fühlt er sich gehemmt, die Logik der Entwertung konsequent durchzuführen.

Dasselbe Phänomen lässt sich bei Konsumenten beobachten, die ein Kleidungsstück während längerer Zeit getragen haben, es zunächst nicht mehr in der Oeffentlichkeit tragen, um es schliesslich ganz beiseite zu räumen. Sie können sich nicht von den Kleidern trennen, die einmal einen Teil ihrer Persönlichkeit gebildet haben. Mit dem Aufbewahren der Kleider wird die vergangene Zeit als Retention der damaligen Selbstpräsentation erhalten. Dem dauernden Hinter-sich-lassen einer im Austausch mit andern erzeugten Identität begegnet der betreffende Konsument mit einer Nostalgie, die ihn dazu veranlasst, die Hülle der vergangenen Identität noch für eine gewisse Zeit aufzubewahren. Wie auf einen Beweis für die Unumkehrbarkeit der gesellschaftlichen Entwertung wartend, werden die Kleider noch ein paar Jahre aufbewahrt, bis sie endgültig aufgegeben und in Abfall transformiert werden.

5.4 Verschenken: Wertrealisierung in der Form einer persönlichen Verpflichtung

Das Verschenken eines gebrauchten, im eigenen Alltag entwerteten Produkts bringt deutlich zum Ausdruck, dass es für jemand andern noch einen Wert haben kann, und dass sich der Schenkende des Umstandes bewusst ist, dass das Produkt seinen Wert nicht absolut eingebüsst hat.

Ein unumgänglicher Ausgangspunkt für die Darstellung des Schenkens findet sich in Mauss' Studie über die Gabe (Mauss 1984). Wie er an unzähligen ethnographischen Beispielen herausarbeitet, besteht jede Gabe auf den konstitutiven Komponenten des Schenkens, des Entgegennehmens und des Zurückzahlens. Während das Schenken in vielen primitiven Kulturen ein die Gesellschaft konstituierender Austausch bedeutete, ist der Austausch bei uns zu einem Ritual verblasst, das für die Konstitution der Gesellschaft nur noch von untergeordneter Bedeutung ist. Dennoch hat es für die persönliche Interaktion in bestimmten Kontexten (bspw. Freundschafts- oder Familienbeziehung) eine nicht zu vernachlässigende Bedeutung (vgl. Goffman 1982, 97ff). Noch in den modernen westlichen Kulturen ist das Schenken eines Produkts mit der Verpflichtung des Akzeptierens und des Zurückzahlens, oder im Falle des Akzeptierens und Nicht-Zurückzahlens mit einer Schuld des Beschenkten verbunden. Dieser Logik der Gabe entsprechend werden in aller Regel die Eltern ihren Kindern viel teurere Geschenke zum Geburtstag oder zu Weihnachten schenken, als die Kinder ihren Eltern präsentieren können. Die Kinder verbleiben dadurch den Eltern in einer Schuld, die der Erwartung der Eltern gemäss mit Dankbarkeit beglichen werden muss. Zeigt ein Kind nicht die erwartete Dankbarkeit, werden sich die Eltern möglicherweise damit trösten, dass es sich halt nicht so spontan auszudrücken versteht, dass es aber im Inneren sicherlich (angemessen) dankbar ist. Macht jemand einer Person, die er zuvor nicht persönlich gekannt hat, ein Geschenk und zeigt diese keine, oder wenig Dankbarkeit, wird der Schenkende mit grösster Wahrscheinlichkeit das Unterlassen der Dankbarkeitsbezeugung negativ als "Undankbarkeit" empfinden. Er verbindet mit dem Geschenk die Erwartung, dass der Beschenkte die Verpflichtung ihm gegenüber durch Dankbarkeit angemessen zum Ausdruck bringt.

Im Falle des uns interessierenden Verschenkens eines gebrauchten Gegenstandes ist dem Umstand, dass das Geschenk in einem Produkt besteht, das zuvor im Alltag des Schenkenden Verwendung fand, spezielle Bedeutung zuzumessen. Mauss' Feststellung, dass verkaufte Produkte auch heute noch ihre Persönlichkeit haben (vgl. Mauss 1984, 157), gilt unserer obigen Darstellung zufolge noch mehr für die gebrauchten Produkte, die in die Persönlichkeit konstituierende Aktivität des Benützers integriert waren. Unter diesem Aspekt können wir das Schenken von Produkten, die eng mit der Person des Besitzers verbunden sind - wie bspw. Kleider - und sich vor allem auf befreundete Personen beschränkt vom Schenken anderer Produkte, die weniger stark an die Persönlichkeit des Besitzers gebunden sind wie bspw. Möbel, Werkzeuge, Bücher unterscheiden. Vermacht jemand (wie es speziell zwischen gutbefreundeten Mädchen vorkommt) einer anderen Person Kleider, die er selbst getragen hat, wird dadurch ein sehr persönlicher Gegenstand übertragen, der eine spezielle Bindung zwischen dem Schenkenden und dem Beschenkten ausdrückt (vgl. Sawchuk 1987, 69). Der Schenkende zeigt dem Beschenkten, dass er ihm ein Kleidungsstück, mit dem er sich in der Oeffentlichkeit zu erkennen gegeben hat, abtritt d.h., dass er bereit ist, andere Personen durch die beschenkte Person an ihn zu erinnern. Der Empfänger seinerseits bringt durch das Entgegennehmen des Geschenks zum Ausdruck, dass er in der Oeffentlichkeit durch das Kleidungsstück gerne an die schenkende Person erinnert.

Unter Personen, die nicht speziell befreundet sind, ist ein Verschenken von Kleidungsstücken nur unter speziellen Umständen denkbar. Beispielsweise soll die Beteuerung seitens des Schenkenden, dass er das betreffende Kleidungsstück wirklich nur einmal getragen hat, dem Beschenkten beweisen, dass das Kleidungsstück nicht als Teil seiner Persönlichkeit zu betrachten ist. Das Kleidungsstück wird dadurch, dass es nur einmal getragen wurde, kaum von jemand mit der Person des Schenkenden assoziiert. Bezeichnenderweise ist das institutionalisierte, anonyme Verschenken von Kleidern (bspw. Rotkreuzsammlungen), da es keine persönliche Bindung beinhaltet, mit weniger Vorbehalten verbunden.

Zum Schenken gebrauchter Produkte, die nicht so sehr mit der Persönlichkeit des Schenkenden verbunden werden, ist wenig anzufügen ausser, dass dies tendenziell eher auch unter weniger befreundeten Personen vorkommt. Auch in diesem Fall tauscht der Schenkende das Produkt gegen eine mit Dankbarkeit zu anerkennende Schuld ein. Der Wert des gebrauchten Produkts wird bei der Gabe durch die damit begründete Schuld in der Form einer Verpflichtung aktualisiert.

5.5 Occasionsverkauf: Suche nach einem befriedigenden Tausch

In vielen Fällen, in denen ein Produkt seinen Wert im Alltag eines Konsumenten eingebüsst hat, versucht der Konsument, das Produkt weiter zu verkaufen. Der betreffende Konsument ist sich dabei bewusst, dass das Produkt, das er zu verkaufen beabsichtigt, für einen anderen Konsumenten noch einen gewissen Wert hat. Dabei haben, wie der Occcasionsmarkt demonstriert, vor allem Produkte, die im Alltag des einen Konsumenten ihren Wert gesellschaftlich eingebüsst haben, oft noch einen Wert im Alltag eines andern Konsumenten. Oft kommt auf dem Occasionsmarkt zum Ausdruck, dass der einzelne Verkäufer die gesellschaftliche Entwertung, die sich in der Preisbildung auf dem Occasionsmarkt abzeichnet, als unangemessen für das von ihm angebotene Produkt erachtet. Wie beispielsweise die speziellen Anmerkungen "sieht aus wie neu", "sehr wenige Kilometer", "aus erster Hand", "sehr gepflegt" oder auch "Direktionsfahrzeug" usw. verraten, bezieht der Anbieter seine Vorstellung der Entwertung auf den Verbrauch-die sichtbare Abnützung des Produkts -, während er sich infolge der gesellschaftlichen Entwertung vom Auto trennen will. Auf der einen Seite wird er zum Verkauf des Produkts veranlasst, weil er es nicht mehr als zu ihm passend erachtet, auf der andern Seite bezieht er sich beim Verkauf der Occasion auf den Verbrauch oder die Abnützung. Der Gebrauchtwarenmarkt deckt deutlich die Ueberschneidung von kontextueller Entwertung und individuellem Gebrauch auf.

Das zentrale Charakteristikum des Verkaufs von Produkten über den Gebrauchtwarenmarkt besteht in der Einmaligkeit der gehandelten Produkte. Jedes angebotene Produkt ist in gewisser Weise ein Einzelstück. Im Unterschied zu handwerklich angefertigten Produkten, die sich infolge der nur annäherungsweisen Wiederholbarkeit manueller Arbeitsvorgänge als Einzelstücke zu erkennen geben, sind die ursprünglich vom Konsumenten als identisch beurteilten industriellen Massenprodukte, wenn sie auf den Gebrauchtwarenmarkt gelangen, wegen der individuellen Benützung einmalig. Durch die Benützung werden lauter Einzelstücke produziert, die vor allem für den Nicht-Spezialisten mit ungewohnten Unsicherheiten behaftet sind.

Der Kauf neuer, massenhaft erzeugter Produkte ist meist mit einer klaren Qualitätserwartung verbunden, die durch Gesetz und in den meisten Fällen durch Garantie bekräftigt werden. Der Kaufvertrag für ein fabrikneues Auto wird heutzutage meist unterzeichnet, ohne dass der Konsument das Produkt selbst, das er bestellt, beim Abschluss des Vertrages überhaupt sieht. Er wählt anhand eines Katalogs und eines Vorführmodells ein Fahrzeug, das oft erst noch seinen Wünschen entsprechend hergestellt werden muss. Die industrielle Produktion führt zu Produkten, die in der Erwartung des Konsumenten identische Qualitäten aufweisen. Der Kauf eines neuen Autos geht mit einer bestimmten Erwartung an die Kilometerleistung einher, die ohne Defekte vom Fahrzeug erbracht werden sollte. Der Prospekt legt fest, wieviel Treibstoff das Fahrzeug durchschnittlich konsumieren wird, wieviel Oel es maximal verbrauchen wird, welches die erreichbare Spitzengeschwindigkeit ist etc. etc. Entspricht ein Fahrzeug nicht den Mindesterwartungen des Käufers, spricht er von einem "Montagsfahrzeug", womit er bekundet, dass bei der Anfertigung etwas Ungewohntes passiert sein muss.

Gerade so, wie der Kauf eines neuen Produkts mit bestimmten Erwartungen in der Form von Sicherheiten einhergeht, ist der Kauf eines gebrauchten mit bestimmten Unsicherheiten verbunden. Jede Occasion ist in ihrem angebotenen Zustand ein Produkt unterschiedlicher Einwirkung auf ein ursprünglich mit vielen andern weitgehend identisches. Der Gebrauch kann als individuelle Verarbeitung eines ursprünglich massenweise hergestellten Produkts verstanden werden, das dementsprechend einmalig ist.

Interessant unter diesem Aspekt ist die Frage, wie der Verkauf eines einmaligen Produktes zwischen Käufer und Verkäufer zustande kommt. Im Alltag begegnen die Konsumenten praktisch überall massenhaften, identischen Waren, die alle denselben Preis aufweisen, der als objektive, gegebene Grösse aufgefasst wird. Die Konsumenten sind gewohnt, den angegebenen Preis zu bezahlen, wenn sie das Produkt erwerben wollen. Mit Preisvergleichen, Preisgarantien, Sonderangeboten, die als "Geschenke" deklariert werden und Werbung für die eigenen Preise, betonen Warenhäuser und Discounter, dass der von ihnen angebotene Preis für den Konsumenten schon auf einem absoluten Minimum gehalten wird. Sie prägen dem Konsumenten ein, dass ihr Preis der minimal erforderliche und nicht mehr diskutierbare ist. Der Konsument, der im Alltag nur noch dem Produkt aber praktisch nie der Person begegnet, die über den Preis entscheidet, wird beim Occasionsgeschäft als Verkäufer zum Gestalter des Preises respektive als Käufer direkt mit dem Verantwortlichen für die Preisbestimmung konfrontiert. Der Preis ist in der Situation, in der das angebotene Produkt ein Einzelstück ist, meist eine Grösse über die verhandelt werden kann. Die Preisgestaltung und Beurteilung ist auf dem Occasionsmarkt für beide beteiligte Konsumenten mit grosser Unsicherheit behaftet (vgl. Young/Young 1973, 85 ff).

Der Interessent wird das angebotene Produkt zunächst aufgrund bestimmter, aus Erfahrung gewonnener Charakteristiken, beurteilen. Für verschiedene Produkte sind als Hilfe für den Occasionskauf Checklisten und Beurteilungskriterien erhältlich. Im Automobilhandel gibt eine Tabelle anhand der gefahrenen Kilometer und des Jahrganges des Fahrzeugs eine branchenübliche Grundlage für die Preisbestimmung. Daneben sind Statistiken verfügbar, die für bestimmte Modelle nachweisen, welches die häufigsten Mängel eines

Autos sind etc. Der Interessent sucht nach "objektiven" Kriterien, die ihm die Beurteilung des Preises erleichtern sollen. Schlussendlich erwirbt er aber immer ein einmaliges Produkt, über dessen Wert ihm die Statistik nur eine Ahnung geben kann. Der Kauf eines gebrauchten Produkts ist deshalb immer mit der Möglichkeit verbunden, ein gutes Geschäft zu machen, ebenso wie sich auch jeder Kauf als ungünstig herausstellen kann.

Die direkte Interaktion zwischen Verkäufer und Käufer spielt in dieser Situation eine Rolle, die sonst praktisch gänzlich aus dem Warenverkauf verschwunden ist. Der Anbieter versucht den von ihm vorgeschlagenen Preis zu rechtfertigen, indem er auf bestimmte Kriterien hinweist, die das Angebotene in einem günstigen Licht erscheinen lassen. Gleichzeitig versucht er, bestimmte Tatsachen zu verschweigen, oder die Aufmerksamkeit des Interessenten von diesen abzulenken, um ihn nicht misstrauisch zu machen. Der Interessent seinerseits versucht möglichst viel über die Kriterien zu erfahren, die seines Erachtens für den Preis massgebend sind. Verfügt er über eine gewisse Erfahrung im Kauf von gebrauchten Produkten, wird er versuchen, das fragliche Produkt aus der Perspektive des Verkäufers zu betrachten (ebd., 82). Der Erfolg dieses Vorgehens ist allerdings davon abhängig, inwieweit es ihm gelingt, das vom Anbieter aufgeführte Schauspiel zu durchblicken. Damit sind wir beim zentralen Moment des Gebrauchtwarenverkaufs angelangt. Der Gebrauchtwarenhandel ist weitgehend von der Fähigkeit des Anbieters abhängig, das Produkt in der erwünschten Weise darzustellen und von der Fähigkeit des Interessenten, das Schauspiel des Anbieters zu durchschauen und die erwünschten Informationen zu erhalten. Der Occasionsverkauf ist mit einer Begegnung von Anbieter und Interessenten verbunden, die meist für beide ungewohnt ist und oft als ein Test der eigenen Persönlichkeit erfahren wird.

Ohne dass ein eindeutiger Marktpreis für die gebrauchten Produkte bestehen würde, müssen sich Käufer und Verkäufer auf einen Preis einigen, soll der Tausch zustande kommen. Die beim Tausch ablaufende Interaktion entscheidet weitgehend darüber, ob der Verkäufer mit dem Verkauf des gebrauchten Produkts zufrieden ist. Ist der Interessent, kaum hat er das Produkt begutachtet, mit dem vorgeschlagenen Preis einverstanden, kann er dadurch leicht beim Anbieter den Eindruck erwecken, dass ihm das fragliche Produkt mehr wert ist, als er dafür zu bezahlen hat. Der Anbieter bereut in diesem Fall möglicherweise, den Preis zu tief angesetzt zu haben und ist mit dem Tausch unzufrieden, obwohl er den erhofften Preis genau erreicht hat. Andererseits kann ein Anbieter auf Drängen des Interessenten hin den Preis senken und dennoch mit dem Tausch zufrieden sein, wenn er dafür die Dankbarkeit des Interessenten für das erworbene Produkt entgegennimmt. Oft genügt die vom Käufer zum Ausdruck gebrachte Dankbarkeit, mit der er die mit dem günstigen Kauf eingegangene Schuld anerkennt, damit der Verkäufer mit dem Verkauf zufrieden ist.

5.6 Vererben: Der Versuch, die eigene Persönlichkeit zu erhalten

"(D)ie Erwartung meines Todes, als einer endgültigen Abkehr (von der Lebenswelt), entspringt meiner Existenz in der intersubjektiven Welt... Ich werde älter, also weiss ich, dass ich sterben werde und ich weiss, dass die Welt fortdauern wird." (Schütz/Luckmann 1979, Bd. 1, 75). Der Tod als eine "Abkehr von der Lebenswelt" wird vom Konsumenten als ein sich Entfernen aus dem ihn definierenden Rahmen verstanden. Anstatt einzelne Produkte aus dem eigenen Alltag zu entfernen, verlässt der Konsument den Rahmen, in dem er gelebt hat. Der aus den verschiedensten Produkten bestehende Rahmen bleibt als leere Hülle zurück.

Durch das Festlegen des Erbes, insbesondere der Produkte, die als wesentliche Bestandteile des persönlichen Rahmens verstanden werden - wie etwa persönlicher Schmuck -, versucht der Erblasser ein Stück von sich am Leben zu erhalten. Im sozialen Prozess, in dem die Produkte durch ihre gesellschaftliche Bedeutung das Selbst oder die Person des Besitzers mitgeprägt haben, wurde auch die Wahrnehmung des Produkts durch diejenigen, die mit dem Besitzer des Produkts interagierten, von der Person des Besitzers geprägt. Bestimmte Produkte gehören zu einer bestimmten Person. Durch das Vererben eben dieser Produkte, die die typische Erscheinung des Erblassers geprägt haben, an nahestehende Personen werden Teile des persönlichen Rahmens an eine andere Person übertragen. Die von der eigenen Person infiszierten Produkte sollen das Andenken an den verstorbenen Besitzer bewahren, indem sie als Teile der verstorbenen Personen in die Person des Erbens eingehen.

3. TEIL

Der gesellschaftliche Rahmen

1. KONSUM ALS PRAKTIK DES ALLTAGS

> "Der Begriff des Oekonomischen, wie er für die Nationalökonomie oder die Volkswirtschaftslehre konstitutiv wurde, bezieht sich [..] auf ein Phänomen, das selbst erst in einer ganz bestimmten Zeit in Erscheinung zu treten begann, nämlich in der zweiten Hälfte des 18. Jahrhunderts zuerst in England, zu Beginn des 19. Jahrhunderts in Frankreich und erst um die vierziger Jahre des 19. Jahrhunderts in Deutschland." (Landshut 1973, 48)

Die historische Bestimmung der lebensweltlichen Entstehung des Begriffs des "Oekonomischen" verbindet Landshut mit dem Entstehen einer umfassenden Marktwirtschaft, die Voraussetzung für den "vollendeten Zusammenhang aller Leistungen mit allen" (Landshut ebd.) war. Der umfassende Marktmechanismus spiegelt sich in der von Marx festgestellten "Entfremdung" des Produzenten von seinen Produkten, die dadurch, dass sie für den Verkauf am Markt produziert werden, zur "Ware" werden. Der Produzent ist unter den Voraussetzungen eines funktionierenden Marktes nicht mehr am Produkt selbst, sondern nur noch an dessen Wert im Verhältnis zu allen andern Produkten interessiert. Erst wenn das Wirtschaftssubjekt seine produktive Aktivität und seine Nachfrage nach Produkten an jenen "Zahlen ausrichtet, die als Preise das Verhältnis aller Waren zueinander anzeigen" (ebd.), beginnt es "ökonomisch" zu handeln.

Die historische Zuordnung des Oekonomischen zu den, die Wahrnehmung der Wirtschaftenden prägenden Verhältnissen, hat ihren Ursprung in der Klassik. Die historischen Entstehung des lebensweltlich bedeutsamen Begriffs des Oekonomischen, veranlasst Landshut zur Klage, dass dieser dogmengeschichtlich völlig missbraucht wurde. Indem schon "Aristoteles, die Scholastik, die Merkantilisten, die Physiokraten, die klassische Schule und die historische Schule" darauf untersucht werden, was sie zur Entwicklung der Oekonomie beigetragen haben, wird mit einem Begriff operiert, der vor der Klassik noch keine Bedeutung hatte (ebd.). Gerade wenn der Wertbegriff auf historische Zusammenhänge übertragen wird, in denen ein allgemeines Aequivalent noch gar keine Rolle spielte, ist zu fragen, ob der Begriff der Oekonomie nicht überdehnt wird.

Die vorliegende Arbeit haben wir mit eben dieser Frage - der Stellung des Oekonomischen im gegenwärtigen Alltag - im Hinblick auf das spezifische Problem des Konsums und dessen ökonomischer Interpretation begonnen. Mit dem Verdacht, dass der unter bestimmten Bedingungen entstandene Begriff des "Oekonomischen" einer "künstliche[n] Ausweitung und universalistische[n] Anwendung" unterliegt, wodurch er nur noch "ausgedachte Allgemeinheiten" produziert (ebd., 51), haben wir zunächst die Entwicklung des ökonomischen Konsumbegriffs nachgezeichnet. Dabei sind wir zur Einsicht gelangt, dass die Oekonomie in ihrer reinen Form seit der Klassik (J.S. Mill) von der a priori Annahme der ökonomisch geleiteten Präferenzhandlung ausgeht. Etwas ausführlicher formuliert heisst das, dass die Oekonomie idealtypischerweise jeder Handlung am Markt (bei Becker jeder Handlung überhaupt) unterstellt, dass der Akteur alle zur Auswahl stehenden Handlungsalternativen miteinander vergleicht und die vorteilhafteste auswählt. Bezogen auf die den Konsum konstituierende Handlung bedeutet die a priori Annahme ökonomischen Handelns, dass ein Produkt beim Erwerb über den Preis und den Nutzen in einer Vergleichsrelation zu allen andern zur Wahl bereitgestellten Produkte steht und diesen vorgezogen wird.

Wollen wir den angemeldeten Verdacht gegenüber der ökonomischen a priori Annahme am Beispiel des Konsums einer Ueberprüfung unterziehen, besteht das zentrale Problem darin, dass sich die ökonomische Annahme nur auf die Wahlhandlung bezieht, die a priori ökonomisch ist. Eine Ueberprüfung der Annahme aus lebensweltlicher Perspektive ist solange nicht möglich, als wir dem Konzept der Wahlhandlung verhaftet bleiben. Versuchen wir in positivistischer Manier, die Entwicklung des Konsums mit statistischen Erhebungen nachzuvollziehen, bilden wir nur gerade ab, was im Raster der statistischen Kategorien bereits vorgesehen war. Um die statistischen Kategorien zu bilden, müssen objektive Fakten in messbare Kategorien transformiert werden, die schliesslich mittels empirischer Erhebung das Phänomen Konsum als Zahlenreihen in zeitlicher Entwicklung abbilden. Um die Zahlenreihen zu interpretieren, wird im nachhinein zum Instrument der Motive und Bedürfnisse gegriffen. Dabei wird auf die List der Werbeagenturen, den Neid der Konsumenten, das Lemmingverhalten usw. zurückgegriffen (vgl. Douglas/Isherwood 1979, 89). Die Motive passen auf den Raster des ökonomischen Erklärungsschemas, können aber über den Akt des Konsums, der hinter den statistischen Zahlenreihen steht, selbst gar nichts aussagen. Denn genauso wenig wie "benachbarte" sozialwissenschaftliche Disziplinen für die Formulierung der a-priori-Annahme ökonomischen Handelns eingespannt wurden, hilft der Beizug anderer Disziplinen, um ex post statistische Reihen, die den Konsum abbilden, bedürfnis- oder motivationstheoretisch zu erklären. Die a-priori-Annahme kann dadurch, dass sie einer andern Sprache, nämlich der ökonomischen, entstammt, gar nicht hinterfragt werden. Sie ist schliesslich das Apriori der ökonomischen Theorie!

Um also nicht bereits mit den Kategorien der Statistik oder auch mit empirischen Umfragen, durch die für die Befragten gerade das zum Problem gemacht wird, was nicht ihr Problem war, das Wesentliche des Phänomens Konsum auszusieben, müssen wir versuchen, an das zu gelangen, was das Wesentliche in der Alltagspraktik des Konsumenten ausmacht (vgl. de Certeau 1988, 64). Akzeptieren wir mit de Certeau, dass das Wesentliche sich gerade in der "alltäglichen Geschichtlichkeit ab[spielt], die untrennbar von der Existenz der Subjekte ist" (ebd.), müssen wir mit der Darstellung des Alltagshandelns "hinter" die Realität des Wahlhandelns gelangen. Die Produkte sind unter diesem Aspekt nicht mehr ausschliesslich als statistisch zu ermittelnde Gegebenheiten zu verstehen, sondern "als ein Repertoire, mit dessen Hilfe die Verbraucher ihre eigenen Handlungen ausführen. Von da an sind diese Dinge nicht mehr die Grundlage unserer Berechnungen, sondern ein Wortschatz ihrer Praktiken" (ebd., 79f). Nur eine Analyse der Praktiken, in die die Produkte einbezogen werden, kann Aufschluss über den Stellenwert der Erfahrung des Oekonomischen im Konsum geben. So besehen liefert, wie es de Certeau ausdrückt, die Produktion das Kapital, für das "die Konsumenten, ähnlich wie die Mieter, das Recht erwerben, auf dieser Grundlage Operationen durchzuführen, ohne deren Eigentümer zu sein" (ebd., 83). Die Praktik, die jene Operationen einschliesst, erschöpft sich aber nicht automatisch im Zweck der Produkte, sondern bleibt dem System gegenüber, auf dem sie beruht, heterogen.

Mit dem Ziel, uns den heterogenen Praktiken, die dem Konsum insgesamt zuzurechnen sind, sozusagen von "innen" oder lebensweltlich" zu nähern, haben wir, ausgehend von den Produkten, im zweiten Teil der vorliegenden Arbeit eine ausführliche Beschreibung durchgeführt. Dabei sind wir mit unserer Gliederung den Faktoren, die de Certeau als konstitutiv für die sprachliche Aeusserung (und analog für jede andere Aeusserung, verstanden als Praktik des Alltags) sehr nahe gekommen. Die von de Certeau genannten Faktoren seien deshalb in Analogie zur Konsumpraktik abschliessend wiedergegeben:

> Aneignung der Sprache durch den Sprecher, der sie spricht: Auswahl der Produkte aus dem Angebot
>
> Einführung eines (realen oder fiktiven) Gesprächspartners und somit Konstitution eines relativen Vertrages oder einer Allokution (man spricht zu jemandem): die in den Konsum einbezogenen Akteure
>
> Realisierung des sprachlichen Systems durch ein Sprechen, das seine Möglichkeiten aktualisiert (die Sprache ist nur im Sprechakt real): Tätigkeit als Umgang mit dem Produkt
>
> Herstellung einer Gegenwart durch den Akt des "Ich", das spricht, und gleichzeitig - da die "Gegenwart die eigentliche Quelle der Zeit ist", - die Organisation einer

Zeitlichkeit (die Gegenwart erzeugt ein Vorher und ein Nachher) und die Existenz eines "Jetzt", das Präsenz in der Welt bedeutet (Benveniste): Realisierung des Werts, sich einfügen in gesellschaftlichen Zeitbezug

Im Bezug auf die Ausführungen im zweiten Teil gehen wir im Folgenden auf die genannten Faktoren ein.

1.1 Die konstitutiven Faktoren der Konsum-Praktik

1.1.1 Aneignung der Sprache durch den Sprecher, der sie spricht: Die Auswahl der Produkte aus dem Angebot

Das zentrale Merkmal, das sich bei der Beobachtung der Spannweite verschiedener Einkaufspraktiken herausgeschält hat, ist der als zeitliche Entwicklung zu verstehende Wandel von der traditionellen Einkaufsart zur modernen Variante des Einkaufens - dem Shopping. Das traditionelle Einkaufen ist durch die weitgehende Uebereinstimmung mit den Kontext des Alltags gekennzeichnet, d.h. der Umgebung der Konsumpraktik, die sich in der Wohnung, den sozialen Kontakten, der Organisation des Tages- und Wochenablaufs usw. abbildet und dem Kontext des Einkaufs, reflektiert im Ort des Einkaufs, der Bühne, der Interaktion mit dem Verkäufer, dem Angebot, der Einkaufszeit und dem Ablauf. Beide Kontexte bilden Bereiche ein und derselben Sprache und sind scheinbar weitgehend miteinander verzahnt. Eine Entwicklung der Sprache innerhalb des bestehenden Gefüges scheint wenig wahrscheinlich.

Mit den frühesten Ansätzen der neueren Art des Einkaufens, die wir zur Kennzeichnung des praktischen Unterschieds als Shopping bezeichnet haben, setzt eine deutliche Aufweichung des Kontextes von Konsumpraktik und Einkaufsgeschehen ein, die ihren vorläufigen Höhepunkt in der verbreiteten Form des Shopping als Freizeitpraktik findet. In der Form der Freizeitpraktik treten die zwei Kontexte in direkten Kontakt, in dem ein gegenseitiger Austausch und eine beidseitige "Verflüssigung" stattfindet. Das Interesse des Konsumenten an den Produkten entstammt nicht mehr ausschliesslich einem vom Erwerb abgetrennten Kontext, sondern konstituiert sich zunehmend im Kontakt mit den verfügbaren Produkten. Dieser Kontakt wird dadurch verflüssigt, das sich der Konsument beim Shopping gegenüber dem traditionellen Einkauf mit einer viel breiteren Produkteauslage konfrontiert sieht, die ihm - in der Form einer „Show" des gegenwärtig Produzierten - als mögliche Bereicherung seines Vokabulars angeboten wird.

Das Vokabular des "Shoppenden" ist nicht ausschliesslich durch den alltäglichen Kontext ausserhalb des Produkteerwerbs geformt, sondern kann in unmittelbarer Konfrontation mit einem umfassenden Vokabular-Angebot entwickelt, weitergeformt und der Zeit angepasst werden. Auch werden dem "Shoppenden" nicht nur isolierte Vokabeln präsentiert, deren Verwendungsweise er ausserhalb des Erwerbs aufspüren muss. In Werbeanzeigen, immer mehr aber auch in der Form des "erlebnisorientierten" Shopping werden Satzmuster präsentiert, die dem eigenen Sprachgebrauch angepasst, umorganisiert oder als Einheit ganz in den eigenen Sprachgebrauch integriert werden können. Die Form des Shopping macht einem Bereich von Konsumenten ein Spektrum von Sprachmustern zugänglich, wie es unter der Form des traditionellen Einkaufens unvorstellbar ist.

1.1.2 Die Einführung eines (realen oder fiktiven) Gesprächspartners und somit die Konstitution eines relationalen Vertrages oder einer Allokution: die in den Konsum einbezogenen Akteure

Im Hinblick auf die Einfügung des Konsumenten in den Austausch mit andern und zwischen andern Konsumenten wurde die massenweise Verbreitung visueller Massenmedien - zunächst in der Form der Zeitschriften, später in der Form des Fernsehens - als Zäsur im traditionellen Interaktionskontext hervorgehoben. Konnte in der Zeit vor dem Aufkommen der hauptsächlich visuell operierenden

Massenmedien deutlich zwischen Vorderbühne und Hinterbühne unterschieden werden, verschmelzen diese Schranken unter dem Einfluss der Massenmedien zu einem sehr heterogenen Amalgam, das wir als Mittelbühne bezeichnet haben.

Solange es möglich war, in einer Szene Vorderbühne und Hinterbühne zu trennen, und insbesondere die Vorderbühne auf ein bestimmtes, durch gewisse Selektionskriterien homogen zusammengesetztes Publikum ausgerichtet werden konnte, wurde die Szene von einem typischen Sprachgebrauch geprägt. Die Verfügbarkeit eines gewissen Vokabulars und die Vertrautheit des einzelnen Akteurs mit dem typischen Sprachgebrauch war vielerorts ein Mittel des Zutritts respektive des Ausschlusses, so wie diese Faktoren umgekehrt für viele Anlässe eine konstitutive Funktion ausübten. In der Form eines "verallgemeinerten Andern" war beispielsweise der imaginäre Gesamteindruck, den jemand von einem Anlass hatte, für die Auswahl der Kleider, des Schmucks usw. ausschlaggebend. Der verallgemeinerte Andere war aber für den Sprachgebrauch als bestimmender Faktor auch im "privaten" Bereich, auf der Hinterbühne, anwesend. Er war massgebend für das Auftreten kontext-typischen Sprachgebrauchs verantwortlich.

Mit dem Anschluss an die modernen, visuellen Massenmedien wird jeder Konsument Teilnehmer an allen nur erdenklichen Kontexten. Als Zuschauer von Spielfilmen begegnet er einem Sprachgebrauch, der mehr auf die miterlebte Szene als auf den Zuschauer ausgerichtet ist; im Falle von Dokumentaraufnahmen, bei denen die Kamera als Vertreter der Zuschauer in Szene tritt, bewirkt diese eine Ausrichtung der Szene auf den verallgemeinerten Zuschauer, was sich in einer Art "staged authenticity" ausdrückt. Die Werbung münzt ihren Sprachgebrauch direkt auf die Zuschauer, die sie als potentielle Konsumenten des in Szene gesetzten Produkts versteht. Der gesamte, medial vermittelte Sprachgebrauch ist in seinem Werben um den Zuschauer - dem Erfolgsbarometer - auf Unterhaltung und Anregung ausgerichtet und gibt sich gegenüber dem Zuschauer freundlich und lobend. Im Gegensatz zur direkten

Interaktion in traditionellen Kontexten bleibt der Zuschauer der massenmedial vermittelten Szenen von der unmittelbaren Interaktion ausgeschlossen und in die Position des Beobachters versetzt. Als Zuschauer nimmt er an einem praktisch unbeschränkten Bereich kommunikativer Szenen teil, ohne in die Kommunikation interaktiv einbezogen zu sein. Seine Wahrnehmung der empfangenen Szene erfährt durch diese selbst keine individuellen Korrekturen.

1.1.3 Die Realisierung des sprachlichen Systems durch ein Sprechen, das seine Möglichkeiten aktualisiert - Produkt und Aktivität

Die Realisierung des Konsums in der Gebrauchspraktik bedeutet die Teilnahme und Erfahrung einer bestimmten Wirklichkeit. Die Realisierung verläuft auf zwei Ebenen zugleich: auf einer gesellschaftlich-kommunikativen und auf einer unmittelbar körperlichen.

Durch die Verwendung des Vokabulars im aktuellen kommunikativen Austausch erhebt der Sprechende im Akt des Sprechens Anspruch auf eine Position im gesellschaftlichen Gefüge. Er erfährt die kommunikativ vermittelte Wirklichkeit durch seine Bemühung um die Anerkennung seiner Position und aus der von ihm beanspruchten Position. Der kommunikativ erzeugte Sinn des Vokabulars wird immer positionsrelativ erfahren.

Gleichzeitig werden die Produkte immer unmittelbar körperlich wahrgenommen. Durch sie wird die körperlich erfahrene Wirklichkeit erzeugt, in der der Konsumenten-Körper lebt. Die durch "Geräte" vermittelte Wirklichkeitserfahrung stellt einen einfachen Bezug zur Umgebung dar, auf die sich das Interesse des Konsumenten richtet. Die Wirkung des Gerätes lässt sich körperlich direkt wahrnehmen. Bei der Verwendung von "Apparaten", die unter Einbezug von Fremdenergie eine Eigenbewegung vollführen, wird der Bezug zur Körperumgebung in magischer Weise transformiert. Der Apparat bietet dem Körper eine eigene Erfahrungswirklichkeit an. Durch den Einbezug einer elektronischen Steuerung wird die körperlich erfahrene Wirlichkeit weitgehend vom Produkt dominiert. Das Produkt präsentiert eine gestaltete Körperumgebung.

Dort, wo dem Konsumenten durch den gesellschaftlichen Kontext eine bestimmte Aktivität auferlegt wird, besteht die Tendenz, die Körperwirklichkeit durch den Einsatz elektronisch gesteuerter Apparate in eine möglichst umfassend gestaltbare Realität zu verwandeln. Die ehemals körperlich-sinnliche Umgebung, wird tendenziell durch eine gestylte ersetzt, die visuell-kognitiv kontrolliert wird. In der Terminologie von McLuhan können wir von einer generellen "Aufheizung" der Produkte sprechen: Vom Benützer wird immer weniger Beteiligung und Vervollständigung gefordert (McLuhan 1968, 29). McLuhan schreibt, dass "der Zustand höchster Entwicklung [...] per definitionem arm an Möglichkeiten aktiver Beteiligung [ist] und strikt in seiner Forderung nach Spezialisierung und Aufteilung an jene, die ihn unter Kontrolle halten wollen" (ebd., 36f). Charakteristische Begleiterscheinung der Aufheizung der Produkte ist die ausschliessliche Förderung eines einzelnen Sinnes [Gesichtssinn], die zu einer gesamthaften Umorganisierung des Gleichgewichts der Sinne und mithin der Wahrnehmung des Konsumenten führt (ebd., 53ff).

Die von vielen Konsumenten als Manko an sinnlichen Erlebnissen erfahrene Verschiebung der Sinne wird unter Zuhilfenahme verschiedenster "spezialisierter" Produkte gezielt ausgeglichen. Wo die Berufsarbeit oder kulturell auferlegte Haushaltsarbeit zur Effizienzsteigerung automatisiert werden, dafür aber zu einer sinnlichen Verarmung führen, wird als Ausgleich mit den Freizeitprodukten (als Erlebniseinheiten) ein Management sinnlicher Lebensweltgestaltung betrieben. Der durch Automatisierung von körperlicher Arbeit befreite Mensch schafft sich gezielt einen sinnlichen Erfahrungskontext. Gleichzeitig, wie sich die Produkterfahrung vom unbewusst wirkenden Zwang befreit, wird sie der kommunikativen Bedeutungsdefinition geöffnet. Ohne bereits auf einen gesellschaftlichen Kontext zu verweisen, wird die Produkteerfahrung frei für eine im Kommunikationsprozess auszuhandelnde Bedeutung.

1.1.4 **Die Herstellung einer Gegenwart durch den Akt des "Ich", das spricht, und gleichzeitig die Organisation einer Zeitlichkeit und die Existenz eines "Jetzt", das Präsenz in der Welt bedeutet: Realisierung des Werts**

Der Einfluss der Produkte als Bestandteile der Lebenswelt der Konsumenten auf die Konstitution der Zeitlichkeit geht in verschiedener Weise von zwei deutlich unterscheidbaren Phänomenen aus: Einerseits von der Veralterung des besessenen Produkts durch Abnützung, andererseits von der Veralterung durch Aenderung des Produkte-Kontexts. Im Falle der Veralterung durch Gebrauch und Abnützung positioniert sich der Konsument mit dem Produkt zeitlich im Ablauf seines Alltags. Die Abnützung der Produkte oder ihr Verzehr setzt den Benützer in einen Kontext, der in jedem "Jetzt" einen Bezug zu einem Vorher und einem zu erwartenden Zustand herstellt. Die Benützung der Produkte trägt dazu bei, den Alltag des Benützers mit einem zeitlichen Ablauf zu versehen.

Mit dem Prinzip "Mode" hält ein neuer Faktor in die Zeitkonstitution Einzug. Was ehemals das Privileg der wohlhabenden Gesellschaftsschicht war, wird zur Logik des Konsums schlechthin (Baudrillard 1982a, 66). Die dauernde Aenderung der ästhetischen Erscheinung der Produkte, ebenso wie ihre technische Veralterung, bringt eine soziale "Verzeitlichung" des Konsums in bisher unbekanntem Umfang mit sich. Die Entwertung durch Gebrauch tritt bei immer mehr Produkten gegenüber der Entwertung durch gesellschaftliche "Ueberholung" in den Hintergrund. Alles verliert seinen Wert aus "Unzeitmässigkeit" ohne eigentlich noch zu altern. Im Vordergrund steht die Aenderung, nicht die Veralterung, als Antwort auf Erneuerung. Selbst im Bereich der Technik, wo die Aenderung sinnlich kaum erfahrbar ist, wird die technische

Veralterung ästhetisch abgebildet und unter dem Mythos des Fortschritts als Entwertung verstanden.

Wie die Darstellung schon zum Ausdruck bringt, kann auch dieser Aspekt der Produkterfahrung als historische Entwicklung betrachtet werden. Die Mode erfasst als Prinzip sozialer Veralterung einen Bereich nach dem anderen. Die kommunikative Bestimmung der Verzeitlichung nimmt gegenüber der individuellen Erfahrung von Dauer überhand. Wie das sich zur Mode parallel entwickelnde Interesse an Antiquitäten zeigt, versucht der Konsument mit bestimmten Mitteln, die Erfahrung von Dauer zu bewahren.

1.2 Individuelle Praktik und Gesellschaftsstruktur

Wir haben in den vorangehenden Abschnitten auf die Elemente hingewiesen, die "aus der Aeusserung und sekundär auch aus dem Gebrauch einen Knoten von Umständen [machen], eine unauflösliche Verknüpfung mit dem Kontext, von dem sie abstrakt getrennt werden" (de Certeau 1988, 84). Der Variantenreichtum des Auftretens einzelner Elemente wurde vor allem als historische Entwicklung ausgemacht. Sie hat aber verschiedenerorts bereits auf das Nebeneinander der heterogensten Praktiken hingewiesen. Begnügen wir uns, wie wir dies im zweiten Teil der vorliegenden Arbeit getan haben, mit dem Aufweisen des Spektrums der Praktiken des Konsums anhand isolierter Beispiele, bleiben wir ebenso auf halbem Weg stehen, wie der Ethnologe, der Sprichwörter sammelt, um den Inhalt anhand von Strukturbeziehungen zu analysieren. Befreien wir die Praktiken von ihrem Zusammenhang im Alltag, um sie quasi mit wissenschaftlicher Systematik zu erforschen, lassen wir "die tausend verschiedenen Möglichkeiten, ein Sprichwort in einem bestimmten Moment oder gegenüber einem bestimmten Gesprächspartner 'gut anzubringen' " (de Certau ebd., 63) ausser acht. Erst mit der Berücksichtigung der Einbettung der Sprichwörter in den Kontext des Alltags tritt ihre gesellschaftliche Bedeutung hervor, wie sie für den Benützer erscheint. Für die bisher isoliert aufgedeckten Konsumpraktiken bedeutet dies, dass wir auch sie auf den gesellschaftlichen Kontext zurückführen müssen, in dem sie auftreten, um ihnen im Sinne der Konsumenten gerecht zu werden:

> "Les 'manières de faire' n'obéissent pas à une détermination individuelle. Elles forment des répertoires collectifs, repérables dans les façons d'utiliser la langue, de gérer l'espace, de faire la cuisine etc. Des procédures d'origines hétérogènes peuvent se succéder et se croiser dans le champ des activités individuelles, à la façon d'acteurs traversant la scène qui porte le nom d'un supposé auteur." (de Certeau 1987, 64)

Um dem gesellschaftlichen Charakter des Konsums gerecht zu werden, ohne die Komplexität des Phänomens unnötig zu reduzieren, schlagen Douglas/Isherwood vor, den Konsum als Informationssystem zu betrachten (Douglas/Isherwood 1979, 72). Verlassen wir unter diesem Aspekt einmal die rein individuelle Benützung der Produkte, wird schnell ersichtlich, dass ihre Rolle als Gebrauchsprodukte der Funktion, einen verständlichen Kontext zu konstruieren, untergeordnet ist. Wie die Sprache leistet auch die Aneignung und der Gebrauch von Produkten einen zentralen Beitrag für die Einfügung des einzelnen in das gesellschaftlich konstruierte Bedeutungsuniversum. Sie werden selbst Bestandteil der Sprache. In dieser Funktion haben die Konsumgüter als sinnlich wahrnehmbare Erscheinungen den speziellen Vorteil, dass sie durch die relative Stabilität ihrer Erscheinung eine bestimmte Trägheit aufweisen (ebd., 65). Die Sprache bildet nur einen Kanal der Bedeutungsvermittlung und erzeugt erst Sinn, wenn sie in das Verhalten des Sprechers und seine Umgebung (Raum, Zeit, Orientierung, Bekleidung, Essen, und natürlich Konsumgüter usw.) eingeflochten ist (vgl. ebd., 64). Auf diesen Zusammenhang werden wir später ausführlich eingehen. Vorläufig begnügen wir uns mit der Feststellung, dass Konsumgüter geeignet sind, Sinn festzumachen und vermitteln zu helfen.

Konsumgüter sind nicht Träger fester Informationen, sondern bilden selbst einen Bestandteil des bedeutungsstiftenden Systems. Das einzelne Produkt hat keine eigenständige Bedeutung, sondern erhält diese erst im Kontext der Bedeutungserzeugung insgesamt. Betrachten wir Kultur als das umfassende Bedeutungssystem einer Gesellschaft, erweisen sich die Konsumgüter als die sichtbaren Bestandteile, die Spitzen des Eisbergs eines umfassenden Bedeutungsgefüges. "The stream of consumable goods leaves a sediment that builds up a structure of culture like coral islands" (ebd., 75). Kultur als System der Bedeutungserzeugung und -vermittlung darf allerdings nicht auf die pragmatische Funktionsebene der Informationsvermittlung reduziert werden. Jedes Bedeutungssystem übt Macht aus, weil es die Gesellschaftsmitglieder in der Kommunikation gegenseitig positioniert. Indem es die Kommunizierenden positioniert, realisiert es eine bestimmte Gesellschaftsstruktur.

Der Zusammenhang von Kultur und Macht weist, wenn wir den Konsum aus der Sicht de Certeaus als Praktik des Alltags angehen, auf die Problematik von Douglas/Isherwoods Ansatz hin. Wenn sie vom Konsum als dem sichtbaren Teil der Kultur sprechen, gehen sie davon aus, dass dieser die anerkannte, gesellschaftlich einzig relevante Kultur ausdrückt. Nach Douglas/Isherwood bildet der Konsum ein von allen Gesellschaftsmitgliedern anerkanntes, kulturelles System ab, das alle Beteiligten nach ihrem Verhältnis zu diesem System positioniert. Die Gesellschaftsstruktur ergibt sich unmittelbar aus der Fähigkeit der Gesellschaftsmitglieder, sich die anerkannte Kultur anzueignen. De Certeaus These, dass sich die Praktiken des Alltags umso häufiger gegen das sichtbare Kultursystem wenden, je dichter dessen Dispositionen werden, weist auf die Gefahr hin, die Douglas/Isherwood laufen, wenn sie den Konsum als sichtbaren Teil der Kultur bezeichnen - auf die Gefahr nämlich, dass der sichtbare Teil des Konsums eine Kultur repräsentiert, die immer mehr von einem sekundären Bedeutungssystem durchdrungen wird. Dem Ganzen einer Gesellschaft werden wir deshalb nur gerecht, wenn wir auch die Alltagspraktiken des Konsums, die nicht den Dispositionen der Produzenten entsprechen und die gerne als "Vulgarisierung" bezeichnet werden (de Certeau 1988, 82), in die Darstellung einbeziehen. Diese "Praktiken des Umfunktionierens" (ebd., 60) können im gegenwärtigen Stadium der gesellschaftlichen Entwicklung nicht mehr als Praktik einer machtlosen Marginalität übergangen werden. Während diejenigen, die den anerkannten Sprachstil sprechen, ihre Macht durch Rückgriff auf diesen Besitz strategisch erreichen, nützen die "Besitzlosen" die Dispositionen des Systems taktisch durch das Ergreifen günstiger Gelegenheiten und deren Transformation aus.

2. VON GESELLSCHAFTLICHER TOTALLOGIK ZU POSTMODERNER GESTALTUNGSFREIHEIT

Ein Vergleich verschiedener Theorien, die die Praktiken des Konsums als gesellschaftliches Phänomen interpretieren, lässt einen Bruch in der Theorietradition erkennen, der eine Zweiteilung erlaubt. Ihren Ursprung nehmen im folgenden dargestellten Theorien in der traditionellen Vorstellung der hierarchisch geschichteten Gesellschaft - mit Ausnahme von Veblen in der marxistischen Tradition der Klassengesellschaft. Während aber Barthes und Bourdieu der marxistischen Vorstellung der Klassengesellschaft verhaftet bleiben, denkt vor allem Baudrillard die marxistische Logik der Gesellschaftsstrukturierung unter den Gegebenheiten der gegenwärtigen Produktion zu Ende, wobei er zu einer tendenziellen Auflösung der nach marxistischem Schema strukturierten Klassengesellschaft gelangt. Wie die Ausführungen zu den Konsumpraktiken im zweiten Teil der vorliegenden Arbeit erkennen lassen, haben sich die von Baudrillard schon 1977 (mit der Veröffentlichung der französischen Originalausgabe von "Der symbolische Tausch und der Tod") ausgemachten Anzeichen einer Auflösung der Klassengesellschaft verdichtet.

Auf der Grundlage der Baudrillardschen Analyse gelangen wir zur Ansicht, dass die Theorien, die noch von der Existenz einer hierarchischen Schichtengesellschaft nach traditionellem Muster ausgehen, historisch eher einer Gesellschaft adäquat sind, die im Sinne von Lyotard noch von einer "grossen Erzählung" geleitet wird (Lyotard 1988). Historisch lokalisiert wären diese Theorien der geschichteten Gesellschaft in Europa ungefähr bis zum Abschluss des wirtschaftlichen Wiederaufbaus nach dem Zweiten Weltkrieg und zu Beginn der aufkommenden Dominanz der Elektronik in Produktion und Kommunikation angemessen. Mit dem Verschwinden der "grossen Erzählungen" im Anschluss an den Wiederaufbau büssen die konstitutiven Kategorien der geschichteten Gesellschaft Besitz, Beruf und Herkunft ihren gesellschaftsprägenden Charakter ein. Der Konsum wird, wie Baudrillard zeigt, von der hierarchischen Logik zunehmend befreit.

Wir wollen uns in diesem Kapitel mit den genannten Ansätzen zur Darstellung des Konsums befassen, um nach einem Einschub im dritten Kapitel zu einer Darstellung zu kommen, die der gegenwärtigen Einbettung des Konsums in die Gesellschaft gerechter wird, als die Theorie der hierarchisch geschichteten Gesellschaft.

2.1 Konsumpraktik als Spiegel der hierarchisch geschichteten Gesellschaft

2.1.1 Ostentativer Konsum bei Veblen

Veblen führt im Zeitpunkt seiner Beobachtungen (Originalausgabe 1899) die gesamten Konsumpraktiken auf ein zentrales Motiv zurück, das schon in den archaischen Gesellschaften dominant war: die Rivalität oder das gegenseitige Sich-Messen. In den archaischen Gesellschaften, in denen die Phänomene in beseelte und unbeseelte Wesen unterteilt wurden, galt die Einwirkung auf unbeseelte Wesen, die lediglich in der Transformation von toter Materie bestand, gegenüber dem Einwirken auf beseelte Wesen, das die Beherrschung fremder Kräfte erforderte, als minderwertig und wurde den Frauen zugeteilt (Veblen 1981, 25ff). Im Umgang mit den beseelten Wesen - hauptsächlich auf der Jagd und in kriegerischer Betätigung - konnten sich die Männer durch List, Mut oder Kraft auszeichnen und Trophäen sammeln, die ihre Heldentaten zum Ausdruck brachten.

Aus dieser ursprünglichen Arbeitsteilung entwickelte sich die Unterscheidung von produktiver und unproduktiver Betätigung, die bis in die Gegenwart für das Prestige der verschiedenen Betätigungen massgebend ist.

Unter den Bedingungen der sich industriell entwickelnden Wirtschaft drückt sich die unterschiedliche Bewertung in etwas geänderter Erscheinung aus. Zwar bleibt die produktive Arbeit weiterhin mit dem Stempel der Notwendigkeit behaftet, der Erfolg, der sich nun auf die Stellung im Produktionssystem bezieht, wird durch den Reichtum als moderne Trophäe zum Ausdruck gebracht. Der Besitz wird zum Instrument, um Ansehen und damit auch Selbstachtung "zu gewinnen, denn die Grundlage der Selbstachtung besteht normalerweise in der Achtung, die einem der Nachbar entgegenbringt. Nur Menschen mit abweichendem Charakter können auf die Dauer das Missfallen ihrer Mitmenschen ertragen und ihre Selbstachtung bewahren. Solche Ausnahmen sind vor allem Leute mit starken religiösen Ueberzeugungen, doch handelt es sich hier kaum um wirkliche sondern eher um scheinbare Ausnahmen, denn derartige Menschen finden ihren Halt im Glauben an einen übernatürlichen Zeugen, der ihre Taten gutheisst" (Veblen ebd., 38). Die gesellschaftliche Schichtung, welche sich unmittelbar aus dem individuellen Zugang ihrer Mitglieder zum Reichtum ergibt, lässt sich nicht nur als objektive Erscheinung nachzeichnen, sondern wird von den Mitgliedern in Form der Selbstachtung auch subjektiv wahrgenommen.

Unschwer wird an der Verwendung von Einkommensüberschüssen ersichtlich, dass "der Kampf um Besitz nicht, wie es unter den hartnäckigen Anhängern der modernisierten klassischen Lehrmeinungen üblich geworden ist, als Kampf ums Dasein zu verstehen ist." (ebd., 34) Auch die an die Vorstellung des Kampfs ums Ueberleben anschliessende Interpretation des Strebens nach Reichtum als Mittel zur Erlangung vermehrter Annehmlichkeiten im Leben ist irreführend. Im Vordergrund des Interesses an Reichtum bleibt der Wettlauf nach Auszeichnung. Dieser dominierenden Logik folgend wird die Frau, sobald es das Einkommen des Ehemannes erlaubt, von der Arbeit in der industriellen Produktion befreit, um sich um das Wohl des Mannes zu kümmern. Je gehobener das Einkommen des Mannes, desto mehr wird die Frau von jeglicher produktiver Arbeit befreit; es wird ihr zunehmend erlaubt, sich stellvertretend für ihren Mann, der in seiner Position unabkömmlich ist, dem demonstrativen Müssiggang und Verbrauch hinzugeben. Unter Musse darf allerdings nicht einfach Trägheit oder Ruhe verstanden werden. Im Zentrum steht "die nichtproduktive Verwendung der Zeit" (ebd., 47). Da sich das müssige Leben aber nicht dauernd vor den Augen anderer Menschen abspielt, mit denen um Anerkennung rivalisiert wird, werden Konsumpraktiken entwickelt, die auf die privat verfügbare Musse und auf die Distanz gegenüber jeglicher produktiver Tätigkeit hinweisen. Typische Beispiele für derartige anerkanntermassen aufwendige Konsumpraktiken finden sich in musischer Betätigung, im Interesse an Mode, an Möbeln, Reisen, Spielen, Sport usw. (ebd., 48). Betrachten wir die Konsumpraktiken insgesamt, ist auch das ganze zeremonielle und formelle Verhalten, das im ostentativen Konsum zum Ausdruck kommt, der Darstellung von Musse in der Begegnung mit andern zuzurechnen. "Die Kenntnis und Beherrschung feiner Lebensformen ist eine Frage langer Gewöhnung. Guter Geschmack, Manieren und kultivierte Lebensgewohnheiten sind wertvolle Beweise der Vornehmheit, denn eine gute Erziehung verlangt Zeit, Hingabe und Geld [...]" (ebd., 50).

Gerade der "gute Geschmack", mit dem die bürgerliche Hausfrau die Wohnung einrichtet, ist exemplarischer Ausdruck des ostentativen Konsums. Der "gute Geschmack" steht als Beweis für die Musse, die aufgewendet werden muss, um Gefallen an den Dingen und ihrer gekonnten Zusammenstellung und Dekoration zu finden, denn "[d]ie Dinge gefallen uns nämlich nur deshalb, weil wir gelernt haben, dass sie so sein müssen, wie sie sind." (ebd,. 72) Die Analyse des "guten Geschmacks" zeigt uns denn auch, dass er sich aus Traditionen herausgebildet hat, "die ihrerseits vom

Gesetz der demonstrativen Vergeudung von Zeit und Energie geprägt wurden" (ebd.).

Die Ausführungen zu Veblens Konsumtheorie lassen erkennen, dass seine Theorie auf der radikalen Basis der individuellen Differenzierung oder des neiderfüllten Wettbewerbs ein Prinzip der totalen Sozialanalyse bildet (vgl. Baudrillard 1982a, 78). Das gesellschaftliche Bild, das sich aus der Veblenschen Konsumanalyse ergibt, unterscheidet sich vom marxistischen insofern, als aus ihr nicht notwendigerweise eine Zweiteilung der Gesellschaft in eine Klasse der Eigentümer und eine Klasse der Besitzlosen entsteht. Vielmehr verlaufen "in den modernen zivilen Gesellschaften", wie Veblen schreibt, die "Trennungslinien zwischen den einzelnen Klassen sehr undeutlich [...]" (Veblen 1981,73). Die Analyse der Konsumpraktiken gibt aber dennoch eine eindeutige gesellschaftliche Hierarchie dadurch zu erkennen, dass die Mitglieder jeder Klasse (Schicht) ihr Konsumideal vom Konsum der ihr unmittelbar überlegenen Schicht ableiten (ebd., 73). Dieser durch die ganze Gesellschaft durchgehende Prozess des Kopierens verweist darauf, dass in der Veblenschen Gesellschaft eine eindeutige Spitze besteht, welche für die Lebensformen der ganzen übrigen Gesellschaft normgebend ist (ebd.). Aus Mangel an Reichtum versuchen die Angehörigen jeder Schicht, zumindest dem Schein nach, den von der unmittelbar übergeordneten Schicht übernommenen Normen nachzuleben. Selbst wo wirklich Not herrscht, wird nicht gänzlich auf den demonstrativen Konsum verzichtet, um nicht den letzten Schein von Wohlanständigkeit, welcher Garant für die Zugehörigkeit zur Gesellschaft bildet, zu verlieren.

Wenngleich Veblen mit seinen Bemerkungen zur Selbstachtung der Konsumenten die subjektive Wahrnehmung der Gesellschaftshierarchie anspricht, geben seine Ausführungen ansonsten keinen direkten Aufschluss über das Bewusstsein der Konsumenten gegenüber ihrer gesellschaftlichen Positionierung. Allein durch den Hinweis, dass sich jeder nach dem von der übergeordneten Schicht zur Schau getragenen Konsum richtet, ist noch wenig darüber gesagt, ob er sich dadurch selbst im objektiven Raster des Konsums positioniert. Diese Frage bildet gerade den Ausgangspunkt von Bourdieus Analyse der Konsumpraktiken, auf die wir im folgenden Abschnitt eingehen werden.

2.1.2 Konsum als Bestandteil des Habitus bei Bourdieu

Zur folgenden Darstellung von Bourdieus Theorie der Konsumpraktiken ist vorweg zu bemerken, dass der Komplexität seiner Theorie hier in keinem Fall entsprochen werden kann. Es geht uns vor allem darum, die von Bourdieu gegenüber Veblen unternommene Weiterentwicklung aufzuweisen.

Mit Veblens Erklärungsansatz des Konsums teilt Bourdieu das Interesse an den Konsumpraktiken, die, wie er mit seinen Ausführungen zu Weber erläutert, gegenüber dem reinen Besitz für die Identifikation der Klassenlagen eindeutig Vorrang haben. "[W]eniger durch den puren Besitz geprägt als vielmehr durch eine bestimmte Art, diese Güter zu verwenden, nämlich das Streben nach Distinktion, verstehen es die Stände, eine ob ihrer Seltenheit und Gesuchtheit unnachahmliche Form des Konsums zu erfinden und somit schliesslich noch dem gemeinsten Konsumartikel die Aura der Erlesenheit zu verleihen" (Bourdieu 1970, 60). Wie auch Veblen beschränkt Bourdieu die Symbolik, die die Klassenstellung ausdrückt, nicht auf die Kundgabemittel, sondern erachtet die "Gesamtheit der sozialen Handlungen" als distinktive Praktik. Der eigenständige Schritt, den er in "Die feinen Unterschiede" (1982) - seinem zentralen Werk zu den Konsumpraktiken - macht, besteht im Versuch einer Ueberwindung des strikten Objektivismus, auf denen die Marxschen Analysen beruhen und des strikten Subjektivismus, den Schütz anwendet (Bourdieu 1987b, 148ff). Die Möglichkeit für eine derartige Ueberwindung sieht er in der parallelen Analyse der sozialen Genese von Wahrnehmung, Denken, Handlung einerseits und derjenigen der sozialen Klassen andererseits (ebd., 147). Um die Antinomie der beiden Erkenntnisweisen zu durchbrechen, muss sich die "wissenschaftliche Praxis einem

Erkennen des Erkenntnissubjekts unterordnen" (vgl. Bourdieu 1987a).

Bourdieus Theorie der Konsumpraktiken werden wir demzufolge am ehesten gerecht, wenn wir in groben Zügen die Entstehung der Konsumpraktiken und die Entstehung der Klassen in ihrer gegenseitigen Abhängigkeit erörtern. Dies beginnen wir am einfachsten beim Kapital, über das jedes Gesellschaftsmitglied in individueller Ausprägung verfügt und das am Ursprung von objektiver Klassenbedingung und klassentypischen Praktiken steht. Das individuell verfügbare Kapital setzt sich als Summe aller effektiv aufwendbaren Ressourcen und Machtpotentiale zusammen, d.h. aus ökonomischem (finanzielle Möglichkeiten insgesamt), sozialem (Herkunft) und kulturellem (Bildung im umfassenden Sinn) Kapital (Bourdieu 1982, 192). Das Kapital ergibt ein Gesamtvolumen aufwendbarer Ressourcen und ist als solches für die objektive hierarchische Gliederung der Gesellschaft verantwortlich. Aus der gesellschaftlichen Verteilung des Gesamtkapitals kann allerdings noch nicht auf die gesellschaftlichen "Felder" (Klassen) geschlossen werden, denn die Felder lassen sich erst durch die Kenntnis der spezifischen Zusammensetzung des individuell verfügbaren Kapitals konstituieren, das hauptsächlich durch die zwei Pole "finanzielles Vermögen" und "kulturelles Kapital" gesellschaftlich wirksam wird (als symbolisches Kapital eingesetzt) (vgl. Bourdieu 1982, Darstellung S. 212f). Die Soziologie dieser Felder als Untersuchung der gesellschaftlichen Kräfteverhältnisse charakterisiert Bourdieu als Sozialtopographie (1985, 9). Mit der Verfügbarkeit eines jeweils feldtypischen Kapitals wird in jedem Feld festgelegt, worum gespielt wird und welches die Trümpfe sind, die stechen. Die Anerkennung dieser Einsätze bildet allerdings nicht ein konstantes Merkmal eines Feldes, sondern ist Gegenstand eines täglichen Kampfes um Anerkennung.

Mit diesem Hinweis zur dauernden Aushandlung der symbolischen, d.h. gesellschaftlich anerkannten distinktiven Einsätze ergibt sich ein Anknüpfungspunkt zur subjektiven Bedeutung der Gesellschaftsstruktur oder der Verteilung der gesellschaftlichen "Felder". Jeder individuelle Erwerb eines bestimmten Kapitals ist, wie Bourdieu hauptsächlich an der Erziehungssoziologie nachweist, mit der Entwicklung eines feldtypischen "Habitus" verbunden. Der Habitus der zum Schlüsselbegriff für die Darstellung der subjektiven Wahrnehmung der Gesellschaftsstruktur wird, bildet sich in Abhängigkeit der objektiven Existenzbedingungen eines Feldes heraus und bestimmt gleichzeitig das soziale Verhalten der einzelnen als auch ihre Wahrnehmung. Durch die gleichzeitige Konstitution von Verhalten und Wahrnehmung in Abhängigkeit vom verfügbaren Kapital entsteht das Gespür des einzelnen für seinen Platz in der Gesellschaft, der "sense of one's place" wie Bourdieu das Gespür mit Verweis auf Goffman nennt (Bourdieu 1987, 153).

Der Habitus, der als bestimmten Existenzbedigungen hervorgehend gleichzeitig Praktiken und Wahrnehmung prägt, ist für Vorlieben und Aversionen gegenüber Produkten und Praktiken massgebend. Er drückt sich in einem Geschmack aus, der die Distanz zur Notwendigkeit abbildet und insgesamt dauernd als distinktiver Mechanismus wirkt. Die Praktiken des Alltags funktionieren als feldtypische Erscheinung insgesamt distinktiv und nehmen ihre Form ausserhalb jeder Absicht, allein als unbewusste Konsequenz des verfügbaren Kapitals an. Wenngleich sich Bourdieu mit dem Begriff der "Felder" dagegen wehrt, diese aufgrund ihres gemeinsamen Habitus als Klassen zu verstehen, zeichnet sich in "Die feinen Unterschiede" doch deutlich eine Klassengesellschaft in Abhängigkeit der Verfügbarkeit von Kapital ab. Im Verhältnis zu Marx' Klassen sind die von Bourdieu bezeichneten Felder nicht als potentiell mobilisierbare Einheiten, sondern mehr als statistische Ensembles zu interpretieren, deren Mitglieder sich aufgrund der gemeinsamen Dispositionen verstehen, ohne sich näher zu kennen. Die Klassenstruktur, die sich in "Die feinen Unterschiede" in diesem Sinne herausschält, weist im wesentlichen drei Kategorien auf:

Das Grossbürgertum, das sich durch die Freiheit von jeder Notwendigkeit herausbildet und an der Spitze der Gesellschaftspyramide stehend, den legitimen Geschmack definiert (ebd., 405ff).

Das Kleinbürgertum, das sich durch seine Anstrengungen, das Grossbürgertum zu imitieren ("Bildungsbeflissenheit"), dauernd zu erkennen gibt (ebd., 500ff).

Die Arbeiterschaft, die sich dauernd durch den von Notwendigkeit geprägten Geschmack verrät (ebd., 585ff).

Dieser Darstellung folgend gelangen wir zu einem Bild der Konsumpraktiken, das zwar eindeutig eine von allen Gesellschaftsmitgliedern anerkannte Hierachie wiedergibt, das aber gleichzeitig eine in Felder aufgeteilte Gesellschaft aufweist, deren jeweilige Mitglieder eine feldspezifische Sicht der Wirklichkeit einnehmen.

2.1.3 Konsum von Mythen bei Barthes

Mit den "Mythen des Alltags" (1964) präsentiert Barthes einen Ansatz zur Untersuchung der Praktiken des Alltags, der chronologisch zwar deutlich vor Bourdieu einzureihen ist (Originalausgabe 1957), der aber als eindeutiger Vorgänger des Ansatzes von Baudrillard zu erkennen ist. Als Darstellung von Alltagspraktiken sind die "Mythen des Alltags" insofern zu verstehen, als sie zeigen, dass der ahnungslose Leser oder Interpretant der Mythen nicht deren "Form", d.h. deren oberflächliche Erscheinung, sondern den Mythos selbst, d.h. die verborgene Bedeutung "nach den Zwecken seiner Struktur verbraucht" (Barthes 1964, 111).

Um Barthes Theorie des Konsums von Mythen verständlich zu machen, ist zunächst zu zeigen, wie ein Mythos im Alltag entsteht und was er als solcher bedeutet. Wie schon weiter oben erläutert (zweiter Teil, 2.2.2), kommt - analytisch gesehen - jeder Bedeutungsträger durch das Zusammenwirken einer denotativen (bedeutenden) und einer konnotativen (bedeuteten) Ebene zustande. Vom gewöhnlichen Bedeutungsträger unterscheidet sich der Mythos darin, dass er aus einer semiologischen Kette besteht, die bereits vor ihm existiert. Der Mythos benützt die Assoziation (das Zeichen), die auf der ersten Stufe zwischen Signifikant und Signifikat zustande kommt, lediglich als neues Signifikat, wodurch erst der mythische Sinn zustande kommt. "[D]ie Materialien der mythischen Aussage (Sprache, Photographie, Gemälde, Plakat, Ritus, Objekt usw.)" reduzieren sich, "auf die reine Funktion des Bedeutens, [..] sobald der Mythos sie erfasst" (ebd., 92f). Der Sinn, den sie auf der ersten Stufe der Assoziation erlangten, wird durch den Mythos nicht aufgehoben, sondern entleert und deformiert, um einen neuen Sinn zu erzeugen.

Das Zustandekommen des Mythos hängt von der Möglichkeit ab, einen bestehenden Sinn zu entleeren und die dadurch gewonnene leere Form mit einem neuen Bedeuteten zu assoziieren. Insofern der Mythos auf einen bestehenden Sinn angewiesen ist, ist er - im Unterschied zum Sinn der primären Stufe - nicht völlig beliebig, sondern immer teilweise motiviert (ebd., 108). Entscheidend ist, dass Sinn überall dort frei wird, wo er von seiner Entstehung befreit wird. Barthes bezeichnet die Mythologisierung eines bestehenden Bedeutungsträgers als Verwandlung von Geschichte in Natur. Die geschichtliche Entstehung wird vom Mythos verdrängt und in eine mythische Form transformiert, die als naturgegeben verstanden wird. Jedes Produkt, sei es ein Konsumgut oder irgendein anderes Ergebnis eines menschlichen Prozesses, kann, sobald es sich vom Kontext seiner Entstehung entfernt, in einen Mythos transformiert werden.

Mit dieser Entstehungsbedingung des Mythos sind wir unmittelbar beim gesellschaftlichen Charakter der Mythen des Alltags angelangt. Denn auf der Grundlage eines marxistischen Gesellschaftsverständnisses kann gezeigt werden, dass die Produktion von Mythen ein weitgehendes Monopol der nicht arbeitenden Klassen

(Kleinbürger- und Grossbürgertum) ist. "Es gibt also eine Sprache, die nicht mythisch ist. Es ist die Sprache der produzierenden Menschen: überall, wo der Mensch spricht, um das Wirkliche zu verändern, [...] ist der Mythos unmöglich" (ebd., 134f). Damit ist der Mythos als typische Erscheinung des Bürgertums entlarvt, das als namenlose Erscheinung zwischen Aristokratie und Arbeiterklasse seine Werte in mythischer, also quasi-natürlicher Weise durchsetzt (ebd., 123).

Diese zentrale These erklärt Barthes historisch wiefolgt: Die Bourgeoisie, die aus der französischen Revolution hervorging, hat sich auf realer Basis unzweideutig zum Kapitalismus als ihrem ökonomischen System bekannt. Auf politischer, wie erst recht auf ideologischer Ebene fehlt ihr aber, wie Barthes bemerkt, eine Basis, zu der sie sich bekennen würde. Beim Uebergang vom "Realen zu seiner Repräsentierung, vom Oekonomischen zum Geistigen [hat] sie ihren Namen ausgelöscht" (ebd., 124), um die Aristokratie durch die Verwischung der Unterschiede auszuschalten. Ihre Werthaltung bringt sie dadurch in die Gesellschaft ein, dass sie der Arbeiterklasse Bedeutungsträger entlehnt und diese mythisch transformiert. Die so entstandenen Mythen werden von ihren ahnungslosen Lesern als naturgegebene Norm akzeptiert.

Bezogen auf den Konsum sind die "Mythen des Alltags" so zu interpretieren, dass sie die verschiedensten Konsumgüter in reine Werte bürgerlicher Ideologie transformieren. Spielzeuge, Esswaren, Reiseführer, Autos, Einfamilienhäuser, Kücheneinrichtungen und -gegenstände, Film, Theater, Hochzeit u.a. werden von der Bourgeoisie aufgegriffen und mythisch in gesellschaftliche Werte verwandelt. Hat sich der Mythos einmal eines Produkts bemächtigt, wird es nicht mehr in seiner vordergründigen Funktion, sondern nur noch als gesellschaftlicher Wert konsumiert. Gerade dadurch, dass der Mythos nicht erkannt wird, überschattet er jede unmittelbare Wahrnehmung des Produkts.

2.2 Simulation und Freisetzung des Konsums bei Baudrillard

2.2.1 Die Referenz der kapitalistischen Warenproduktion

Wie schon der Titel "Le miroir de la production ou l'illusion critique du matérialisme historique" (1973) des ersten Buches verrät, in dem Baudrillard die Problematik entwicklungsgeschichtlich angeht, versteht er die gesellschaftliche Logik des Konsums in enger Anlehnung an Marx als Abbild der Produktion. Baudrillard nimmt in seiner Interpretation des historischen Materialismus explizit Bezug auf die von Marx genannten drei Entwicklungsstufen, die wir deshalb auch kurz wiedergeben wollen (vgl. ebd., 100):

1. Stufe: In archaischen und feudalen Gesellschaften wird nur der materielle Ueberschuss getauscht. Grosse Bereiche bleiben vom Tausch und vom Handel ausgenommen.

2. Stufe: Unter der kapitalistischen Oekonomie entfremdet sich das ganze Volumen der materiellen Produktion.

3. Stufe: Auch was bisher geteilt aber nicht getauscht wurde, wie Tugend, Liebe, Wissen und Gewissen, wird vom Tauschwert er-fasst. Es ist die Epoche, in der eine generelle Korruption herrscht und alles auf den Markt getragen wird, um seinen genauen Tauschwert zu erfahren.

Um Baudrillards Interpretation der Gesellschaftsstruktur als Abbild der Produktion und seine Kritik an der Marxschen Darstellung (genauer: Prognose) der dritten Entwicklungsstufe zu verstehen, ist an Marx' Entäusserungs- und Entfremdungsbegriff zu erinnern, der auf Hegels Phänomenologie des Geistes zurückgeht: Dadurch, dass die wahre Bestimmung des Menschen auf seiner Freiheit beruht, "entspricht der Mensch seiner wahren Bestimmung nur, wenn er in freier Spontaneität seines Willens das verwirklicht, wozu er sich selbst in der Freiheit seines Entschlusses bestimmt hat"

(Landshut 1973, 42).

Mit seiner nationalökonomischen Theorie begründet Marx, dass der Arbeiter aufgrund der Eigentumsverhältnisse im Kapitalismus "um so weniger zu konsumieren hat, [..] je mehr Werte er schafft" (Marx 1974, Gesammelte Werke, Ergänzungsband, 513). Durch die eigene Arbeit bewirkt der Arbeiter seine Verarmung und Abhängigkeit. Der Gegenstand, den er produziert, tritt ihm wegen der nationalökonomischen Gesetzmässigkeit als unabhängige Macht gegenüber. In der Aneignung des Produkts durch den Kapitalisten vergegenständlicht sich die Arbeit. Das Leben, das der Arbeiter dem Produkt verleiht, tritt ihm feindlich gegenüber. Der Arbeiter verhält sich zu dem Produkt seiner Arbeit als einem fremden Gegenstand. Die Aneignung wird als Entfremdung, Entäusserung erlebt (vgl. ebd., 512). Die Entfremdung vollzieht sich aber nicht nur im Produkt, sondern auch im Akt des Produzierens. Dadurch dass die Tätigkeit nicht mehr dem Arbeiter selbst gehört, vollzieht der Arbeiter in der Tätigkeit des Produzierens seine Selbstentfremdung. Die Selbstentfremdung, die einer Entmenschlichung gleichkommt, ist unter dem spezifischen oder gattungsmässigen Charakteristikum des Menschen zu verstehen. Im Unterschied zum Tier, das mit seiner Aktivität nur sich selbst produziert, reproduziert der Mensch frei von unmittelbar physischen Bedürfnissen die ganze Natur. Die Natur erscheint "als **sein** Werk und seine Wirklichkeit" (ebd., 517), der er frei gegenübertritt. Indem die entfremdete Arbeit dem Menschen den Gegenstand seiner Produktion entreisst, entreisst sie ihm sein Gattungsleben, d.h. seine Menschlichkeit.

Auf dem Hintergrund dieses Entfremdungsgedankens reinterpretiert Baudrillard historisch die Marxschen Entwicklungsstufen der Entfremdung, wobei er spezielles Gewicht auf die Bedeutung der Produkte für die Strukturierung der Gesellschaft legt.

Die erste von Marx genannte Entwicklungsstufe umfasst den Uebergang vom feudalen Gesellschaftssystem, das sich durch absolut starre Strukturen kennzeichnet, hin zum bürgerlichen System, das vom Wettbewerb auf dem Gebiet der Distinktionszeichen geprägt ist (Baudrillard 1982, 80). Während in dieser vorkapitalistischen Phase die industrielle Produktion noch eine marginale Funktion spielt, gibt sich die bürgerliche Gesellschaft durch die Zeichen der Imitation zu erkennen. Unter der Herrschaft der Konkurrenz in der bürgerlichen Gesellschaft verbinden die Zeichen nicht mehr die Menschen direkt, sondern verweisen auf die Natur als entzaubertes Universum, dem in der freien Konkurrenz um Positionen alle gleichsam habhaft werden können. Der Stuck reflektiert exemplarisch die Verherrlichung der im Aufschwung begriffenen Wissenschaft und Technologie als neue Mittel der Macht (ebd., 82f).

Was schon in der vorkapitalistischen Phase der bürgerlichen Gesellschaft angelegt war, bricht mit dem Aufkommen des Kapitalismus ungehindert durch: Wissenschaft und Technologie werden in der Form der Technokratie zum strukturbestimmenden Faktor. In der technisch organisierten Produktion bestimmt die Technologie, was produziert und als Ware auf den Markt gebracht wird. Massgebend für die industrielle Produktion ist nicht mehr der Bezug zu einem Realen, das in der Natur gegeben ist, sondern von allem Anfang an die serielle Produzierbarkeit der Ware, die als Tauschwert auf dem Markt realisiert wird. Die Entfremdung tritt in der Form der Trennung von Produktion und Gebrauch oder von Tauschwert und Gebrauchswert auf. Während in der vorkapitalistischen Phase die Erzeugnisse menschlicher Aktivität insofern keinen Zeichencharakter annahmen, als sie in die Realisierung der menschlichen Spontaneität einbezogen, und nicht (wie der Stuck) als Abbildung des Realen in Distinktionszeichen verwandelt wurden, transformiert die kapitalistische Produktion ihre Produkte insgesamt in Distinktionszeichen, deren Referenz der Gebrauchswert ist, indem sie diese allein im Hinblick auf ihren Tauschwert produziert. Wie die Analyse von Veblen zeigt (Baudrillard ebd., 89), erlangt der Konsum von Waren seine gesellschaftsstrukturierende Bedeutung dadurch, dass er auf die Aneignung des Tauschwerts verweist. Tauschwert und Gebrauchswert stehen als Zeichensysteme nebeneinander und erzeugen in gegenseitigem Bezug die gesellschaftliche Struktur.

Stellen wir an dieser Stelle den Bezug zu Barthes Interpretation der bürgerlichen Transformation der Waren in Mythen bürgerlicher Ideologie her, passt die Darstellung insofern zu derjenigen Baudrillards, als beide vom Verlust der ursprünglichen Referenz ausgehen. Während sich bei Baudrillard der strukturierende Wert der Ware aus der Referenz auf den Produktionsprozess allein ergibt, interpretiert Barthes die Produkte, die dem Nicht-Arbeiter als reine Zeichen entgegentreten, als Mythen, die in der Tradition der vorkapitalistischen, bürgerlichen Gesellschaft noch natürlich erscheinen. Um ihre autoritäre Funktion auszuüben, täuschen sie die Natürlichkeit weiterhin vor.

2.2.2 Der Verlust der Referenz unter der Herrschaft des Codes

Bis zum Stadium der kapitalistischen Serienproduktion bleibt Baudrillard der Marxschen Darstellung der Entwicklungsstufen weitgehend treu. Der entscheidende Bruch erfolgt erst bei der Auslegung der dritten Stufe, die charakterisiert ist von der Expansion des Monopolkapitalismus und vom Vordringen des Kapitalismus in alle Bereiche des Lebens.

Diese Stufe wird, wie Baudrillard (1973, 101) betont, fälschlicherweise als Epoche der Dominanz weniger Grossunternehmer über die Masse der manipulierbaren Konsumenten und der umfassenden Prostitution aller Lebensbereiche auf dem Markt, interpretiert. Galbraith liegt unter diesem Aspekt mit der "Affluent Society" (Erstausgabe 1958) genauso schief wie die Situationisten, allen voran Debord, mit der "Société du spectacle" (1967) und die Vertreter der Warenästhetik im Sinne Haugs (1971, 1975). Der entscheidende Irrtum, der schon in Marx' Vorstellung der dritten Entwicklungsstufe angelegt ist und zu den genannten Fehlinterpretationen Anlass gibt, besteht in der einseitigen Betonung der quantitativen Ausbreitung des Kapitalismus. Denn wichtiger als die quantitative Entwicklung, die gar keinen eigentlichen Bruch mit der zweiten Stufe erkennen lässt, ist die qualitative Aenderung, die ebenso revolutionär ist, wie die im Uebergang von der ersten zur zweiten Stufe vollzogene (ebd., 101f).

Wie schon beim Uebergang von der ersten zur zweiten Stufe der kapitalistischen Entwicklung geht die revolutionäre Kraft wiederum von der Transformation der Produktionslogik aus. Ausschlaggebend ist allerdings nicht mehr der Imperativ serieller Reproduzierbarkeit, sondern die Entwicklung der Produktion gemäss einem anonymen Code. Der Code als systematisches Prinzip zu Generierung referenzloser Modelle verdrängt die Serienproduktion, die noch auf ein Original bezug nahm. Entscheidend für die kapitalistische Erzeugung von Produkten ist nicht mehr die unbeschränkte Reproduzierbarkeit identischer Produkte, sondern die unbeschränkte Modulation eines Modells. "Es handelt sich dabei um eine Verkehrung von Ursache und Wirkung, denn alle Formen ändern sich vom Moment an, wo sie nicht mehr mechanisch reproduziert, sondern im Hinblick auf ihre Reproduzierbarkeit selbst konzipiert werden, wo sie nur noch unterschiedliche Reflexe eines erzeugenden Kerns, des Modells, sind." (Baudrillard 1982, 89)

Durch den Uebergang von der Serienproduktion zur Simulation (Erzeugung nach dem Code) reisst der Bezug der Produktion zum Gebrauchswert. Das Prinzip der Mode wird zur Grundlage der Produktion, zum Strukturierungsmerkmal des Konsums (Baudrillard 1982a, 66). Die Produkte werden zu reinen Zeichen, die ohne Referenz auf ein anderes System nur noch auf sich selbst verweisen. Wenn aber alle Referenz ausgelöscht ist, bedeutet dies die symbolische Destrukturierung aller sozialen Beziehungen, nicht in Bezug auf das Eigentum an den Produktionsmitteln, sondern in Bezug auf die Beherrschung des Codes. Der Produktionsprozess untersteht nicht mehr einer herrschenden Klasse, sondern einer autonomen Bewegung, die nicht mehr einer verantwortlichen Gruppe zugeordnet werden kann. Der Code hat sich verselbständigt.

Um die gesellschaftlichen Implikationen der Simulation zu verdeutlichen, greifen wir nochmals auf Barthes' Erklärung der Strukturierungslogik des Konsums zurück. Seiner Darstellung zufolge wird die bürgerliche Klasse dadurch, dass sie nicht mehr direkt mit der Produktion konfrontiert ist, sondern diese nur noch als besitzende Klasse lenkt, frei für die mythische Transformation des Konsums. Sie setzt ihre Ideologie, die ihrer Situation als Besitzer der Produktionsmittel entspricht, im Konsum in quasinatürlicher Erscheinung durch. Die durch den Mythos ideologisch dominierte Arbeiterklasse kann ihrerseits kaum Mythen produzieren, da sie unmittelbar mit der Produktion konfrontiert ist und die Produkte bei ihrer Entstehung nicht als Zeichen erfährt, sondern als Entäusserung ihrer Arbeit.

Gehen wir von der Verselbständigung der Produktion durch den Code aus, werden auch die Arbeiter so weit vom Produktionsprozess entfernt, dass die Entäusserung ihrer Arbeit nicht mehr in eine erfahrbare Relation mit der Produktion gebracht werden kann (Baudrillard 1973, 104). Daraus kann ohne Widerspruch hergeleitet werden, dass auch sie der Produktion als unabhängigem Prozess gegenüberstehen. Sie erlangen gegenüber dem Produktionsprozess weitgehend dieselbe Distanz wie die bürgerliche Klasse, die die Kontrolle von ihr selbst unbemerkt an den Code abgegeben hat. Der autonomisierten Produktion entstammen Produkte, die allen Konsumenten als Zeichen entgegentreten, die erst in einem neuen Gebrauchskontext Sinn erlangen. Der Produktionsprozess funktioniert nicht mehr als strukturierende Kraft, die im Konsum ihren Ausdruck fände.

Durch die Autonomisierung des Produktionsprozesses geht aber die Gesellschaft ihres Strukturierungssystems verlustig, das ihr noch in der Epoche der Produktion durchgehend zugrunde lag. Entfällt der Produktionsprozess, der die "grosse Erzählung" des technischen Fortschritts durch den Produktionsapparat auf die gesellschaftliche Struktur übertragen hat, als gesellschaftsübergreifender Faktor, wird der Konsum seiner Grundlage endgültig beraubt. Uebrig bleibt ein Konsum von "befreiten Zeichen" mit denen der Konsument nach belieben umgehen kann. In der Tradition der Saussureschen Linguistik spricht Baudrillard davon, dass sich Signifikant und Signifikat voneinander trennen. Zwischen Bedeutendem und Bedeutetem besteht keine feste Beziehung mehr. Diese Trennung bildet sich ab in Formen des Konsums, die die verschiedensten Praktiken in einer vormals nicht denkbaren Kombination erlauben. Die Konsumpraktiken fügen Signifikanten zusammen, die sich infolge des Verlusts ihrer Referenz ohne weiteres über ehemalige Konflikte hinwegsetzen. Die neue Gestaltungsfreiheit der Konsumpraktiken erinnert an die als postmodern bezeichnete Stilvielfalt in Kunst und Architektur.

Bevor wir der von Baudrillard vertretenen zentralen These der Auflösung eines einheitlichen, vormals auf dem Produktionsprozess beruhenden Strukturierungsprinzips nachgehen und nach den Konsequenzen für die Logik der Konsumpraktiken fragen, wollen wir in einem Exkurs das Problem der Transformation von ästhetisch wahrgenommenen Produkten in Zeichen (reine Bedeutungsträger) erläutern.

3. KONSUMGÜTER ZWISCHEN WAHRNEHMUNG UND BEDEUTUNG

3.1 Das Produkt als ästhetische Erfahrung

Jedes Produkt wird in gewisser Weise vom Konsumenten ästhetisch erfahren. Dabei ist unter ästhetischer Erfahrung im ursprünglichen Sinne des Wortes die gesamte körperlich-sinnliche Erfahrung zu verstehen. Die ästhetische Erfahrung ist nicht eine seltene Verzierung der Produkterfahrung, sondern ein grundlegender Aspekt, wie der Konsument zur Welt und mithin zu den Produkten in Beziehung steht. Herbert Marcuse spricht von der ästhetischen Erfahrung als Erkenntnis, die der Mensch aus der affektiven Wirkung gewinnt, die die Objekte auf ihn ausüben (1968, 175). Jeder

Bewusstseinsakt hat in diesem Sinn eine ästhetische Komponente (vgl. Csikszentmihaliy/Rochberg-Halton 1981, 176).

Wenn Marcuse von der Wirkung spricht, die die Objekte auf den Menschen ausüben, denken wir an etwas wie "intrinsische Qualitäten" (ebd., 177), mit denen sich die Objekte dem Menschen in bestimmter Weise aufdrängen. Die Sonne führt durch ihre Eigenschaft beim Empfänger, der seinen Blick auf sie richtet, zu einem Augenzwinkern, die Flamme, der sich eine Hand nähert, lässt diese schnell zurückfahren. Beide Reaktionen sind elementare Beziehungen zur Umgebung, die uns gerade wegen der aufdringlichen Weise, in der sie sich zu erkennen geben, gerne dazu veranlassen, die Umgebung, so wie wir sie erfahren, als objektiv zu erachten. Die Beispiele zeigen aber gerade auch, dass die Objekte nur so existieren, wie sie vom Menschen erfahren werden. "Natürliche und wissenschaftliche Erkenntnisse sind daseinsrelativ, d.h. sie stellen aus der gesamten Seinssphäre aufgrund der Leibesorganisation [...] eine Auswahl dar" (Good 1975, 113). Wir erkennen zumindest in der Alltagserfahrung die Objekte nicht an einzelnen Eigenschaften, die unabhängig von der Erfahrung der Menschen gegeben sind, sondern an ihren "Erscheinungs-Eigenschaften", die in der Erfahrung des Menschen gemäss seinen "vorgegebenen Sinnstrukturen" als Phänomene auftreten (vgl. ebd., 116f).

Der Begriff der "intrinsischen Qualitäten", mit denen sich die Objekte dem Menschen präsentieren, ist deshalb verfänglich, weil er eine Konstanz der Erscheinungs-Eigenschaften vermuten lässt. Wie wir schon im zweiten Teil der vorliegenden Arbeit mit dem Begriff des Körperschemas gezeigt haben, ist die Erscheinung von der erfahrungsgeprägten Wahrnehmung abhängig. Der Körper ist aber nicht ein passiver Empfänger sinnlicher Eindrücke, sondern durch Interessen gelenkt auf seine Umgebung ausgerichtet. Sein Zugang zur Welt ist nicht der eines "passiven Zuschauers", sondern der eines "aktiven Forschers" (vgl. Wertz 1987, 271). Als Empfänger der sinnlichen Eindrücke steht er zu den Erscheinungen in einer wechselseitigen Beziehung, in welcher die Erscheinung und der

Eindruck als dessen sinnlicher Entgegennahme in einem kontinuierlichen Entwicklungsprozess stehen. Durch die Interaktion mit der Umgebung verändert der Körper sowohl seine Einwirkung auf die Umgebung als auch sein Körperschema, das für die zu einem Zeitpunkt gegebene Wahrnehmung verantwortlich ist. Durch das Entwikkeln eines Körperschemas, das als Verfügbarkeit eines bestimmten Körperverhaltens, als Fähigkeit, sich die Umgebung in bestimmter Weise anzueignen, interpretiert werden kann (vgl. Gallagher 1986, 153), begegnet der Körper der beherrschten Umgebung anders als der unbeherrschten. Ein Berg wird von einem passionierten Bergsteiger zweifellos anders wahrgenommen als von jemandem, der von Kindheit an an einen Rollstuhl gefesselt ist, selbst wenn beide dem Berg nur visuell und aus grosser Distanz begegnen.

Die Entwicklung eines körperlichen Vermögens kann an Husserls Ausführungen zum Erwerb von Kenntnis, als der durch "Abschattungen" gewonnene, in der "Retention" jederzeit verfügbare Besitz dargestellt werden (Husserl 1966, 10). Wie Husserl v.a. an der visuellen Erfahrung eines Objekts zeigt, (er verweist auch auf die sinnliche Erfahrung durch Abtasten) "schattet" der Körper bei der Betrachtung des Objekts dieses von verschiedenen Seiten ab, d.h. er betrachtet das Objekt aus verschiedensten Perspektiven, wobei er die in jedem Moment tatsächlich wahrnehmbare Oberfläche des Objekts zu einer Gesamterfahrung des Objekts zusammenfügt (ebd., 7ff). Dadurch dass sich bei der Perspektivenänderung die visuellen Wahrnehmungen in seinem Bewusstsein nicht augenblicklich wieder verflüchtigen, sind die jeweils abwesenden Perspektiven in jeder aktuellen Perspektive mitgegeben. Die Abfolge der visuellen Erfahrungen bleibt als Gesamteindruck in der Erinnerung aufbewahrt. Diese von Husserl als "Retentionen" bezeichneten Erinnerungen (Sinnesvorzeichnungen) begleiten künftig jede neue Wahrnehmung als prägende Vorkenntnis, die auf Erfüllung tendiert (ebd., 8f). Wird ein (anderes) Objekt wahrgenommen, das unter dem eingenommenen Blickwinkel dem bekannten gleicht, werden auf dieses in einem Akt der Aehnlichkeitsassoziation, die Erscheinungs-Eigenschaften des bekannten projiziert ("apperzipiert"; ebd., 10). Durch jeden Wahrnehmungsakt erwirbt der Körper neue Kenntnis, die er den bisherigen Retentionen anfügt "und so einen immer neu gewandelten und immer mehr bereicherten Sinn schafft" (ebd., 12), mit dem er in der Umgebung lebt.

Wie sich am Beispiel des Musikhörens exemplarisch zeigt, entwickelt der Mensch in der wiederholten Begegnung mit der Umgebung ein Wahrnehmungsschema, das eine bestimmte Disposition, mit der er der Umgebung begegnet, zur Folge hat. Hat sich jemand durch oftmaliges Hören von Musik ein Schema angeeignet, das ihn eine harmonische Tonfolge erwarten lässt, wird er künftig jedem unbekannten Musikstück mit dieser Disposition begegnen. Vernimmt er erstmals in einem Musikstück Dissonanzen, interpretiert er diese zunächst als Fehler, die nicht in die Tonerscheinung passen und den Musikgenuss beeinträchtigen. Hört er sich das Musikstück mehrmals an, wird er sein Schema so anpassen, dass er die Dissonanzen nicht mehr als disharmonisch und mithin als störend erlebt, sondern als neue, das Hörerlebnis bereichernde Formen.

Dieses Beispiel macht auf eine charakteristische Art der Erfahrungsspeicherung im Wahrnehmungsschema aufmerksam. Wie Schütz auf der Grundlage der Husserlschen Ausführungen zu den Retentionen zeigt, werden die im Wahrnehmungsschema abgelagerten Erfahrungen nicht als spezifisch sinnliche Eindrücke aufbewahrt, sondern als typische Aspekte oder Attribute von Objekten, Tonfolgen, Vorgängen usw. (vgl. Schütz/Luckmann 1979, Bd.1, 181ff). Die spezielle Organisation der Erfahrungsspeicherung im Wahrnehmungsschema erlaubt dem Individuum, die erworbenen Kenntnisse auf Erscheinungen anzuwenden, die ihm in ihrer spezifischen Form neu sind. Die Wahrnehmung der Harmonie in der Musik bildet ein typisches Erscheinungs-Merkmal, das den Hörer ein bestimmtes Klangbild erwarten lässt. Ebenso wird der geübte Musikhörer beim Hören eines Barockstückes typisch barocke Klanggebilde, beim Hören klassischer Musik typisch klassische Gebilde usw. erwarten und überrascht sein, wenn er in der "Pulcinella"-Suite von Stravinsky ein barockes Klangbild mit moderner Instrumentierung durchsetzt von Takten klassischer Rhythmik vernimmt.

Die Abhängigkeit der Wahrnehmung vom Erfahrungsvorrat in der Form des Körperschemas kann an der von Dewey getroffenen Unterscheidung von "Wahrnehmen" und "Erkennen" verdeutlicht werden (vgl. Cszikzentmihalyi/Rochberg-Halton 1981, 176, Verweis auf Dewey, Art as Experience, New York 1958, ohne Seitenangabe). Unter "Erkennen" versteht Dewey das Zurückfallen auf ein bereits bestehendes Schema, ohne dass dieses im Akt des Erkennens weiterentwickelt wird. Wird eine Erscheinung wahrgenommen, ist der Wahrnehmende gezwungen, eine neue Konstitutionsleistung zu erbringen, um der Erscheinung im gegebenen Kontext einen Sinn abzugewinnen. Die Erscheinung veranlasst den Körper zum beschriebenen Entwicklungsprozess, wodurch das Schema, welches künftige Wahrnehmungen prägt, verändert wird. Im Falle des Erkennens geht die Beziehung zum Objekt nicht weit genug, um den spezifischen Erscheinungs-Qualitäten des Objekts zu begegnen. Das blosse Erkennen kann als eine Art "gehemmte Wahrnehmung" interpretiert werden (ebd., 179). Der Variantenreichtum der Erscheinungen, mit denen sich der Mensch konfrontiert sieht, ist in diesem Sinn für die Komplexität des Körperschemas verantwortlich. Solange jemand ausschliesslich barocker Musik begegnet, ist jede abweichende Klangerscheinung unbekannt und wird als Fehler verstanden. Der Variantenreichtum der Musik ist Voraussetzung für ein komplexeres Höhrschema.

Schliesslich sei, was bereits durch den Hinweis auf den Menschen als aktiven Forscher angesprochen wurde, bemerkt, dass das Körperschema nicht nur von der Komplexität der Erscheinungen, sondern auch von der Aktivität des Menschen bestimmt wird. Wie die Fähigkeit des Menschen, durch das "Spannen" der Sinne die Worte einer bestimmten Person aus einem Stimmengewirr einer plaudernden Menschenmenge herauszuschälen, dokumentiert, spielt das "Ausgerichtet-Sein" der Sinne für die Wahrnehmung eine entscheidende Rolle. Der "Thematisierung" bestimmter Erscheinungen im Wahrnehmungsfeld des Menschen widmet Alfred Schütz unter dem Titel "Das Problem der Relevanz" eine eigene, sehr detaillierte Untersuchung (Schütz 1971). Gewisse Themen können freiwillig ausgewählt werden, andere zwingen sich der Wahrnehmung auf. Gewisse rücken ins Zentrum der Wahrnehmung, andere verbleiben als bloss vorhandene peripher im "Horizont". Ein Musikstück kann, wie etwa in einem Supermarkt oder in einem Restaurant, Bestandteil der Umgebung bilden und dennoch vom Körper kaum aufgenommen werden. Genauso kann es aber ins Zentrum der Wahrnehmung gerückt werden und andere Geräusche oder sonstige Qualitäten der Umgebung weitgehend aus der Wahrnehmung verdrängen. Für das Entwickeln des Wahrnehmungsschemas ist die Beutung des Anspannens der Sinne allerdings insofern zu relativieren, als auch ein Körper, der wiederholt einer bestimmten Umgebung ausgesetzt ist, die in seiner Wahrnehmung nur "vorthematisch" gegeben ist (Husserl 1960, 9), d.h. die Sinne nicht speziell auf sich lenkt, unbemerkt von der Umgebung gezeichnet wird. Von der Präsenz von Musik werden auch Menschen, die sich nicht als Musikhörer verstehen, geprägt, ebenso wie ihre Wahrnehmung von der Landschaftserscheinung oder dem Stadtbild, der Werbung an Plakatwänden und Zeitschriften etc., als alltäglicher Hintergrund die Wahrnehmung geprägt wird.

Die Ausführungen zur ästhetischen Wahrnehmung lassen vermuten, dass für den Konsumenten jedes Produkt als Bestandteil der Körperumgebung nur in der Weise existiert, wie er zu diesem aufgrund seiner Voraussetzungen (Körperschema) Zugang findet. Auch wenn bestimmte Phänomene wie die Sonne oder eine Flamme in scheinbar zwingender Weise auftreten, dürfen wir uns durch diese Beispiele nicht zum Schluss verleiten lassen, die Körperumgebung und mit ihr die Produkte erschienen in einer bestimmten und konstanten Weise.

Die bisherige Darstellung der Erscheinungs-Welt lässt den Verdacht aufkommen, dass als Folge der individuellen Wahrnehmungsschemata alle Menschen in einer isolierten Welt der eigenen

Erscheinungen leben, die sie mit niemandem teilen. Dieser Vorstellung ist entgegenzuhalten, dass natürlich kein Mensch in völliger Isolation lebt, sondern in irgendwelcher kommunikativer Beziehung zu andern Menschen steht. Jeder einzelne wird schon in eine soziale Welt interagierender Menschen hineingeboren, in der die Umgebung in die Interaktion miteinbezogen wird. In jeder Situation, in der ein Mensch mit andern in Interaktion tritt, passt er seine Wahrnehmung den andern irgendwie an, um sein Verhalten mit diesen abstimmen zu können. Aus rein pragmatischen Gründen muss die Welt, in der die Menschen interagieren, von ihnen in bestimmtem Ausmass geteilt werden, d.h. sie muss eine für die Interagierenden gemeinsame Bedeutung aufweisen.

Im folgenden Abschnitt werden wir der Frage nachgehen, wie eine Interaktion trotz jeweils individuell spezifischen Voraussetzungen (als Folge individueller Körperschemata) denkbar ist, und was wir uns unter einer zwischen den Interagierenden geteilten Bedeutung vorstellen können. Im Sinne von Habermas fragen wir nach dem Gemeinsamen, das sich in der Vielheit der Stimmen ausdrückt (Habermas 1989, 1). Trotz dem Mehr an Diskurs, das zu einem Mehr an Widerspruch und Differenz führt, sucht Habermas nach der unversehrten Intersubjektivität, die notwendige Bedingung der Verständigung überhaupt ist (ebd., 12ff).

3.2 Individuelle Wahrnehmung und Kommunikation

Um der gestellten Frage nach der Gemeinsamkeit der erlebten Welt und der Möglichkeit der Verständigung nachzugehen, beziehen wir uns zunächst nochmals die von Veblen verwendete Vorstellung der primitiven Gemeinschaft, die sich durch minimale Arbeitsteilung auszeichnet (Veblen 1981, 22).

In einer derartigen archaischen Gemeinschaft begegnen die Mitglieder infolge der minimalen Arbeitsteilung einer allen gemeinsamen Umgebung. Aufgrund der gleichartigen Erfahrung, die sie bei der gemeinsamen Betätigung machen, bilden sie weitgehend vergleichbare Wahrnehmungsschemata heraus. Eine Verhaltensabstimmung zwischen den Gemeinschaftsmitgliedern erfordert wegen der nahezu vertauschbaren Perspektiven einen minimalen Interaktionsaufwand. Wie in einem Mannschaftsspiel sind dem einzelnen die Handlungen der andern durch die eigene beständige Teilnahme an der gemeinsamen Aktivität dauernd präsent.

Dort, wo die gemeinsame Wahrnehmung gefährdet ist, spielt, wie Durkheim in "Die elementaren Formen religiösen Lebens" (Frankfurt 1981) zeigt, die zeremonielle Bezeugung der Gemeinschaft eine zentrale Rolle des gemeinschaftlichen Lebens. Wo die Mitglieder einer Gemeinschaft mit der Möglichkeit einer andern Wahrnehmungsperspektive konfrontiert werden (wie bspw. in der Begegnung mit andern Gemeinschaften), entwickeln sich die elementaren Formen der Religion als rituelle Aufführungen, in denen die Zusammengehörigkeit der Gemeinschaft durch die Erzeugung einer gemeinsamen Wahrnehmung erlebbar gemacht wird.

> "Das allgemeine Ergebnis des Buches ist, dass die Religion eine eminent soziale Angelegenheit ist. Die religiösen Vorstellungen sind Kollektivvorstellungen, die Kollektivwirklichkeiten ausdrücken; die Riten sind Handlungen, die nur im Schoss von versammelten Gruppen entstehen können und die dazu dienen sollen, bestimmte Geistzustände dieser Gruppen aufrechtzuerhalten oder wieder herzustellen. Wenn also diese Kategorien religiösen Ursprungs sind, dann müssen sie an der gemeinsamen Natur aller religiösen Fakten teilhaben: sie müssen also ebenfalls soziale Angelegenheiten werden, Produkte des kollektiven Denkens." (ebd., 28)

In einer modernen Gesellschaft, in der die Produktion eine ständig zunehmende Spezialisierung des Wissens und eine dauernd zunehmende individuelle Mobilität erfordert und gleichzeitig ein expandierendes Informationsangebot erzeugt, nehmen die Eindrücke, die den Lebenslauf eines Menschen prägen, eine grundsätzlich unbeschränkte Varietät an. Diese extreme Varietät hat eine ebensolche Vielfalt der Wahrnehmungsschemata zufolge, mit denen sich die einzelnen Gesellschaftsmitglieder in ihrer Lebenswelt bewegen. Erfahrungen, die regelmässig von grossen Teilen der Gesellschaft geteilt werden, sind mit Ausnahme von Fernsehsendungen (die zwar ungeheure Anzahlen von Menschen denselben Eindrücken aussetzen, die Zuschauer aber kaum in kommunikative Verbindung bringen) sehr selten - die Wahrnehmungen der Individuen sind dementsprechend divers. Unter diesen Voraussetzungen drängt sich die Frage auf, wie die Individuen, die mit einem grossen Teil der Gesellschaft nur noch ein Minimum an Erfahrung teilen, ihr Verhalten gegenseitig überhaupt noch abstimmen können und schliesslich, wie sie noch kommunizieren können.

3.2.1 Verhaltensregeln als Ersatz für gemeinsame Erfahrungen

Um die Frage nach der Möglichkeit der Interaktion unter den Bedingungen modernster Spezialisierung zu beantworten, wenden wir uns zunächst Goffmans Untersuchungen des regelhaften Verhaltens im Alltag zu, zu denen er durch Durkheims Untersuchungen der religiösen Riten inspiriert wurde (vgl. Mitchell 1975, 95). Diese bringen zum Ausdruck, dass das Verhalten des einzelnen durch den gesellschaftlichen Kontext in bestimmte Formen gebracht wird, die für die Verhaltensabstimmung eine zentrale Rolle spielen. "Verhaltensregeln wirken auf das Individuum im allgemeinen auf zwei Arten ein, und zwar einerseits direkt, als Verpflichtungen, die das Verhalten des Individuums selbst erzwingen, und andererseits indirekt, als Erwartungen, die die Handlungsweise anderer ihm gegenüber moralisch verpflichtend festlegen" (Goffman 1971, 56).

Anhand detaillierter Untersuchungen der Interaktionen in face-to-face Situationen zeigt Goffman, wie die beteiligten Akteure durch den sozialen Kontext dazu veranlasst werden, religiösen Riten gleich bestimmte Formen des Verhaltens in mechanischer Weise zu vollführen. Es zeigt sich, dass die Riten zusammen mit Traditionen und Gewohnheiten eine stillschweigende Moral darstellen, welche die face-to-face Interaktion im Alltag reguliert (vgl. Mitchell, 105). Sieht sich der einzelne mit andern Personen konfrontiert, passt er sein Verhalten ohne es selbst zu bemerken, einem Schaupieler gleich, der gesellschaftlichen Situation an (Goffman 1983). Er übernimmt die ihm von den andern zugedachte "Rolle" und versucht diese möglichst widerspruchsfrei zu spielen.

> "[...] Geschäftsführer [verbreiten] häufig eine Aura der Kompetenz und allgemeinen Uebersicht über die Situation und verbergen so vor sich und anderen die Tatsache, dass sie ihre Stellung zum Teil dem Umstand verdanken, dass sie wie Geschäftsführer aussehen, aber nicht, dass sie wie Geschäftsführer arbeiten können." (Goffman 1983, 45)

Die Erwartung an die Uebereinstimmung von Rahmen ("Bühnenbild"), Erscheinung und Verhalten dokumentiert Goffman mit dem Verweis auf den Journalismus, der Unstimmigkeiten immer wieder zum Anlass der Pikanterie macht (ebd., 26). Zu betonen ist in diesem Zusammenhang, dass die Rolle nicht eine vom Individuum frei gewählte Verhaltensweise darstellt, sondern von der Gesellschaft als Beweis seiner Eingliederung gefordert ist. Auch wenn keine perfekte Aufführung erwartet wird, wird vom einzelnen verlangt, "dass er genügend Ausdrucksmaterial lernt, um die Rolle, die ihm übertragen wird, auszufüllen und irgendwie mit ihr fertig zu werden" (ebd., 68).

Widersprüche versuchen die Individuen jedoch nicht nur in ihrem eigenen Verhalten zu vermeiden. Ebenso bemühen sich Akteure, die regelmässig miteinander interagieren, wenn sie sich mit Dritten konfrontiert sehen, einem "Ensemble" gleich, die von ihren Partnern geschaffene Situationsdefinition zu stützen. "[D]ie Definition einer Situation, wenn sie auch von einem Einzelnen entworfen wird, [ist] integraler Bestandteil einer Darstellung [...], die durch enge Zusammenarbeit mehrerer Teilnehmer geschaffen und gestützt ist" (ebd., 73). Schliesslich helfen die Individuen beispielsweise durch höfliches Wegsehen auch andern, die von ihnen aufgeführte Rolle vor Unstimmigkeiten zu schützen. Die Peinlichkeit, die auftritt, wenn eine Unstimmigkeit bemerkt wird, liefert einen Hinweis für dieses Bemühen.

Die Steuerung des öffentlich gezeigten Verhaltens beschränkt sich aber nicht auf das Erzeugen eines bestimmten Eindrucks, sondern bestimmt auch das körperliche Verhalten in der Begegnung mit andern. Durch "leibgebundene Kundgaben", verstanden als "körperliche Gesten im umfassenden Sinn des Wortes" gibt das "Individuum gezielt [...] Informationen über seine Situation, [...] wodurch sich das Individuum zu etwas Durchschaubarem [macht], dessen Handlungen vorhersehbar werden" (1982, 32f). Durch das vom Individuum unbemerkt aufgeführte regelmässige Körperverhalten zeigt es den andern bspw. seinen "persönlichen Raum" (ebd., 57) an, der je nach "Populationsdichte" des Ortes, an dem es sich aufhält (Bsp. Personenaufzug, Tram), unterschiedlich gross ist. Auch gibt es beispielsweise durch sein körperliches Verhalten zu erkennen, in welcher Richtung es sich bewegen wird usw.

Betrachten wir "Blicke, Gesten, Haltungen und sprachliche Aeusserungen" als die "Grundelemente, des Verhaltens, [...] die Leute ständig in die Situation einbringen [...]" (Goffman 1971, 7), haben wir bisher den zentralsten Bereich der Aeusserungsmöglichkeiten, die sprachliche Kommunikation unbeachtet gelassen. Dass auch diese bestimmten Regeln folgt, die beim Erwerb der Muttersprache normalerweise unbemerkt bleiben, wird dem einzelnen spätestens bewusst, wenn er sich daran macht, eine Fremdsprache zu lernen. Dass die Einhaltung der Regeln aber auch im Alltag überwacht wird, zeigt sich bspw., wenn eine Regelverletzung prompt von einem Kind korrigiert wird. Die grammatikalischen Regeln bilden jedoch nur einen Aspekt der Regelhaftigkeit des Sprachgebrauchs - ein Aspekt allerdings, der von allen mit einer Sprache vertrauten Individuen weitgehend geteilt wird.

Wie Wittgenstein zeigt, kann die Benützung einer Sprache nur von denjenigen verstanden werden, die gemeinsam an einer Lebensform teilnehmen und in der Interaktion mit andern die Regeln ihres Gebrauchs erwerben (Wittgenstein, 1977). Die Regeln, auf die Wittgenstein aufmerksam gemacht hat, bestimmen die Verwobenheit des Sprachgebrauchs mit dem Alltag, weshalb er den Sprachgebrauch als Sprachspiele bezeichnet. Erst das Wissen um die Regeln eines Sprachspiels ermöglicht Verständigung (Neumer 1987, 302). Auf die

Regelmässigkeit der Verflechtung von Sprache und Situation, in der sie benützt wird, weist auch Garfinkel aufgrund seiner ethnomethodologischen Untersuchungen hin (vgl. Mitchell 1978, 152). Seinen Erkenntnissen zufolge mag sich die Sprache nicht selbständig über die gemeinsam erfahrbare Situation zu erheben, sondern ist von dieser unmittelbar abhängig. Die gesprochene Sprache beschreibt eine Situation so, wie die Situation die gesprochene Sprache beschreibt. Nur gemeinsam vermögen sie den bedeutungsvollen Kontext zu konstituieren. Als variationsreichstes Kommunikationsmittel ermöglicht die Sprache die Erzeugung vielfältiger sozialer Situationen, indem sie diese in regelmässige Formen zu bringen und damit dem einzelnen erkannbar machen hilft (vgl. ebd., 152).

3.2.2 Regeln und Interaktion

Wenn wir uns nun erneut der Frage nach der Möglichkeit der Verhaltensabstimmung in einer hochspezialisierten Gesellschaft zuwenden, hilft uns der Ueberblick über die Regeln weiter. Aus Durkheims Darstellung ritenhaften Verhaltens in primitiven Gemeinschaften geht hervor, dass diese Verhaltensformen dort entstanden sind, wo die Begegnung mit andern oder die Spezialisierung in der Betätigung drohte, den Zugang zur Welt zu differenzieren. Die Aufführung meditativer Riten, die er als Ursprung der Religion interpretiert, schafft während der Inszenierung einerseits eine allen Teilnehmern gemeinsame Wahrnehmung und bestärkt andererseits dadurch gleichzeitig das Gefühl der Zusammengehörigkeit. Beide Faktoren - erzeugen einer gemeinsamen Wahrnehmung und des Gefühls von Gemeinschaft - spielen auch in der modernen Gesellschaft noch eine wesentliche Rolle, doch wird ihnen, da das Schwergewicht gegenwärtig auf der effizienten Informationsvermittlung liegt, im Alltag vor allem zeitlich ein marginaler Platz zuerkannt.

Der Ueberblick über die gesellschaftliche Prägung der Grundelemente des Verhaltens hat gezeigt, dass sämtliche Elemente der Interaktion bestimmten Regeln unterworfen sind. Durch das Zusammenwirken aller Elemente ist es, wie Garfinkel nachweist, dem einzelnen möglich, der sozialen Welt als einer organisierten Realität, einem System regelgeleiteter Aktivität, mit intersubjektiver Orientierung zu begegnen (vgl. Verhoeven 1985, 83). Die durch gesellschaftlich auferlegte Regeln im interaktiven Verhalten erzeugte Ordnung - sowohl in der Präsentation der eigenen Person in ihrer Erscheinung als auch in den verbalen Aeusserungen - schränkt das vom einzelnen beobachtbare Verhalten seiner Mitmenschen ein. Es erlaubt ihm, aufgrund seiner in der Vergangenheit gemachten Erfahrungen eine Situation als typisch zu erkennen und in bestimmter Weise daran teilzunehmen. Das regelgeleitete Verhalten erlaubt eben gerade dort noch eine Kommunikationverstanden als Verhaltensabstimmung - wo eine gemeinsame Erfahrung weitgehend fehlt. Die Regelmässigkeit und Konstanz des gezeigten Verhaltens ist dafür verantwortlich, dass das intersubjektive Konstrukt (die gemeinsame Bedeutung) nicht als blosser Ersatz für zunehmend individuellere Erfahrungen entdeckt wird. In diesem Sinne schafft die Literaturkritik ein den Kritikern gemeinsames Bezugssystem, mit dem sie sich ästhetisch dem literarischen Werk nähern. In der Form möglicher Muster erzeugt die Kritik ein Sprachspiel, mit dem man sich die literarischen Werke aneignet (vgl. Neumer 1987, 326). Gadamer weist darauf hin, dass sich in den Gesprächen über die Literatur jene gemeinsame Ersatz-Sprache entwickelt, in der wir denken und "uns sprechend und aussprachebereit bewegen" können, wenn uns die Sprache des Kunstwerks nicht mehr zugänglich ist. (vgl. Gadamer 1975, 373). "Das gemeinsame Regel- und Sprachenverständnis als kollektives Bezugssystem dient nämlich als Ersatz für die fehlende gemeinsame Lebensform" (Neumer 1987, 327).

Treten zwei Personen, die über einen stark abweichenden Erfahrungsvorrat verfügen, aus pragmatischen Gründen in Interaktion, wird ihnen das hoch formalisierte Verhalten des Interaktionspartners kaum je einen Hinweis auf die Divergenz ihrer Wahrnehmungen geben. Solange nicht ein Missverständnis auf die Abweichung hinweist, gehen beide davon aus, dass der andere die Wirklichkeit ebenso wahrnimmt, wie sie selbst.

Gleichzeitig bestätigen sie sich durch die Erfüllung der an ihr Verhalten gesellschaftlich gerichteten Verpflichtungen und Erwartungen gegenseitig ihre gesellschaftliche Verbundenheit. "Durch all das [diese Rituale] wird dem Empfänger mitgeteilt, dass er nicht eine Insel ist, sondern dass es andere gibt, die sich mit ihm und seinen persönlichen, privaten Dingen verbunden fühlen." (Goffman 1971, 81). Wie Goffman an verschiedenen Stellen zeigt, hat das Vermeiden von Unstimmigkeiten im Verhalten für den einzelnen Akteur oder für die in einem Ensemble zusammenwirkenden Akteure höchste Priorität, denn eine winzige Unstimmigkeit in dem den Zuschauern vermittelten Eindruck kann sie in ihrem Glauben an die Darstellung erschüttern. Der Glaube an die produzierte Situation ist nicht etwa deshalb in Gefahr, weil die Situation durch eine "besonders tadelnswerte Geste" gestört wird, sondern vielmehr deshalb, weil sie von der vorher entworfenen Definition abweicht. Die winzige Unstimmigkeit reicht aus, um "einen äusserst störenden Keil zwischen den allgemein anerkannten Entwurf und die Realität [zu treiben], denn es gehört gerade zur Projektion, dass sie als die unter den gegebenen Umständen einzig mögliche akzeptiert werden kann" (Goffman 1983, 49).

3.2.3 Der Einfluss des Habitus auf die Verständigung

Wie die bisherige Darstellung gezeigt hat, werden die Aeusserungen aller als "normal" betrachteter Gesellschaftsmitglieder durch Regeln in bestimmte Formen gebracht. Dadurch werden die Aeusserungen als kontext-typisch erkannt. Obwohl aufgrund der unterschiedlichen Erfahrungen jeder Teilnehmer mit einem individuellen Wahrnehmungsschema an die Interaktion herantritt, kommt durch die Beschränkung der Aeusserungsformen ein typisches Erscheinungsmuster zustande, das als Bedeutung verstanden werden kann. Gleichzeitig wird die Illusion des gemeinsamen Zugangs zur Welt erzeugt und erhalten.

> "Da ein grosser Teil menschlicher Handlungen durch Recht, Sitte und Habitualisierung 'standardisiert' und 'genormt' sind, kann der objektive Sinn eines fremden Handlungsablaufs oft in derart schlichtem Zugriff erfasst werden wie aus dem Buchstaben eines Wortes die damit indizierte Bedeutung." (Eberle 1987, 77)

Die durch regelhaftes Verhalten erzeugte intersubjektive Bedeutung ist demnach als geteilte Form zu verstehen, die eine Verhaltensabstimmung erlaubt, während die respektiven Wahrnehmungen der Beteiligten stark voneinander abweichen. Die Uebereinstimmung der Wahrnehmung hängt, wie am Beispiel der primitiven Gemeinschaft gezeigt wurde, massgebend von der gemeinsamen Erfahrung und der dadurch bedingten Angleichung der Wahrnehmungsschemata ab. Die Wahrnehmung kann sich, wie beispielsweise bei den Mitgliedern eines Teams oder einer "Gang", durch die über lange Zeit geteilten Erfahrungen weitgehend angleichen, sie kann sich aber auch in einem bestimmten Kontext, der die Teilnehmer emotional stark engagiert (bspw. zwischen den Zuschauern eines Fussballspiels), für kurze Zeit annähern.

Zu beachten ist, dass die Angleichung der Wahrnehmung nicht von der tatsächlichen Interaktion der Gesellschaftsmitglieder abhängt, sondern von den Erfahrungen des einzelnen, die wiederum von seinem Lebenslauf abhängig sind. Die Unterscheidung gibt sich dadurch zu erkennen, dass Menschen, die in häufiger Interaktion miteinander stehen, an dieser aber aus stark abweichenden Positionen teilnehmen, ihre Wahrnehmung im Verlauf der wiederholten Interaktion kaum angleichen. Umgekehrt können Menschen, ohne vorher je miteinander verkehrt zu haben, sich verstehen, ohne miteinander gesprochen zu haben (vgl. Bourdieu 1987, 99). Ihre Wahrnehmungen entsprechen sich soweit, dass sie sich ohne "Angleichungs-Arbeit" mittels regelgeleiteten Aeusserungen, verständigen können.

Die Positionsabhängigkeit der Verständigung bildet das zentrale

Anliegen in Bourdieus "Sozialtopographie" oder Feldtheorie. Die Stellung der Individuen im gesellschaftlichen Feld wird durch die Verfügbarkeit von gesellschaftlich verwertbarem (symbolischem) Kapital bestimmt (vgl. Teil 3, 2.1.2). Gleichzeitig ist die Zusammensetzung des Kapitals, das den Kontext bildet, in dem sich ihr Lebenslauf vollzieht, für ihre Interessen und Erfahrungen und mithin für die Prägung ihres Wahrnehmungsschemas verantwortlich. Dass sich die Wahrnehmungen von Individuen gleichen, die aufgrund ihrer Kapitalausstattung benachbarte Positionen im gesellschaftlichen Feld einnehmen, ergibt sich als logische Konsequenz des Konstitutionsprozesses ihrer Wahrnehmungsschemata.

> "Das Wort Claudels, 'connaître c'est naître avec' (erkennen heisst, mit etwas geboren sein), gilt hier uneingeschränkt, und der häufig als 'Berufung' beschriebene langwierige dialektische Prozess, durch den man 'sich zu dem macht', durch das man gemacht wird, 'wählt', was einen wählt, und an dessen Ende die verschiedenen Felder genau zu den Handelnden kommen, die mit dem für das reibungslose Funktionieren dieser Felder erforderlichen Habitus ausgestattet sind, verhält sich zum Erlernen eines Spiels ungefähr wie das Erlernen der Muttersprache zu dem einer Fremdsprache." (Bourdieu 1987, 124)

Durch den andauernden Prozess der Sozialisierung übernimmt der einzelne in individueller Form die Wahrnehmung, die in den Feldern angelegt ist. Zwar kann in keinem Fall von identischen Wahrnehmungsschemata gesprochen werden, wenn zwei Individuen benachbarte Positionen im sozialen Feld besetzen, doch vermittelt das Feld die massgebenden Eindrücke in charakteristischer Weise. Angehörige desselben Feldes nehmen per definitionem aus ähnlichen Positionen am gesellschaftlichen Prozess teil. Die Feldangehörigkeit sorgt dafür, dass sie mit vergleichbaren Erfahrungen konfrontiert werden und mithin ein vergleichbares Wahrnehmungsschema herausbilden.

3.3 Das Produkt als Bestandteil der Interaktion

Im vorangegendenen Abschnitt haben wir die Möglichkeit der Interaktion dargestellt, ohne speziell auf die Funktion von materiellen Produkten einzugehen. In diesem Abschnitt wollen wir, um den Zusammenhang zum Konsum wieder herzustellen, auf die zentrale Stellung hinweisen, welche die Produkte in jeder Interaktion einnehmen.

> "[...] the essential function of consumption is to make sense [...]. Forget that commodities are good for eating, clothing, and shelter; forget their usefullness and try instead the idea that commodities are good for thinking; treat them as a nonverbal medium for the human creative faculty." (Douglas/Isherwood 1979, 62)

Um die Funktion der Produkte für die Kommunikation aufzuzeigen, kehren wir wieder zu Durkheims Darstellung der Rituale in primitiven Gemeinschaften zurück: Die im religiösen Ritual zelebrierte Zusammengehörigkeit drücken die Gemeinschaftsmitglieder mit dem ihnen gemeinsamen Namen (Totem) aus, der als Zeichen in verschiedensten materiellen Objekten festgehalten wird. "Das Totem ist zuerst und vor allem ein Name und, wie wir sehen werden, ein Emblem" (Durkheim 1981, 155). "Das Totem ist in der Tat ein Zeichen, das den heraldischen Wappen der zivilisierten Nationen entspricht, und das jeder tragen darf als Beweis, dass er dieser Familie angehört" (ebd., 159). Von verschiedenen Gemeinschaften wird es an verschiedensten Objekten angebracht, aber immer dort, wo es von einem andern, der nicht zur Gemeinschaft gehört, erkannt werden kann; Schild, Helm, Zelteingang, Hauswand usw. aber auch am eigenen Körper (vgl. 159f).

Das Totem ist aber nicht nur ein Name oder Emblem, das irgendwo angebracht wird, um die Gemeinschaftszugehörigkeit zu demonstrieren. Eingezeichnet in Holzstücke oder polierte Steine wird es in religiöse Riten einbezogen, die dazu dienen, die Zusammengehörigkeit durch die Erzeugung eines bestimmten geistigen Zustandes (eine bestimmte Wahrnehmung) erlebbar zu machen (ebd., 166). Die Zusammengehörigkeit wird im Totem (dem gemeinsamen Namen) ausgedrückt und im Emblem (dem Zeichen für den gemeinsamen Namen), das auf bestimmte Gegenstände eingezeichnet wird, materiell festgehalten. Die Fixierung des Emblems auf einem materiellen Gegenstand hat den entscheidenden Vorteil, dass es als Bestandteil des Rituals in einen andern Kontext übertragen werden kann. Die mit dem Emblem gezeichneten Gegenstände, werden dadurch, dass sie als typische Bestandteile des Rituals das gemeinsam erzeugte (Zuammengehörigkeits-) Bewusstsein anklingen lassen, zu Zeichen der Gemeinschaft.

Da das Wahrnehmungsschema im Ritual - unter Einbezug der mit dem Emblem gezeichneten Gegenstände - vom Bewusstsein der Zusammengehörigkeit geprägt wurde, wird die Wahrnehmung der gezeichneten Gegenstände auch bei deren Erscheinen in andern Kontexten assoziativ mit der ursprünglichen Situation verbunden (vgl. Schütz/ Luckmann 1984, Bd. II, 180f). Der Gegenstand verweist die Wahrnehmung auf die ursprüngliche Situation, wodurch die aktuelle Wahrnehmung des Individuums in eine bestimmte Richtung gelenkt wird. Durkheims Darstellung des Totems zeigt beispielhaft auf, wie materielle Gegenstände als typische Bestandteile (Zeichen) einer in der Vergangenheit erlebten Situation, in einem andern Kontext durch die assoziative Lenkung des Bewusstseins auf jene vergangene Situation verweisen können. Durch die Assoziation tragen sie zur Konstitution eines als typisch erkennbaren Interaktions-Kontext bei, womit sie Bedeutung erzeugen helfen.

So wie die von Durkheim beobachteten Gegenstände Träger von Assoziationen sind, so sind auch jegliche Konsumgüter durch deren Teilhabe an sozialen Situationen mit Assoziationen typischer Kontexte befrachtet und helfen im konkreten Kontext Bedeutung zu stiften.

> "The main problem of social life is to pin down meanings so that they stay still for a little time. Without some conventional ways of selecting and fixing agreed meanings, the minimum consensual basis of society is missing. As for tribal society, so too for us: rituals serve to contain the drift of meanings. Rituals are conventions that set up visible public definitions. [...] Goods, in this perspective, are ritual adjuncts; consumption is a ritual process whose primary function is to make sense of the inchoate flux of events." (Douglas/Isherwood 1979, 65)

Darin kommt zum Ausdruck, dass die Produkte ein wesentliches

Mittel bieten, um durch den Verweis auf vergangene Situationen den Fluss von typischen Situationen herzustellen. Wie schon bei der obigen Darstellung der Interaktion bemerkt wurde, ist das religiöse Ritual primitiver Gemeinschaften aufgrund des grossen Anteils gemeinsamer Erfahrungen ein Idealfall einer interaktiven Situation. Das ähnliche Wahrnehmungsschema der Beteiligten und die Energie, die in das Ritual eingebracht werden, führen idealerweise zu einer weitgehenden Gleichschaltung der Wahrnehmungen. Das darin einbezogene Emblem hat nicht nur intersubjektive Bedeutung, sondern wird idealerweise auch von allen Beteiligten gleich wahrgenommen.

Im Falle einer Interaktion zwischen Mitgliedern der gegenwärtigen Konsumgesellschaften wird eine Situation aufgrund der unterschiedlichen Wahrnehmungsschemata nur in beschränktem Umfang von allen gleich wahrgenommen. Durch die einbezogenen Konsumgüter ist die Assoziation verschiedenster Kontexte und die mit diesen verbundenen Wahrnehmungen denkbar. Die Konsumgüter verursachen deshalb nicht zum vornherein eine gemeinsame Wahrnehmung, sondern helfen, durch die Lenkung der Wahrnehmung der Beteiligten eine intersubjektive Bedeutung zu erzeugen. Sie sind aber nicht selbst Träger von Bedeutung. "All the goods carry meaning, but none by itself, [...] so one physical object has no meaning either. The meaning is in the relations between all the goods, just as music is in the relations marked out by the sounds and not in any one note" (ebd., 72). Wie Garfinkel nachweist, schafft auch der Kontext der Konsumgüter selbst noch keine Bedeutung. Erst als Bestandteil sämtlicher Aeusserungen, durch die ein Kontext als typisch erkannt werden kann, schaffen und erhalten Konsumgüter Bedeutung. Eine Untersuchung der Bedeutung der Produkte erfordert demgemäss die Analyse "[...] des processus, par lesquels les gens entrent en relation avec eux et de la systématique des conduites et des relations humaines qui en résultent" (Baudrillard 1985, 9).

3.4 Die Produkte zwischen ästhetischer Erscheinung und intersubjektiver Bedeutung

Aus den bisherigen Erläuterungen zur Wahrnehmung der Produkte ging hervor, dass jedes Produkt als Konsumgut ästhetisch wahrgenommen wird. Douglas/Isherwood haben gezeigt, dass die Produkte aufgrund ihres relativ konstanten Erscheinens ein ideales Medium bilden, um durch die Interaktion intersubjetive Bedeutung zu erzeugen. Die Wahrnehmung des Produkts ist im Kontext der Interaktion entscheidend geprägt durch die Assoziationen, die es hervorruft. Unter diesen Umständen ist zu fragen, inwiefern das Produkt noch als gegenwärtige, selbständige Erscheinung wahrgenommen wird und inwiefern es von den Assoziationen typischer interaktiver Kontexte in seiner intersubjektiven Bedeutung beherrscht wird. Anders formuliert: wie weit kann sich das Produkt als eigenständige Erscheinung gegenüber der gesellschaftlich definierten Funktion als Bestandteil interaktiver Form behaupten?

Der Beantwortung dieser Frage ist vorwegzunehmen, dass der Zusammenhang gradueller Natur ist: um überhaupt bestimmte Assoziationen zu erwecken, muss jedes Produkt ästhetisch wahrgenommen werden. Während aber bestimmte Erscheinungen kaum mit Assoziationen eines interaktiven Kontexts befrachtet sind und die Wahrnehmung auf die Erscheinung eindringt, sind andere derart befrachtet, dass nur noch das Typische einer Interaktion erkannt wird, während das Einzigartige der aktuellen Erscheinung praktisch unbeachtet bleibt. Die Bedeutung bemächtigt sich in diesem Fall weitgehend der Erscheinung. Zu vermuten ist, dass die Wahrnehmung umso mehr von der Bedeutung eingenommen wird, je mehr ein Produkt in interaktive Kontexte einbezogen wird und je zentraler seine Rolle bei der Erzeugung eines typischen Aspekts ist.

> "Die unberührte Wirklichkeit scheint in dem Masse, in dem das Symbol-Denken und -Handeln des Menschen reifer wird, sich ihm zu entziehen. Statt mit den Dingen selbst umzugehen, unterhält sich der Mensch in gewissem Sinne dauernd mit sich selbst. Er lebt so sehr in sprachlichen Formen, in Kunstwerken, in mythischen Symbolen oder reli-

> giösen Riten, dass er nichts erfahren oder erblicken kann, ausser durch Zwischenschaltung dieser künstlichen Medien." (Cassirer 1960, 39)

Einen deutlichen Hinweis auf diesen Zusammenhang gibt uns die Wahrnehmung von Schriftzeichen. Ausser wenn jemand in handschriftlicher Mitteilung die Schrift nicht lesen kann oder wenn er die kunstvollen Lettern oder die regelmässige Handschrift in einem handgeschriebenen mittelalterlichen Buch bewundert, wird er kaum das spezielle Schriftbild wahrnehmen. Seit der Erfindung des Buchdrucks und der Uebersetzung der Bibel haben sich die Schriftzeichen zur Bedeutungsvermittlung so stark verbreitet, dass sie unabhängig von ihrer aktuellen Erscheinung (auf Papier gedruckt oder von ungeübter Hand geschrieben, als farbig leuchtende Erscheinung auf dem Bildschirm oder Reklametafel) kaum mehr wahrgenommen werden. Die Verhaftung eines noch wenig lesegeübten Kindes an der Erscheinung der Schriftzeichen zeigt, dass die Routine, eine Erscheinung als typischen Bestandteil eines interaktiven Kontexts zu erkennen, für das Wahrnehmen eines Produkts als Bedeutungsträger ausschlaggebend ist.

Die Wirkung des routinierten Umgangs mit bestimmten Erscheinungen auf das Vordringen der Bedeutung gegenüber der Wahrnehmung haben wir bei der Darstellung der Werbung schon aufgezeigt. Der ständige Umgang mit fotografischen Abbildungen hat historisch dazu geführt, dass die Bilder, obwohl sie in einem ganz klar definierten Rahmen auftreten (Zeitschriften, Fernsehen, Kinoleinwand, Plakatwand), als unmittelbare Wirklichkeit verstanden werden. Der Betrachter der Bilder sieht durch sie hindurch auf die repräsentierte Wirklichkeit. Die Werbung macht sich diesen Zusammenhang zunutzen, indem sie die Produkte so in Kontexte stellt, dass die Wahrnehmung des geübten Betrachters von der Bedeutung durchdrungen wird, auf die die Abbildung verweisen soll. Wie am Beispiel der Schrift als auch am Beispiel der Abbildungen deutlich wird, spielt die optische Wahrnehmung infolge ihrer ausgeprägten Beanspruchung beim Empfangen medienvermittelter typischer Kontexte die zentrale Rolle des Entzifferns von Bedeutung. Der Gesichtssinn als höchst geschulter Sinn sieht durch die Erscheinung hindurch auf die Bedeutung.

Die dominante Funktion des Gesichtssinns führt deshalb dazu, dass ein Produkt, das im Werbekontext kennengelernt wurde, als Besessenes vom Konsumenten oft völlig anders erfahren wird, als die Werbung erwarten liess. Wie der Gebrauch erkennen lässt, dringt oft die Wahrnehmung im aktuellen Umgang mit dem Produkt wieder es ein. Es drängt sich üeber die ungeübten Sinne wieder als körperlich wahrnehmbare Erscheinung auf. Das Fahrrad, das sich in der Werbung und im Schaufenster aufgrund seiner Farben, seines Rahmens, der metallisch glänzenden Teile der Mechanik, seiner Uebersetzung und seiner Tourenausrüstung, kurz, seines Designs, als Zeichen von Sport, Ferien und Freiheit zu erkennen gibt, wird, wenn es einmal in Betrieb genommen ist, sich wieder als körperlich wahrnehmbares Produkt durchsetzen und das Design in den Hintergrund drängen. Hält das Produkt seine versprochene Bedeutung nicht ein, verschwindet es tendenziell wieder aus dem Gebrauch. Andere Produkte, bei denen der visuelle Konsum im Vordergrund steht, geben ihre Erscheinung, auch wenn sie einmal im Besitz des Konsumenten sind, weit weniger zu erkennen. Sie werden weiterhin in ihrem Verweis auf einen bestimmten werbemässig konstruierten Kontext konsumiert.

Stellen wir hier den Bezug zu den gesellschaftlichen Darstellungen des Konsums wieder her, können wir festhalten, dass (bevorzugt durch den gewählten Blickwinkel) die aufgeführten Autoren mit Ausnahme von Bourdieu, dem Aspekt der Bedeutung deutlich mehr Gewicht im Konsum beimessen, als dem Aspekt der ästhetischen Erfahrung. Bei Veblen sehen die Konsumenten die Konsumgüter insgesamt unter dem Aspekt ihres gesellschaftstrukturierenden Wertes. Die Konsumgüter funktionieren ausschliesslich als Zeichen, mit denen der einzelne seinen Platz in der Gesellschaft ausdrückt.

Bei Bourdieu nehmen die Konsumgüter eine Zwischenstellung ein, indem sie vom Konsumenten, der aufgrund seiner Position im gesellschaftlichen Feld Zugang zu ihnen hat, in ihrer ästhetischen Erscheinung wahrgenommen werden, gleichzeitig aber von denjenigen, die nicht dem entsprechenden Feld angehören, als Ausdruck der gesellschaftlichen Position gesehen werden. Bei Barthes und bei Baudrillard steht der Zeichencharakter der Konsumgüter eindeutig im Vordergrund. Gerade die Produkte, mit denen der Konsument schon bei der Produktion nicht mehr in körperlichen Kontakt tritt, werden, je mehr sie sich dem Konsumenten rein optisch präsentieren, nur noch als Bestandteile gesellschaftlicher Kontexte erfahren. Die Wahrnehmung wird von allem Anfang an von der Bedeutung durchdrungen. Während aber Barthes in marxistischer Tradition aufgrund des körperlichen Verhältnisses zur Produktion noch einen Unterschied in der Erfahrung der Produkte durch die Arbeiter respektive durch die Bourgeoisie annimmt, stehen bei Baudrillard alle Gesellschaftsmitglieder in gleicher Weise den Produkten als Erzeugnisse eines autonom wirkenden Codes gegenüber. Da der Code darauf angelegt ist, dem Vorbild der Mode entsprechend, Produkte zu erzeugen, die die Wahrnehmung fast nur noch auf die Differenzen zu allen andern Erzeugnissen lenkt, treten die Produkte wie Wörter auf, die allein zwar keine eindeutige Bedeutung haben, die Wahrnehmung aber durch die verschiedensten Assoziationen von ihrer Erscheinung ablenken. Die simulierten Produkte verweisen auf das Reich der Differenzen und der möglichen Kontexte, ohne ihre Bedeutung aus einem bestimmten Kontext zu schöpfen. Die Wahrnehmung wird von ihnen mangels einer Bedeutung nicht direkt ablenken; die Wahrnehmung kann aber auch nicht auf sie eindringen, da sie als Ausdruck der Differenz zu den andern Ausprägungen immer schon auf das Reich der Varianten verweisen. Trotz der expliziten Interpretation des Konsums als Konsum von Zeichen ist allerdings eine ästhetische Komponente, die sich als Lust an den Zeichen ausdrückt, keinesfalls zu übersehen.

4. DIE BEFREIUNG DES KONSUMS VON DER KLASSENSTRUKTUR

Bei der Darstellung gesellschaftstheoretischer Interpretationen der Konsumpraktiken haben wir die auf Baudrillard begründete These aufgestellt, dass die Theorien, die den Konsum als Abbild und als konstitutive Praktik einer hierarchisch geschichteten Gesellschaft darstellen, gegenwärtig Gefahr laufen, von der Realität überholt zu werden (vgl. Sawchuk 1987, 73). Vieles spricht dafür, dass sich die traditionelle Gesellschaftsstruktur in einem Prozess der Auflösung befindet und deshalb die klassen-(schicht-) theoretische Interpretation der Gesellschaft nur noch einer Partialperspektive gerecht wird. Verschiedene Trends verleihender These Evidenz und verlangen nach einem adäquateren Abbild. Die Ausgangslage der Darstellung bildet der bereits vor zwanzig Jahren von Bell und Touraine ausgemachte Trend im ökonomischen System, der als Hinwendung zur postindustriellen Gesellschaft bezeichnet wurde.

4.1 Die neue Funktion des Wissens in der postindustriellen Gesellschaft

Touraine und Bell haben die modernen westlichen Gesellschaften im Hinblick auf deren ökonomischen Entwicklungsstand als "postindustriell" bezeichnet. (Touraine, La société postindustrielle, 1969; Bell, The Coming of the Post-Industrial Society, 1973). Die Grundlage dieser Benennung bildet in beiden Fällen der gewandelte Stellenwert der technologischen Entwicklung als Motor der industriellen Produktion. In der postindustriellen Gesellschaft gehen die entscheidenden Impulse der wirtschaftlichen Entwicklung nicht mehr von zufälligen Erfindungen einzelner Industriepioniere aus. Für die wirtschaftliche Entwicklung ist die systematische Produktion von technologischen Erkenntnissen und deren geplante Umsetzung in der Produktion verantwortlich. Mit einem Zitat von Whitehead rückt Bell die Bedeutung der Einführung des systematischen Forschungsbetriebs ins rechte Licht: "Die grösste Erfindung des 19. Jahrhunderts war die Erfindung der Methode des Erfindens" (Whitehead, cit. in: Bell 1975, 43). Mit der Bezeichnung der postindustriellen Gesellschaft als "programmierte Gesellschaft" stellt Touraine dasselbe Phänomen in den Vordergrund seiner Analyse (Touraine 1972, 8ff). Das industrielle Wachstum hängt zunehmend von der Fähigkeit der Gesellschaft ab, Kreativität zu schaffen (ebd., 9). Dadurch wird die Produktion theoretischen Wissens zur Quelle technisch verwertbarer Erkenntnisse und übernimmt die zentrale Funktion in der postindustriellen Gesellschaft.

> "Ob es nun um die Rolle der wissenschaftlichen und technischen Forschung geht, um die Berufsausbildung, um die Fähigkeit, den Wandel zu programmieren und die Beziehungen ihrer Elemente zu kontrollieren, Organisationen, also Systeme gesellschaftlicher Beziehungen zu verwalten oder Verhaltensweisen zu verbreiten, die der Ingangsetzung und ständigen Verwandlung aller Produktionsfaktoren förderlich sind, - alle Bereiche des sozialen Lebens, der Erziehung, des Konsums, der Information fallen mehr und mehr unter das, was man früher die Produktivkräfte nennen konnte." (ebd., 9f)

Das Gesellschaftssystem, dessen wirtschaftliche Entwicklung von der kontinuierlichen Produktion theoretischen Wissens abhängt, hat einen zunehmenden Bedarf an technologisch, planerisch usw. hoch ausgebildeten Arbeitskräften. Dem Dienstleistungssektor zugehörig verleihen diese Berufe dem tertiären Sektor zulasten des industriellen Sektors ein völlig neues Gewicht. Die technisch-wissenschaftlich gebildete Elite formt aufgrund ihres zentralen Einflusses auf die wirtschaftliche Entwicklung - in einem System, das auf die Möglichkeit der Vorwegnahme der wirtschaftlichen Zukunft durch bewussten und geplanten Fortschritt des technologischen Wandels vertraut - eine neue führende Gesellschaftsschicht. Die Schicht der Technokraten, die für die "permanente Revolution" (Bell ebd., 15) sorgt, gelangt in die Schlüsselpositionen der gesellschaftlichen Machtverteilung.

Hier scheint nun aus heutiger Sicht die Analyse der Gesellschaft, wie sie von den genannten Vertretern der postindustriellen Gesellschaft vertreten wird, zu kurz zu greifen. Die Perspektive, die noch immer das Produktionssystem als Grundlage der gesellschaftlichen Strukturierung ausmacht, übersieht den Trend, der auf eine ganz neue Struktur hinauslaufen könnte. Dieser Trend tritt eher in den Vorschein, wenn wir die Struktur anstatt von der Seite der Produktion von derjenigen des Konsums angehen und die postindustrielle Gesellschaft zuerst als Konsumgesellschaft betrachten. Damit schliessen wir uns Scardigli an, wenn er schreibt: "Dans les stades ultérieurs, c'est de plus en plus **la consommation qui va donner forme à la société** de demain: C'est le système des objets produits qui à son tour 'produit' la société" (1983, 58). Um dies zu zeigen, wollen wir zunächst auf die Konsequenzen der Schwergewichtsverlagerung in der Produktion und auf die Aenderung der Stellung der arbeitenden Menschen im postindustriellen Produktionsgefüge eingehen. Erst diese Verschiebung gibt die zunehmende Bedeutung des Konsums für die Gesellschaftsstruktur zu erkennen.

4.2 Die Entpersonifizierung des technologischen und ästhetischen Wandels

Aus beiden Positionen zur postindustriellen Gesellschaft geht hervor, dass das charakteristische Merkmal des postindustriellen Stadiums in der Abhängigkeit des wirtschaftlichen Wachstums von der systematischen Produktion von Kreativität oder technologischen Neuerungen besteht. Der Promotor wirtschaftlichen Wachstums ist nicht mehr der einfallsreiche Bastler, sondern das Zusammenwirken technisch und wirtschaftlich ausgebildeter Spezialisten, die darauf abzielen,

> "'das Meer' der technischen Möglichkeiten zu erforschen, d.h. die künftigen Entwicklungsbereiche abzustecken, damit die Industrie oder die Gesellschaft systematisch planen und Kapitalmöglichkeiten, Bedürfnisse und Produkte im voraus kalkulieren kann. Diese Verschmelzung von Wissenschaft und Innovation und die damit verbundene Möglichkeit, das technologische Wachstum systematisch zu organisieren, zählt zu den wichtigsten Grundlagen der postindustriellen Gesellschaft." (Bell 1975, 202)

Die Charakterisierung der postindustriellen Gesellschaft gibt den Graben zu erkennen, der zwischen dieser Interpretation des gegenwärtigen Produktionssystems und derjenigen besteht, die wir in Bezug auf Baudrillard als System der Simulation - die dritte Phase der kapitalistischen Wirtschaftsentwicklung - ausgemacht haben. In der "postindustriellen Interpretation" des gegenwärtigen Produktionssystems stehen die Technokraten, die für die Entwicklung der Wirtschaft verantwortlich sind, an der Spitze der Gesellschaft: bei Bell positiv bewertet, als die Schicht, die unter der notwendigen politischen Kontrolle "die einzelnen Phasen des Arbeitsprozesses als 'Planungsstab' steuer[t]" (ebd., 194) und damit für die stete Verbesserung der Lebensumstände der Gesellschaftsmitglieder sorgt; bei Touraine negativ bewertet als die Schicht, die durch ihre Position im Produktionssystem für die Entfremdung der arbeitenden Schichten sorgt (vgl. Touraine 1972, 12f). Sie verführt und manipuliert die Arbeiter zu einer Partizipation am System, die nicht einer eigenen "Beziehung zu den sozialen und kulturellen Tendenzen" ihrer Gesellschaft entspricht (ebd., 13). Baudrillard geht bei seiner Interpretation des Produktionssystems einen Schritt weiter, indem er festhält, dass nicht mehr eine technokratische Elite für das wirtschaftliche Wachstum sorgt, sondern dass sich das System, das für die antreibende Kreativität sorgt, verselbständigt hat. Der "Code" ist die massgebende Grösse im System des autonomen "Fortschrittes".

Nicht mehr ein Heer von wissenschaftlich und technisch geschulten Spezialisten sucht im Alltag der Konsumenten nach Bedürfnissen, denen ein mit höchster Effizienz hergestelltes Produkt entgegengehalten wird. Der Logik eines Codes (vergleichbar dem genetischen Code) folgend, generiert das Produktionssystem Produkte, die nicht mehr einem Referenten, wie dem Gebrauchswert entsprechen, sondern in ihrer aktuellen Erscheinung nur noch der Produktionslogik des Codes folgen. Die Produktion wird nicht mehr auf die massenhafte Herstellung identischer Produkte ausgerichtet, sondern auf die Erzeugung möglichst vieler Varianten eines Modells, das als Vorlage dient.

> "Die Serienproduktion macht der Erzeugung von Modellen Platz [...]. Es gibt keine Imitation des Originals mehr [...], aber auch keine reine Serie mehr: es gibt Modelle, aus denen alle Formen durch eine leichte Modulation von Differenzen hervorgehen. Nur die Zugehörigkeit zum Modell ergibt einen Sinn, nichts geht mehr einem Ziel entsprechend vor, alles geht aus dem Modell hervor, dem Referenz-Signifikanten, auf den sich alles bezieht, der eine Art von vorweggenommener Finalität und die einzige Wahrscheinlichkeit hat. Das ist, im modernen Sinn des Wortes, die Simulation, [...]" (Baudrillard 1982, 89).

Auf das "Ende der Massenproduktion" wurde unterdessen auch in einer Studie hingewiesen, die die revolutionäre Bedeutung des Computereinsatzes in der Produktion aufzeigt (Piero/Sabel 1985). Das Fliessband als Symbol der Moderne, das nur "anonyme Grossserienprodukte" hervorbrachte, wird durch den Einsatz von computergesteuerten Fertigungsmaschinen verdrängt, die die kostengünstige Produktion kleinster Losgrössen erlauben (vgl. Bürdeck 1989, 65). Der Traum der Losgrösse Eins wurde allerdings noch nicht erreicht.

Unter der Herrschaft der Simulation wird die Produktentwicklung und die Produktion tendenziell nicht mehr vom Input der beteiligten Individuen definiert; die Systemlogik dreht sich in der Weise um, dass die durch den Code gesteuerte Produktion den notwendigen Input von Arbeit bestimmt. Durch die Entwicklung der Mikroelektronik, die heute bereits über 25'000 Anwendungsmöglichkeiten bietet, durch die Entwicklung neuer Mess- und Handhabungstechnologien, sowie durch die systematische Steuerung von Arbeitsabläufen mit Hilfe der EDV wird es zunehmend möglich, Kopfarbeit durch automatische Betriebsabläufe zu ersetzen (vgl. Glaser 1989, 82). "Die Arbeitsproduktivität in den Unternehmen wird zunehmend unabhängiger von menschlicher Arbeitskraft und eines Tages fast unbegrenzt sein. Der neue Vernetzungsraum wird bestimmt durch die zentrale Intelligenz von Geräten und Systemen - wobei die CAM- bzw. CIM-Philosophie (computer aided bzw computer integrated manufacturing) sich in der neuen 'Fabrik' optimal verdinglicht." (Glaser ebd.)

Wie sich exemplarisch am CAD (computer aided design) zeigt, entwickelt sich der Computer weg vom blossen Hilfsmittel, das den vom Menschen gesteuerten Arbeitsprozess unterstützt, zu einem elektronischen System, das Erscheinungen ohne jede Referenz selbst generiert. Bereits müssen wir uns von der Vorstellung befreien, dass der Computer dem Menschen dient. Der Computer wird immer mehr, und zwar nicht nur von rein manuell arbeitenden Menschen, sondern von bestausgebildeten Spezialisten, **bedient**. Angeschlossen an die "elektronische Palette" macht der Designer heute dreissig Bilder in der gleichen Zeit, in der er ohne Computer nur eines fertiggestellt hätte (vgl. Kiki Picasso 1987, 42). Dabei ist diese computergesteuerte Generierung von Bildern, wie sie Kiki Picasso beschreibt (ebd.), nicht mehr als Malerei zu verstehen, denn die Kreation und damit das charakteristische der Malerei ist mit der elektronischen Palette verschwunden. Als Mittel zur Generierung von Designvarianten hält der Computer Einzug in alle Bereiche der Erscheinungsproduktion. In dieser Funktion bezeichnet ihn die Modeschöpferin de Senneville als das dritte Auge der kommenden Generation (de Senneville 1987, 44). Gleichzeitig mit dem Einzug des Computers in den Bereich der Gestaltungsgenerierung kann von einem, wie es Foucault ausdrückt, "Verschwinden des Autors" gesprochen werden. Das Subjekt ist nicht mehr als Ursprung einer materiellen Entäusserung auszumachen, der Zug der Handschrift verschwindet (Foucault 1977, 113ff).

Der Prozess der Simulation beschränkt sich aber nicht auf den Bereich der Erscheinungs-Gestaltung, wo seine Verbreitung offensichtlich als Trend auszumachen ist. Ebenso wird der Computer eingesetzt, um Märkte zu analysieren und Abbilder der Gegenwart und der Zukunft zu simulieren, um politische, soziale und globalökonomische Entwicklungen zu simulieren, um die eigene Unternehmung und Konkurrenzunternehmen zu analysieren und mögliche Entwicklungen zu simulieren und bewerten. Die Wirtschaft entwickelt sich tatsächlich in einer Wirklichkeit simulierter Vorstellungen, die sich vom Mikrobereich des Produktedesigns bis zum Design makroökonomischer Entwicklungsszenarien reichen und sich gegenseitig überspannen und verflechten.

Ausgehend von der These, dass die Vorstellung der traditionellen Schichtengesellschaft der Realität der gegenwärtigen Gesellschaft nicht mehr gerecht wird, sind wir im Bereich der Produktion bisher zur tendenziellen Entpersonifizierung ihrer Entwicklung gelangt. Dies genügt aber noch nicht, um von einer derart weitreichenden Dezentrierung der Bedeutung des Produktionssystems auszugehen, dass diese ihrer integrierenden und gleichzeitig strukturierenden Kraft verlustig ginge. Um die These zu stützen, wollen wir parallelen Tendenzen nachgehen, die sich gegenwärtig ebenfalls zu verdichten scheinen.

4.3 Individualisierung und Marktabhängigkeit

Während Marx auf der Grundlage der gemeinsamen Abhängigkeitserfahrung der Arbeiter im expandierenden Kapitalismus das Entstehen eines Klassenbewusstseins prognostizierte, ist seit dem Zweiten Weltkrieg mit der stetig wachsenden Wirtschaft eine zunehmende Individualisierung der Lebensläufe verbunden. Der Trend zur Individualisierung ist nach Beck auf drei wesentliche Faktoren zurückzuführen, die mit dem hochentwickelten Kapitalismus inhärent verbunden sind (vgl. Beck 1983, 35ff):

- Die zunehmenden Ansprüche an die Ausbildung erfordern vom einzelnen mehr Bereitschaft zur Auswahl, zunehmende Mobilität und schliesslich individueller Erfolg im Bestehen der Anforderungen, die einen bestimmten Ausbildungsweg vorzeichnen.

- Der Eintritt in den Arbeitsmarkt erfordert vom einzelnen eine bisher unbekannte Mobilität. Unter den Bedingungen des modernen Arbeitsmarktes muss er sich für die Wahl eines zukunftsträchtig scheinenden Arbeitsplatzes kümmern.

Damit ist gleichzeitig die Wahl des Wohnortes verbunden, die sich aber auch nach anderen Wohnkriterien auszurichten hat (Ruhe, Nähe zu Naherholungsgebieten, Nähe zu Unterhaltungsmöglichkeiten, Nähe zu Schule, Höhe der fiskalischen Belastung usw.). Er gestaltet sein Leben ohne Rücksicht auf traditionelle Verflechtungen.

- Die Arbeit als Mittel zum persönlichen Erfolg ist in einer rasant wachsenden Wirtschaft mit der permanenten Konkurrenz gegenüber Mitarbeitern verbunden. Da die Arbeitsplätze Anforderungen an bestimmte Ausbildungsgänge stellen, führt die Konkurrenz am Arbeitsplatz zu einer "Individualisierung zwischen Gleichen", d.h. genau in den Bereichen der Interaktion, die durch gemeinsame Erfahrung gekennzeichnet sind.

Auf einen weiteren, nicht zu unterschätzenden Faktor der Individualisierung, der mit der zunehmenden medialen Vermittlung der Interaktion am Arbeitsplatz wie im Privatleben zum Tragen kommt, weist Raulet hin (Raulet 1988, 173f). Wenn wir davon ausgehen, dass in der Kommunikation in der face-to-face Situation nicht nur Information übertragen, sondern durch die gleichzeitige Vermittlung von Normen und Erwartungen die intersubjektive Gemeinschaft konstituiert wird, beraubt die "Kommunikation" über den Bildschirm das "soziale Handeln" seiner zentralen Funktion (vgl. ebd., 175). Die in die "Sprache der elektronischen Datenverarbeitungsmedien" übersetzte Kommunikation, die auf die reine Operativität ausgerichtet ist, abstrahiert von allen, in der face-to-face Situation mitgelieferten Informationen, die die Beteiligten in die reale Situation gesellschaftlich einbinden. Vermittelt wird reine Information bar jedes gesellschaftlichen Kontexts.

Die Entbindung des einzelnen aus "historisch vorgegebenen Sozialformen und -bindungen im Sinne traditionaler Herrschafts- und Versorgungszusammenhänge[n] [...], Verlust von traditionalen

Sicherheiten im Hinblick auf Handlungswissen, Glauben und leitende Normen" (Beck 1986, 206), macht das Individuum zum Zentrum der Lebensgestaltung. "Der oder die einzelne selbst wird zur lebensweltlichen Reproduktionseinheit des Sozialen" (ebd., 209). Gerade der Zusammenhang, der das Individuum aus dem traditionalen Kontext befreit hat, bindet es nun umso mehr an sich selbst. Das durch die Entbindung aus traditionalen Zusammenhängen erlangte Mehr an Individualität bezahlt der einzelne mit einem Mehr an Abhängigkeit vom Wirtschaftssystem. Das fortgeschrittene ökonomische System, das den einzelnen zunächst befreit hat, macht nun "die entstehenden Individuallagen durch und durch (arbeits)marktabhängig. Sie sind sozusagen die Perfektionierung der Marktabhängigkeit bis in alle Fasern der Existenz(sicherung) hinein [...]" (ebd., 210). Durch das zunehmende Verschwinden alternativer Existenzsicherungssysteme ist die Arbeit, wie das Beispiel geschiedener Frauen exemplarisch zeigt, für immer mehr Menschen die einzige Voraussetzung für eine "Normalbiographie" (ebd., 211ff).

Da die institutionalisierten sozialen Sicherungssysteme auf ein "normales" oder Standard-Arbeitsverhältnis ausgerichtet sind, bringt jede Abweichung vom Standard-Arbeitsverhältnis die Gefahr mit sich, durch die "Maschen des sozialen Sicherungsnetzes hindurchzufallen" (ebd. 211). Die Abhängigkeit der Normalbiographie von der bezahlten Arbeit zeigt sich im Bereich der Sicherungssysteme, welche die alten sozialen Netze ersetzen, besonders deutlich. Um seine Normalbiographie und die seiner Familie auch im Falle von Arbeitsunfähigkeit aufrechtzuerhalten, findet der einzelne Ersatz im Versicherungssystem: Arbeitslosenversicherung, Unfall-, Kranken- und Taggeldversicherung, Altersvorsorge, Lebens-(Todes-)versicherung, Invalidenrente usw. Alle Sicherungssysteme werden vom ökonomischen System bereitgehalten, erfordern aber deren Finanzierung durch das Individuum und mithin dessen Erwerbstätigkeit.

Das sich permanent ausbreitende Versicherungssystem ist jedoch nur ein - allerdings krasser - Bereich, der das Individuum an das ökonomische System fesselt. Andere zentrale Bereiche sind das Schul- und Ausbildungssystem, das Informationssystem und das Freizeitsystem.

- Das Schulsystem befreit den einzelnen von der Uebernahme eines Berufes, der in der Familientradition liegt. Es ermöglicht ihm einen Wissenszugang, der ihm in einem traditionellen Kontext in den meisten Fällen verwehrt gewesen wäre. Da die Ausbildung in der Regel Zugang zu einer Arbeit gewähren soll, hat sie sich allerdings eindeutig den Anforderungen des Arbeitsmarktes anzupassen.

- Das Informationssystem bietet dem Individuum durch die elektronischen Massenmedien eine Informationsmenge, wie sie im "vorelektronischen" Zeitalter absolut undenkbar gewesen wäre. Die Nachrichten kann es mangels eigener Erfahrung in den meisten Fällen nur kritiklos als Fakten so entgegennehmen, wie sie ihm geboten werden. Im Falle privater Medien müssen die Nachrichten aufgrund des ökonomischen Imperativs der sich durch den Absatz von Werbung ergibt, der Masse individueller Empfänger angepasst werden, d.h. in deren Wirklichkeitsvorstellung passen. Die Werbung als Bestandteil des Informationsflusses ist an erster Stelle Werbung für das ökonomische System; jede Werbemitteilung betont, dass das angepriesene Produkt nur entwickelt wurde, um den Konsumenten glücklicher zu machen (vgl. Baudrillard 1985, 229ff).

- Das Freizeitsystem ist eng verflochten mit dem Konsumsystem. Die Situation, in der der einzelne seine Freizeit gestaltet, wird durch seine Abhängigkeit vom Produktionsprozess vorgezeichnet (Marcuse 1968). Obwohl die Möglichkeiten der kreativen Betätigung, die sich dem Bewohner einer modernen Vorstadtsiedlung nach Arbeitsschluss bieten, durch Raummangel oder schlechten Schallschutz usw. beschränkt sind, stellt das Produktionssystem Angebote bereit, die sich perfekt in die "massenhafte" Individualsituation einpassen und aus ihr ein planbares Erlebnis machen (Compact-Disc, Video-film, Zeitschrift, Heimvelo, Videospiel). Auch der Büroangestellte, der von der Hektik des Büros oder von der langen Arbeit vor dem Bildschirm gereizt oder nervös nach Hause kommt, findet das geeignete Mittel gegen Kopf- oder Magenschmerzen und einen Softdrink, der ihn "wieder in Schuss" bringt. Eine Instant-Mahlzeit hilft ihm, mühelos ein perfektes Nachtessen zuzubereiten und, wenn die Medikamente schliesslich ihre Wirkung herbeigeführt haben, bereitet ihm ein passender Fernseh- oder Videofilm einen unterhaltsamen Abend.

Das Individuum wird, je mehr es sich selbst von traditionellen Kontexten freisetzt, umso mehr in das ökonomische Systems eingebunden. Während Riesman im sich ausbreitenden Massenkonsum noch hoffnungsvoll eine Möglichkeit der Individualisierung im Sinne der Emanzipation durch den Zwang zur Auswahl erwartete (Riesman 1959), gibt sich Marcuse eindeutig als pessimistischer Kritiker der Konsumgesellschaft zu erkennen. Beck beobachtet in ebenfalls deutlich pessimistischer Weise im gegenwärtigen Zustand der Konsumgesellschaft eine mit dieser einhergehenden hochgradigen Standardisierung. Anstatt sich (wie von Riesman beobachtet) in Gruppen, die als ganze den Geschmack ihrer Teilnehmer dominieren, sind die einzelnen in zunehmender Isolation den alle gleichzeitig erreichenden Informationskanälen ausgesetzt. "Die entstehenden Existenzformen sind der vereinzelte, sich seiner selbst nicht bewusste Massenmarkt und Massenkonsum für pauschal entworfene Wohnungen, Wohnungseinrichtungen, tägliche Gebrauchsartikel, über Massenmedien lancierte und adoptierte Meinungen, Gewohnheiten, Einstellungen, Lebensstile." (Beck 1986, 212).

4.4 Die Distanzierung vom Produktionssystem durch ein neues Risikobewusstsein

Eine Emanzipation des Individuums von der Rationalität des ökonomischen Systems ist unter den Bedingungen der dargestellten Abhängigkeit nur schwer vorstellbar. Nur Krisen, die der Entwicklungstendenz des Systems selbst zugeschrieben werden, können auf dessen Schwächen hinweisen. Wie sollte der einzelne aus einer Rationalität ausbrechen, die nahezu über ein Monopol verfügt, solange ihm das System jedes Defizit, das es verursacht, mit einem neuen Angebot aufhebt?

Beck weist auf die spätestens seit den siebziger Jahren allmählich ins Bewusstsein vordringenden Risiken hin, die mit zunehmenden wirtschaflichen Wachstum die Menschen immer mehr bedrohen. Das System, das sich dauernd bemüht, auftretende Risiken wissenschaftlich zu rationalisieren und Massnahmen zur Risikodämmung bereitzustellen, sieht sich immer weniger fähig, die Kritik in der gewünschten Weise zu kanalisieren. Während es weiterhin gelingt, die durch zunehmende Arbeitslosigkeit verursachte finanzielle Not dem Individuum als persönliches Versagen aufzulasten, kann das in Form von Furcht sich manifestierende Risiko nicht mehr dem Verschulden der Betroffenen zugeschrieben werden.

Das durch Umweltschädigungen verursachte Gesundheitsrisiko ist, so wie es vom modernen Produktionssystem erzeugt wird, durch die einmalige Qualität seiner Unsichtbarkeit charakterisiert. Während - wie Beck schreibt -, die gesundheitsgefährenden Risiken früher meist in penetranter Weise auf die Sinne eindrangen und deren Spuren mit grosser Eindeutigkeit zu deren Verursacher zurückverfolgt werden konnten, lassen sich die Risiken heute oft nur noch wissenschaftlich nachweisen und durch theoretische Kausalitätserklärungen einem Verursacher zuweisen. Zudem lässt sich, wie wir unterdessen von Wasserverschmutzungen, Luftverschmutzung und -verstrahlung nur zu gut wissen, das Risiko, das die moderne Wirtschaftsentwicklung begleitet, nicht lokal einschränken. Dadurch dass sich die neuen Risiken nicht mehr auf definierbare Regionen beschränken und gesellschaftlich die Verursacher nicht mehr automatisch die Betroffenen sind, bergen sie die Kraft, grundlegende bestehende gesellschaftliche Kategorien zu verändern. Luhmann vermutet sogar, dass durch das neue Risiko- und Gefahrenbewusstsein eine Problematik entstehen kann, der die

Kategorien von Normativität und Oekonomie, die bisher im Zentrum der gesellschaftlichen Regulierung standen, nicht mehr gerecht werden (Vortrag vom 2.2.1989 an der HSG, St.Gallen).

Da Risiken im Gegensatz zu den vermarkteten Produkten des ökonomischen Prozesses nicht in der Form eines sinnlich wahrnehmbaren Gutes oder einer Dienstleistung vom einzelnen entgegengenommen werden, sondern "prinzipiell argumentativ vermittelt" werden, treten die risikodefinierenden Theorien in eine Konkurrenz der Glaubhaftigkeit (Beck 1986, 35). In der öffentlichen Risiko-Diskussion treten sich entsprechend der subjektiven Risikobeurteilung Standpunkte entgegen, deren Vertreter als Verteidiger oder Gegner der Systemrationalität identifiziert werden. Auch wenn die Systemverteidiger den Systemkritikern immer wieder das Argument der "Unumgänglichkeit" des Systems in der bestehenden Form entgegenhalten und mit dem Bild des Verlusts des durch das System gewonnenen Wohlstandes und mit Arbeitslosigkeit drohen, gelingt es ihnen nicht, die mit Angst unterlegten Argumente des Gegners zu neutralisieren. Auch wenn die Möglichkeit des Wohlstandeinbruchs gefürchtet wird, stellt sich bei vielen doch die Frage ein, was der Wohlstand schlussendlich nützt, falls eines der unberechbaren Risiken mitten im grössten Wohlstand eintritt. Der risikohaften Entwicklung wird nicht mehr mit einer "einerseits-andererseits" Erwägung begegnet, die den segensreichen Errungenschaften die Risiken als Defizite entgegenhalten (Sloterdijk 1987, 16f). Die gegenwärtige Entwicklung der Naturwissenschaften ist auf einem Pfad, dem nur noch mit Schwindelgefühlen gefolgt werden kann (ebd., 17). Auch wenn, "[a]us abstrakter Einsicht [...] nicht automatisch das angemessene Handeln folgt, ist Furcht [...] gleichsam der affektive Motor, der das Erkennen des Notwendigen zum Tun des Notwendigen vorantreibt. Angst lähmt, Furcht befreit zum Handeln. In diesem Sinne hat jede Gesellschaft einen elementaren Furchtbedarf." (Guggenberger 1987, 142).

Die zunehmende Abhängigkeit des Lebensgestaltung des Individuums vom ökonomischen System einerseits und die gleichzeitig sich ausbreitende Verunsicherung, durch die dem System zugeschriebenen Risiken andererseits, führt vor allem bei Jugendlichen, die nicht mehr so recht auf die langfristige Funktionsfähigkeit des Systems vertrauen, zu einer schizophrenen Haltung, die Sloterdijk als "zynisch" charakterisiert (vgl. Sloterdijk 1983). Seiner Darstellung zufolge stellen immer mehr Menschen fest, dass die Entwicklung des Systems, an dem sie teilnehmen, keinen Zweck verfolgt, dass es nirgendwohin führt, anstatt dessen aber immer mehr Gefahren induziert. Obwohl er den Sinn nicht einsieht, beteiligt sich der einzelne mit seiner Arbeit an der Enwicklung, "weil Sachzwänge und Selbsterhaltungstriebe auf kurze Sicht dieselbe Sprache sprechen und [ihm] sagen, es müsse sein. Andere würden es ohnehin tun, vielleicht schlechter" (ebd., 37). War die zynische Haltung in der Vergangenheit die eines stark individuellen Aussenseiters, der sich, im Gefühl niemanden zu brauchen, "gegen die Arroganz und die moralischen Betriebsgeheimnisse der höheren Zivilisation" wandte, trifft der Zyniker in der modernen Gegenwart unter dem Druck zur Individualisierung in massenhafter Weise in Erscheinung (vgl. ebd., 34).

Der massenweise auftretende Zyniker steht dem System insofern in schizophrener Weise gegenüber, als seine Wahrnehmung von einem deutlichen Pessimismus gegenüber der Realität geprägt ist, von der er abhängt. Da er jedoch zu einem Spiel, in das er nur noch wenig Vertrauen hat, keine Alternative sieht, macht er mit, ohne seiner Arbeit einen über die unmittelbare Gewährleistung seines Lebensstils hinausreichenden Sinn beizumessen. Er entfernt sich gefühlsmässig von der Systemrationalität, profitiert aber, da er durch seinen Einfluss daran sowieso nichts ändern kann, solange und so viel wie möglich. Unter diesen Bedingungen verliert die Erwerbsarbeit zunehmend ihre Bedeutung als produktive Kraft, als "Achse der Lebensführung" (Beck 1986, 220), der vom einzelnen eine Bedeutung für die Produktion eines Wertes zugemessen werden könnte (vgl. Baudrillard 1982, 22ff). Die Arbeit reduziert sich auf einen "Dienst", der "als schlichte Anwesenheit auf der Stelle, als Verbrauch von Zeit, Ableistung von Zeit" erlebt wird

(Baudrillard ebd., 33). Die Metamorphose der Einstellung zur Arbeit weist Kägi am signifikanten Begriffswandel vom Beruf zum Job nach (1989, 21).

Der Zyniker weiss eigentlich schon zu viel, um sich noch ganz mit der Systemrationalität zu identifizieren, fühlt sich in seinem Alltag aber dem System ohnmächtig ausgeliefert. Seine Distanz zur Systemrationalität bringt er durch die Ablehnung der von den ungehemmten Systemlogikern geforderten Gefolgschaft dort zum Ausdruck, wo es ihm - wie bei Urnenabstimmungen - in anonymer Weise möglich ist. Anonym gibt er "der Erfahrung Ausdruck, dass es keinen Sinn [mehr] gibt für das Ganze" (Guggenberger 1987, 28). Gleichzeitig zeigt er aber mit "Entschlossenheit, dass dies noch lange kein Grund zu sein braucht, Trübsal zu blasen. Wer keinen Sinn mehr sucht, und dennoch entschlossen ist, nicht depressiv zu werden, dem eröffnen sich ganz neue Lebenschancen: angesagt ist das grosse Spiel mit der Sinnlosigkeit" (ebd.).

Diese zwei für die Entwicklung der Gesellschaft gegenwärtig massgebenden Trends - einerseits die Freisetzung des einzelnen aus traditionellen sozialen Bezügen bei gleichzeitigem Zwang, das Leben selbst in die Hand nehmen zu müssen, andererseits das sich verbreitendes Gefühl für die lebensbedrohenden Wirkungen eines nicht mehr kontrollierbaren Systems - führen bei einem nicht mehr zu unterschätzenden Teil der "postindustriellen Menschheit" zu einer Ablehnung der Arbeit als sinnstiftendes Zentrum des Lebens. Dieser subjektive Wandel der Bedeutung des Produktionssystems, gepaart mit der sich vollziehenden Entpersonifizierung des Systems, gibt Anlass zur Annahme, dass die Gesellschaftsstruktur durch Rekurs auf das Verhältnis des einzelnen zum Produktionssystem nur unzureichend abgebildet wird. Wenn wir diese traditionelle Perspektive unter gegenwärtigen Verhältnissen anwenden, laufen wir Gefahr, in den oben erwähnten simplen Dualismus von Befürwortern und Gegnern der postindustriellen Produktion als gesellschaftliche Aufgabe zu verfallen. Wir haben weiter oben schon darauf hingewiesen, dass wir unter den gegenwärtigen

Bedingungen ein differenzierteres Bild der Gesellschaft erhalten, wenn wir uns der Gesellschaftsstruktur statt von der Seite der Produktion von der Seite des Konsums nähern. In diesem Sinne schliessen wir uns Scardigli an, wenn er den Begriff "postindustriell" als irreführend für die Charakterisierung der gegenwärtigen Gesellschaft erachtet und diesem Begriff denjenigen der "Konsumgesellschaft" entgegenhält.

4.5 Der neue Stellenwert des Konsums

Wir können nun die oben vertretene These wiederaufnehmen, dass sich der Akzent der Lebensführung im Gleichschritt mit der Einbusse der Erwerbsarbeit als sinnstiftende Grösse vom Bereich der Produktion auf den Bereich des Konsums verschiebt. Den manifesten Wandel der Stellung des Konsums im gegenwärtigen Alltag wollen wir sowohl an dem fast explosiv expandierenden Angebot als auch an der sich transformierenden Nachfrage aufzeigen.

Historisch war der Uebergang von der Produktion zur Simulation von einer in dieser Form geschichtlich einzigartigen Phase wirtschaftlichen Wachstums gezeichnet, die mit einer bisher unbekannten Ausdehnung des Angebots an Konsumgütern einherging. Eine von Leiss 1976 für die USA erhobene Zahl genügt, um einen quantitativen Eindruck des expandierenden und sich wandelnden Güterangebotes zu erhalten: auf dem amerikanischen Markt erscheinen jährlich etwa 1500 neue Produkte, von denen etwa 80 % innerhalb eines Jahres wieder verschwinden und durch neue ersetzt werden (vgl. Leiss 1976, 14). Die Angabe dürfte auch für europäische Verhältnisse einen deutlichen Hinweis auf die Dynamik des Produkteangebots und dessen quantitative Fülle geben.

Lebensweltlich kommt die zunehmende Produkteschwemme in der unübersehbar zunehmenden Präsenz des Güterangebots im Alltag der Konsumenten zum Ausdruck. In kürzester Zeit wurden die Gebäude in den Stadtzentren zunächst in den unteren Etagen, zunehmend aber auch in den oberen Etagen in Warenhäuser, Boutiquen, Delikatessen-Geschäfte usw. transformiert. Die Fassaden werden im Parterre durch immer grössere Schaufenster ersetzt, die den Passanten in den Innenstädten ganzen Häuserzeilen entlang eine unaufhörliche Ausstellung von Produkten präsentieren. Die zentralen Einkaufsstrassen werden vom Verkehr freigehalten, damit die Konsumenten sich in ihrer Freizeit auf die Entdeckungsreise im Reich der Produktedarstellungen orientieren können. Die Produktion führt den Konsumenten ihre Erzeugnisse in der Form eines permanenten Schauspiels vor (vgl. Debord 1967, Pkt. 35ff), um ihnen die Wünschbarkeit der entsprechenden Produkte nahezubringen.

Wie mit den Ausführungen zur Werbung gezeigt wurde, dringt der praktisch unbeschränkte Variantenreichtum der angebotenen Produkte beim Werben um den Konsumenten in der Oeffentlichkeit und im Privaten in penetranter Weise auf seine Wahrnehmung ein. Im Kampf um die Gunst der Konsumenten müssen sich die Produkte immer mehr selbst anpreisen, damit sie als erstrebenswert erachtet werden. Leiss (1986) zeigt an einer geschichtlichen Darstellung der Werbung, wie der Wandel der Produktion in der Werbung reflektiert wird. Während sich die Werbung zu Beginn des zwanzigsten Jahrhunderts darum bemühte, die Vorteilhaftigkeit von Produkten durch ihre Eignung in einem traditionellen Kontext plausibel zu machen und die herausragende Qualität des Produkts unterstrich, zeigt die gegenwärtige Werbung, wie mit den Produkten die verschiedensten Kontexte konstruiert werden können. Ueberall treten die Produkte dem Konsumenten als Abbildungen gegenüber. Debord erachtet in "La société du spectacle" (1967) die zunehmende öffentliche Präsenz der Produkte als zentrales Charakteristikum der modernen Gesellschaft. Er macht damit auf ein Phänomen aufmerksam, das sich infolge seiner dauernden Glücksversprechungen weitgehend kritiklos ins Zentrum des Wahrnehmungsfeldes der Konsumenten einfügen konnte. Die schönsten Hausfassaden, ja ganze Stadträume wurden der Selbst-Darstellung der Produkte kritiklos geopfert.

Auf der Seite der Nachfrage - der Seite des Konsumenten - ging ein Bruch von vergleichbarer Tragweite vor sich. Die förmliche Schwemme von Konsumgütern machte den Erfolg des Wirtschaftssystems unausweichlich von einer dauernd expandierenden Konsum- und Verbrauchsbereitschaft abhängig. Während der Erfolg der industriellen Revolution von Max Weber auf die mit der protestantischen Ethik verbundene Enthaltsamkeit der arbeitenden Menschen zurückgeführt wurde, war die steigende Produktion zunehmend auf Menschen angewiesen, die bereit waren, in bisher unbekanntem Ausmass Produkte zu erwerben und zu verbrauchen. Vereinfacht ausgedrückt, wurde vom einzelnen zunehmend erwartet, dass er die Ethik der Enthaltsamkeit zugunsten des Glaubens auf unaufhörliches Wachstum und die Bereitschaft zu konsumieren eintauscht. Anstatt durch Sparsamkeit und Enthaltsamkeit auf einen Ertrag zu hoffen, der als Lohn der gegenwärtigen Arbeit in Zukunft anfallen wird, ist das immer schneller produzierende System auf den zunehmenden unmittelbaren Konsum angewiesen. Die Tugend des haushaltenden und sparsamen Wirtschaftens wird unter der dauernden wirtschaftlichen Expansion anachronistisch und weltfremd (vgl. Koslowski 1988, 104).

Gleichzeitig mit dem expandierenden Produkteangebot wird für immer mehr Menschen ein Konsum-Standard erreichbar, der noch vor einer Generation nur wenigen zugänglich war. Der Konsument lernt allmählich, dass er, auch wenn er gegenwärtig ein Produkt nicht bezahlen kann, dieses infolge des stetig steigenden Lohns in nicht allzuferner Zeit erwerben können wird. Schliesslich macht er sich auch mit der Vorstellung vertraut, dass er für den Erwerb eines Produkts nicht zuwarten muss, bis er die erforderliche Summe erspart hat. Er kann ebenso das Produkt sofort erwerben und in geplanten Raten abzahlen.

Während der Konsum in der industriell dominierten Phase vor dem Zweiten Weltkrieg und je nach Land auch später noch weitgehend in den von traditionellen sozialen Normen geregelten Alltag eingebettet war, wird er mit der zunehmenden Individualisierung der

Gesellschaftsmitglieder immer weitgehender vom Individuum gestaltbar. Nicht mehr der von Traditionen und sozialen Normen gezeichnete Alltag definiert für den Konsumenten, welche Produkte er in die Verrichtung bestimmter Aktivitäten einfügt. Mehr und mehr zeigen die Produkte dem Konsumenten, wie er seinen Alltag gestalten kann. Bereits aus der unermässlichen Menge der Konsumgüter geht hervor, dass der Konsument dem Angebot nicht mehr aufgrund traditioneller Muster begegnen kann, die ihn durch den Alltag gegeben sind. Unter den Umständen eines sich dauernd ändernden Angebots ist er darauf angewiesen, dass sich die Produkte in bestimmter Weise zu erkennen geben. Eine effiziente Lenkung seiner Wahrnehmung ist eine grundsätzliche Voraussetzung, dass er sich noch zurechtfinden kann. Stellen wir uns hypothetisch die Möglichkeit einer neutralen Verpackung versehen mit Produktangaben vor, die den Konsumenten vor der Verführung durch die Produktaufmachung schützen soll. Eine derartige Verpackung würde nicht nur einen Teil des Produktsortiments, der lediglich auf der ästhetischen Variation eines ansonst gleichen Produkts beruht, eliminieren - eine derartige "konsumentenfreundliche" Verpackung würde die notwendige Selektion im bestehenden Angebot praktisch verunmöglichen.

Die Simulation der Produkte hat auf der Seite der Nachfrager eine wesentliche qualitative Aenderung der Wahrnehmung zufolge. Der Konsument begegnet den Produkten immer weniger in ihrer Bedeutung für einen traditionell bestimmten Alltagszusammenhang. Stattdessen tritt er den angepriesenen Produkten zunehmend als ein Leser von Differenzen gegenüber. Es ist immer weniger das Produkt, das zur Determinierung eines bestimmten Zusammenhangs angeeignet wird, es ist immer mehr die distinktive Differenz, die dem mit den Produkten konstituierten Zusammenhang einen individuellen Schein verleihen. Das Produkt hatte, wie es Baudrillard formuliert, vormals "eine referentielle Vernunft, eine Finalität und ihre Verwendung hängt mit dem Prestige, dem Status, den sozialen Unterschieden zusammen" (Baudrillard 1982, 89). Durch den Prozess der Simulation verliert das Produkt seine referentielle Bedeutung: "Der Referenzwert wird abgeschafft und übrig bleibt allein der strukturale Wertzusammenhang. Die strukturale Dimension verselbständigt sich durch den Ausschluss der Referenzdimension, sie gründet sich auf deren Tod." (ebd., 17f) "Emanzipation des Zeichens; entbunden von der "archaischen" Verpflichtung, etwas bezeichnen zu müssen, wird es schliesslich frei für ein strukturales oder kombinatorisches Spiel, in der Folge einer totalen Indifferenz und Indetermination, die die Regel einer determinierten Aequivalenz ablöst" (ebd., 18). Die Mode in der Form der zyklisch ändernden Erscheinung der Bekleidung, wie sie nach dem Ersten Weltkrieg zunehmend Verbreitung fand, wird zum Vorbild der Simulation.

Zusammenfassend können wir festhalten, dass der Konsum im Uebergang vom "Industriezeitalter" zum "Konsumzeitalter" einem Wandel unterworfen ist, der auf die zwei grundlegenden durch das ökonomische System verbundene Tendenzen zurückgeführt werden kann: die Individualisierung der einzelnen Gesellschaftsmitglieder durch Entbindung aus traditionellen sozialen Zusammenhängen und der Wandel von der Serienproduktion zur Simulation durch die ein stetiges Wachstum des Produkteabsatzes möglich wird. Die beiden Tendenzen haben wir weitgehend unabhängig voneinander dargestellt. Im folgenden gilt es nun, die Tendenzen unter einem Prinzip zusammenzubringen, wozu wir schliesslich auf die weiter oben aufgeworfene Frage nach der mit der Individualisierung verbundenen Freiheit zurückkommen.

5. DER KONSUM ALS TEIL DES LEBENSSTILS

Im Verlauf der vorangehenden Ausführungen sind wir zur Ansicht gelangt, dass die Erwerbsarbeit für viele Menschen in der postindustriellen Gesellschaft ihre ehemals richtungsweisende Bedeutung eingebüsst hat. Als gesellschaftlich gleichfalls einschneidende Parallelerscheinung haben wir eine ausgeprägte Ausbreitung des ökonomischen Systems festgestellt, die das Individuum zunehmend von den traditionellen Sozialstrukturen freigestellt hat, das Individuum aber gleichzeitig auf sich selbst zurückwirft. Durch die systematische Befreiung aus sozialen Kontexten verliert das Individuum sowohl materielle Sicherheiten, wie Alters-, Krankheits-, Unfall-, Arbeitslosenvorsoge usw., als auch handlungsanleitende Sicherheiten, wie milieuspezifische Normen, die sowohl eine "Normalbiographie" vorgeben, als auch das praktische Alltagshandeln anleiten. Was unter traditionellen Bedingungen vom Individuum als Normalverhalten im Austausch für die Gewährleistung von Sicherheiten verlangt wurde, muss sich das Individuum, soweit es über die staatlichen Sozialleistungen hinausgeht, unter der Bedingung eines bisher einmaligen Handlungsfreiraums auf dem Markt selbst verschaffen und die Konsequenzen seines Handelns selbst tragen.

Erachten wir diese parallel laufenden Entwicklungen als determinierend für die Gesellschaftsstruktur, könnten wir aufgrund der bisherigen Ausführungen zum Eindruck gelangen, die traditionelle Gesellschaft, die von einem kohärenten Strukturierungsprinzip durchdrungen war, löse sich gegenwärtig in ein zusammenhangsloses Nebeneinander atomistischer Individuen auf. Das Individuum scheint, in existentialistischer Weise auf sich selbst zurückgeworfen, "zur grössten und kleinsten Gesellschaftseinheit" zu werden (Hörning u.a. 1986, 19). Wie im folgenden ausführlicher begründet werden soll, wird eine derartige Interpretation der gegenwärtigen Realität nicht gerecht. Ich schliesse mich damit auf Lyotards Kritik an der atomistischen Gesellschaftsvision an:

> "Aus diesem Zerfall der grossen Erzählungen [...] ergibt sich, was einige als die Zersetzung des sozialen Bandes darstellen und als den Uebergang der sozialen Gemeinschaften zu dem Zustand einer aus individuellen Atomen bestehenden Masse, die in eine absurde Brownsche Bewegung geworfen sind. So ist es keineswegs; das ist eine Sicht, die uns durch die paradiesische Vorstellung einer verlorenen 'organischen' Gesellschaft getrübt scheint. Das Selbst ist wenig, aber es ist nicht isoliert, es ist in einem Gefüge von Relationen gefangen, das noch nie so komplex und beweglich war. Jung und alt, Mann und Frau, reich und arm, ist es immer auf "Knoten" des Kommunikationskreislaufes gesetzt, seien sie auch noch so unbedeutend. Es wäre besser zu sagen: auf Posten gesetzt, die von

> Nachrichten verschiedener Natur passiert werden. Und sogar das benachteiligtste Selbst ist niemals machtlos gegenüber Nachrichten, die es durchqueren, indem sie ihm die Stelle entweder des Senders oder des Empfängers oder des Referenten zuordnen." (Lyotard 1986, 54f, Hervorhebung durch den Verfasser)

Die Alternative zum eindimensionalen, unter einem Prinzip zusammenhängenden Hierarchiesystem, oder zum zweidimensionalen gesellschaftlichen Feld ist, wie Lyotard zeigt, nicht die völlige Atomisierung, sondern der Sprachspiel-Pluralismus. Mit diesem Ausdruck knüpft Lyotard an Wittgensteins Theorie der Sprachspiele als Lebensformen an. Wittgenstein charakterisiert in "Philosophische Untersuchungen" (1983) eine soziale Gemeinschaft als Sprachgemeinschaft. Die gemeinsame Sprache ist das konstitutive Merkmal einer Gemeinschaft. In seinen Ausführungen zum Verstehen einer Sprache zeigt er, dass die Bedingung des Sprachverständnisses die gemeinsame Lebensform ist, mit der die Sprache untrennbar verwoben ist.

Lyotard vermutet, dass in den gegenwärtigen Gesellschaften verschiedene Sprachgemeinschaften nebeneinander existieren. Als Konzept, das dem Sprachspiel-Pluralismus soziologisch am ehesten gerecht wird, bietet sich das Lebensstil-Konzept, das die Freisetzung aus traditionellen Strukturen und den Zwang zur Auswahl aus Nachrichten, denen es als Knoten im Kommunikationsprozess ausgesetzt ist, zum Zentrum seiner Abbildung der Gesellschaft macht.

5.1 "Lebensstil" als neue Vergesellschaftungsform

Je mehr "die Individuen zur grössten und zur kleinsten Vergesellschaftungseinheit" werden, desto grösser ist die Wahrscheinlichkeit des Entstehens neuer Bewertungsmassstäbe. In einer total atomisierten Gesellschaft würde das Individuum tatsächlich zum Steuerungszentrum seines Lebens und zum eigenen Gestalter des Konsums (vgl. Beck, 1983). Die Vertreter der "Lebensstil-Theorie" setzen ihre Kritik gerade an dieser von Beck formulierten Vorstellung der Tendenz einer Gesellschaft zur Atomisierung an. Hörning u.a. (1986, 20) schreiben: "Er [Beck] lässt das aus den destruierten Sozialbindungen herausgelöste Individuum quasi durchfallen, ohne neue, noch näher auszulotende, soziale Verortungsstrukturen und Vergesellschaftungsformen fassen zu können, die den 'freien Fall' federnd abfangen."

Die Lebensstiltheorie geht mit Becks Ausgangspunkt einig; dem Wertverlust der Erwerbsarbeit im objektiven Sinn als gesellschaftsintegrierendes Zentrum und im subjektiven Sinn als sinnstiftendes Zentrum für das Individuum (vgl., Beck 1983). Ausser auf Beck stützt sie diese Annahme v.a. auf Härtel u.a. (1985) und Offe (1983). Anstatt aber von einer gänzlichen Auflösung der Gesellschaft auszugehen, beobachtet sie auf der Grundlage von Luhmanns Theorie sozialer Systeme (1984 und 1977) "funktionale Differenzierungsprozesse, die zunehmend homogene Milieus und Soziallagen partialisieren und übergreifende Moral- und Wertordnungen anfechten" (Michailow 1986, 18). Anstatt mit einem Zerfallen der Gesellschaft ist eher mit einem Aufbrechen der übergreifenden Gesellschaftsstruktur und der Werteordnungen zurechnen, die die "Felder" im Sinne Bourdieus einheitlich charakterisieren. Dadurch entsteht eine in Teilbereiche gegliederte Gesellschaft mit je eigenen "Rationalitätskriterien, eigenen Teilgesetzlichkeiten, Binnenmoralen, eigenen Logiken des Handelns und Erlebens" (Hörning u.a 1986, 24). Das System der Erwerbsarbeit bildet in dieser Situation neben Familie, Bildung, Unterhaltung, Politik nur noch einen Bereich neben andern, miteinander rivalisierenden. Eine derart ausdifferenzierte Gesellschaft ist nicht mehr von einer einheitlichen Hierarchie geprägt, die sich durch Spitze und Zentrum, oben und unten zu erkennen gibt. Die in einer "multizentrischen Gesellschaft" (Michailow 1986, 18) nebeneinander angesiedelten Subsysteme entwickeln jeweils eigene Rationalitäten und Wertordnungen, die sich gegenseitig widersprechen können (ebd., 19). Im Gegensatz zum hierarchischen, auf dem System der Erwerbsarbeit beruhenden

Konzept, kann im Falle einer multizentrischen Gesellschaft kein Subsystem eine übergeordnete Konstitutionsleistung erbringen.

Die Kritik an Beck ist insofern zu relativieren, als unter den Bedingungen der "Risikogesellschaft" das Aufbrechen des dominierenden Wertsystems wahrscheinlich ist und die Möglichkeit der Bildung gesellschaftlicher Subsysteme mit eigenen Rationalitäten zumindest latent vorhanden ist. Das Risikobewusstsein bildet als typisches "Leistungsdefizit eines Subsystems" die Quelle für "Kristallisationskerne gesellschaftlicher Problembearbeitung" wie z.B. "'Verrechtlichung', 'Emanzipation der Geschlechter', 'moralischer Verfall', 'Orientierungs- und Sinnverlust', 'Kostenexplosion im Gesundheitswesen', 'Entpolitisierung der Hochschulen', 'Privatisierung von Massenmedien' oder 'Technisierung der Intimität' und nicht zuletzt 'Umweltzerstörung'(vgl. Hörning 1986, 27).

In diesem Pluralismus von nebeneinander bestehenden Teilsystemen mit eigenen Werthaltungen erlangt das Individuum eine bisher unbekannte Wahlfreiheit, die gleichzeitig auch als Zwang zur Wahl zwischen konkurrierenden und widersprechenden Bereichen erfahren wird. Während in einer Situation, in der die lebensanleitenden Werte quasi automatisch als Mitprodukt des Arbeitsprozesses mitgeliefert wurden, die gesellschaftlichen Strukturen aufgrund der Restriktionen der Lebensführung dargestellt werden konnten, wird unter der Bedingung eines in Teilsysteme zerfallenden Systems die individuelle Wahl selbst zu einer entscheidenden Variablen der Gesellschaftsstruktur.

Versuchen wir der gegenwärtigen Vergesellschaftungsform mit dem Begriff "Lebensstil" zu entsprechen, ist der Begriff deutlich zu unterscheiden von seiner "alltagssprachlichen Verwendungsweise als individuelle Daseinstechnik ('gesunder', 'vernünftiger' Lebensstil) oder als persönlicher Stil, der die Person in der Oeffentlichkeit und im Freizeitverhalten auszeichnet" (Michailow 1986, Anmerkung 34, 50). Wenn das Schichtungsmodell durch das

Lebensstilkonzept ersetzt wird, soll damit die Bedeutung der Auswahl des Individuums nach eigenen Relevanzen und die damit einhergehende Uebernahme eines typischen Lebenszusammenhanges hervorgehoben werden.

> "Mit Lebensstil ist ein bestimmtes, als kollektiv typisch identifizierbares Ensemble von Deutungsmustern, Handlungs- und Ausdrucksschemata bezeichnet. Lebensstil als Vergesellschaftungsform stellt eine systematische Konfiguration von objektiven Strukturbedingungen, Problemlagen und subjektiven Relevanzsetzungen dar, in der einzelne Themen, Handlungsfelder und Definitionsräume präferiert und um Kristallisationskerne gruppiert sind" (ebd., 36).

Wenngleich sich das Individuum unter der Bedingung des Angebots konkurrierender Sinnbereiche nicht auf objektive, gesellschaftsumspannende Werte verlassen kann, sondern sich selbst plausibel machen muss, dass es "richtig" lebt, ist damit nicht eine Individualisierungstheorie im existentialistischen Sinne angesprochen. Zur Konstruktion seines Lebenslaufes ist das Individuum nicht völlig auf sich verwiesen, sondern ist in der Lyotard'schen Terminologie "immer auf 'Knoten' des Kommunikationskreislaufes gesetzt, [...] die von Nachrichten verschiedenster Natur passiert werden" (Lyotard 1986, 55). Das Individuum wählt aus dem Angebot aus, mit dem es unablässig konfrontiert ist. Der Verunsicherung, die durch den oft grossen Kompetenzmangel als Folge der notwendigen Rechtfertigung der Wahl durchbricht, kann der einzelne durch symbolische, oft massenmedial vermittelte Orientierungshilfen begegnen (vgl. Michailow 1986, 30). Sinn wird längst nicht nur verbal kommunikativ vermittelt, sondern von Vertretern eines Lebensstils in mediengerechter visueller Erscheinung dargestellt. "Die Kommunikabilität von Lebensstilen wird zu vorderst symbolisch verhandelt" (ebd., 41). Der Stil wird stilisiert, um ihn in der Oeffentlichkeit zu präsentieren und als Sinnbereich mit Anspruch auf Eigenständigkeit zu bezeichnen. "Er wird durch Deutungsschemata und Geschmack umgesetzt zur Strukturierung der Sozial- und Objektwelt und bestimmt sich, da er subjektiv kaum operationalisierbar ist, vor allem in der Differenz. Damit eröffnet sich ein Zugriff auf soziale Differenzierungsprozesse anhand kollektiver Distinktionsmechanismen" (ebd.).

Da sich neue Bereiche in ihrer Rationalität von bestehenden unterscheiden, eignen sich zur Darstellung dieser Abgrenzung Zeichen, die sich als offensichtliche Regelverletzung einer bestehenden Systemrationalität zu erkennen geben. Einer bestimmten Rationalität zuwiderlaufende Kritiken äussern sich bspw. in alternativen Konsumstilen Jugendlicher, die eine Ablehnung des vorfabrizierten Konsums darstellen. Zu denken ist an verschiedenste Arten der Selbstdarstellung, die den Vertretern der etablierten Erscheinungsstile einen Bruch mit den bestehenden Regeln vorspielen und von ihnen als Provokation verstanden werden (vgl. McCracken 1986, 76f). Die Erscheinung, die sich zunächst nur als Distinktionsmittel gegenüber eingebürgerten Regeln herausgebildet hat, transformiert sich allerdings in den meisten Fällen rasch in einen etablierten Erscheinungsstil.

Die Anti-Moden lassen sich aufgrund ihrer grossen Konformität oft einfacher beschreiben als eine der Massenmode folgende Bekleidung. Wie verschiedene Publikationen nur zu deutlich zum Ausdruck bringen (bspw. Obalk/Soral/Pasche 1984, Birnbach 1980, Hebdidge 1979), führen die ursprünglich als "Antimoden" entstandenen Stile zu Erscheinungen, die sich leicht als typisch zu erkennen geben. Wie die genannten Publikationen zum Ausdruck bringen, erzeugen die Alternativmoden und ihre zahlreichen Varianten nicht nur typische Bekleidungen, sondern eine ganze Erscheinung, die im Gebrauch eines typischen Vokabulars, ebenso wie in typischen Werthaltungen zum Ausdruck kommen. Wie sogar die Erscheinung des Punks dokumentiert, büssen viele Distinktionszeichen, v.a. wenn sie einmal vom Produktionssystem übernommen und in Stilmittel verwandelt werden, viel von ihrer ursprünglich gesellschaftlich brisanten Bedeutung ein (vgl. Hebdidge 1979, 94). Sie werden zu Zeichen eines bestimmten Lebensstils, ohne weiterhin unmittelbare Provokationen hervorzurufen. Sobald die neu geschaffenen Formen in Konsumgüter verwandelt und allgemein zugänglich sind, "gefrieren" sie (vgl. ebd., 96). Vermittelt durch die Massenmedien und Massenproduktion verlieren die alternativen Erscheinungen ihren Bezug zum Kontext ihrer Entstehung. Sie werden als befreite Signifikanten zugänglich für einen rein symbolischen Gebrauch ohne Bezug zu einer übergeordneten Realität (vgl. Sawchuk 1987, 71).

> "Die Realität geht im Hyperrealismus unter, in der exakten Verdoppelung des Realen, vorzugsweise auf der Grundlage eines andern reproduktiven Mediums - Werbung, Photo etc.- und von Medium zu Medium verflüchtigt sich das Reale, es wird zur Allegorie des Todes, aber noch in seiner Zerstörung bestätigt und überhöht es sich: es wird zum Realen schlechthin, Fetischismus des verlorenen Objekts - nicht mehr Objekt der Repräsentation, sondern ekstatische Verleugnung und rituelle Austreibung seiner selbst: hyperreal." (Baudrillard 1982, 113f)

Im Wettbewerb der Stilisierung der Stile nimmt der Konsum von Produkten eine zentrale Stellung ein, indem die Konsumgüter in Form von Kleider-, Sport-, Freizeitmoden und der Vielzahl visueller Erscheinungsvarianten das notwendige Angebot für die distinktive Inszenierung von Stilen bereitstellt. Durch die subtile Differenzierung in der Erscheinung gibt sich ein Stil in der Oeffentlichkeit zu erkennen und tritt in Rivalität mit anderen Stilen auf. An der Notwendigkeit der Inszenierung zeigt sich - um den Bezug zur veränderten Bedeutung der Erwerbsarbeit wiederherzustellen -, dass selbst die Erwerbsarbeit nicht mehr einen allgemeinen, selbstverständlichen Wert repräsentiert. Auch Erwerbsarbeit muss mit einem Sinn versehen und, wie die Yuppie-Erscheinung zeigt, in typisch erkennbarer Weise stilisiert werden. Erwerbsarbeit hat nicht einen mit ihr fest verbundenen Wert, sondern erhält diesen von der Sinnzuteilung, die ihr symbolisch verpasst und anhand der Erscheinungsstilisierung zu erkennen gegeben wird. Während die Erwerbsarbeit für eine wachsende Zahl Erwerbstätiger zunehmend zu einem Dienst wird, der lediglich die materielle Voraussetzung ist für die Realisierung eines um andere Interessenzentren fokussierten Alltags, wird sie für die Yuppies zum neuen Zentrum eines Lebensstils. Die "Stilisierung des Stils" tritt bei Yuppies genauso wie bei Punks gegenüber der theoretisch kommunikativen Vermittlung des Stils in den Vordergrund (vgl. Guggenberger 1987). Die Yuppies wie die

Punks "definieren sich mehr über Bekleidung als über Betroffenheit; Moden und Stile, Gesten und Rituale verbinden mehr als Problembewusstsein und Katastrophen-Aengste [...]" (Guggenberger ebd., 72).

Ein Seitenblick auf Bourdieus Feldtheorie hilft diesen Zusammenhang zu verdeutlichen. Die gesellschaftlichen Felder, die sich durch die allgemein gesellschaftlich anerkannten Kapitalarten konstituieren, erzeugen entsprechend ihrer individuellen Verfügbarkeit einen bestimmten Habitus. Bedingt durch die Voraussetzungen des Elternhauses erwirbt das Individuum in einem von der Geburt an wirkenden Sozialisierungsprozess einen Habitus, der für den Rest seines Lebens die Wahrnehmung und das Verhalten des Individuums dominiert. Da es im Verhältnis zu den allgemein anerkannten Kapitalarten ein eindeutiges gesellschaftliches Zentrum gibt, bemüht sich das nicht resignierte Individuum nur darum, diesem Zentrum näher zu kommen (vgl. Joppke 1986, 64ff). Wie de Certeau kritisiert, gibt es für das Individuum in dieser Situation keine Wahlmöglichkeiten, alles wird mit den Voraussetzungen des Elternhauses determiniert. "Die Genese impliziert eine Verinnerlichung von Strukturen (durch den Wissenserwerb) und eine Veräusserlichung des Erworbenen (oder den Habitus) in Praktiken" (de Certeau 1988, 124). Strukturen und Habitus fallen zusammen, weshalb sich Angehörige desselben Feldes verstehen, ohne miteinander zu sprechen.

Was aber geschieht, wenn sich dieser doppelte Bezug allmählich auflöst (vgl. de Certeau ebd., 121)? Unter den Bedingungen einer multizentrierten Gesellschaft, in der die "Vergesellschaftung über Teillagen erfolgt" (Hörning u.a. 1986, 29), geben sich die Zentren in ihrem gegenseitigen Wettbewerb um Realitätsanspruch zuvorderst symbolisch zu erkennen. Da die verschiedenen Kristallisationskerne, um die sich die Gesellschaft zentriert, in dauernder Bewegung sind, ist eine Totalsozialisierung des einzelnen im Sinne der Feldtheorie kaum möglich. Die "Sozialisierung", die hauptsächlich mit symbolischen Stilisierungsmitteln zustandekommt, ist bezeichnenderweise oft mit Unsicherheiten im Verhalten verbunden. Die symbolisch vermittelte Wirklichkeit, die um einen bestimmten Kristallisationskern Gesellschaft stiftet, wird oft von Wahrnehmungen anderer Bereiche durchsetzt.

> "Identifizierung mit (und Distanzierung von) sozialen Gruppierungen und Lebensstilen vollzieht sich verstärkt unmittelbar mit sozial kurzgeschlossenen Identifizierungs- und Distanzierungsmechanismen, die nicht den aufwendigen Umweg über das reflexive, versprachlichte und kommunikationsintensive Aushandeln von Deutungsmustern, Interessen und Motiven nehmen, sondern aufgrund von askriptiven Merkmalen und Körperkommunikantion (vgl. Rittner 1983) vorgenommen werden." (Michailow 1986, 42)

5.2 Die Lebenswelt als Collage aus Produkten

Erachten wir das Lebensstil-Konzept als Gesellschaftsabbildung, die der gegenwärtigen Gesellschaft eher gerecht wird als das Hierarchie-Konzept, das objektive Strukturierungsmerkmale widerspiegelt, kann die Untersuchung des Konsums nicht auf strukturelle Aspekte wie Arbeitsbereich, Einkommen, Haushaltskonstellation, Zeitbudget, Ausbildung, usw. ausgerichtet werden, sondern muss nach den individuellen Sinnstiftungszusammenhängen fragen, die sich mehr oder weniger auf den einen oder andern Bereich ausrichten. Unter diesem Gesichtspunkt konsumiert der einzelne Zeichen, mit denen er auf symbolischer Ebene an verschiedenen Teilsystemen mit eigenen Wertordnungen partizipiert. Der Konsument wird zum Konsumenten von Illusionen (Debord 1967, Pkt. 47). Wenn wir den Konsum im Hinblick auf seine Bedeutung als Mittel der symbolischen Teilhabe an verschiedenen Teilsystemen untersuchen, betrachten wir ihn, wie auf der theoretischen Grundlage von de Certeau gefordert, insgesamt als Praktik, mit der eine symbolische Lebenswelt geschaffen wird.

Erfolgt die Vergesellschaftung durch die Teilhabe an verschiedenen Teilsystemen mit unterschiedlichen Wertordnungen, erwirbt der einzelne die Produkte zunehmend aufgrund ihres Zeichencharakters, mit dem er einen persönlichen Stil stilisiert. Wie die Mode, als

Vorbild der simulierten Produkte, stiften die zu Zeichen emanzipierten Produkte Sozialität. Die Mode ist von allem Anfang an auf eine theatralische Sozialität gerichtet, die keinen tieferliegenden Sinn zu vermitteln beabsichtigt (vgl. Baudrillard 1982, 143). "Im Gegensatz zur Sprache, die eine Kommunikation anvisiert, spielt sie [die Mode] die Kommunikation und macht diese zum endlosen Einsatz einer Signifikation ohne Einsatz" (ebd., 144). Die Kommunikation basiert nicht auf einem Austausch von Inhalten mit dem Ziel einer gemeinsamen Erfahrung, sondern auf der unmittelbaren Ebene des gemeinsamen Teilhabens an Zeichen. "Die historische Solidarität ist verschwunden: die Solidarität der Fabrik, des Wohnviertels, der Klasse [...]. In ihrem jeweiligen Identitätsrausch sind alle nach bleibenden Modellen ausgerichtet, nach aufeinander abgestimmten Simulationsmodellen. Alle sind austauschbar wie diese Modelle selbst" (Baudrillard 1982, 122). Auf dieser Stufe der Entwicklung, auf der die Zeichen für das Reale das Reale selbst ersetzen (Chang 1987, 327), verzehrt das "Staging" der Kommunikation die ganze Energie der Kommunikation. Die Signifikate der Zeichen verflüchtigen sich.

5.2.1 Der Produkteerwerb als Stilisierung von Gemeinschaft

Wie das Beispiel der "Gemeinschaft" zeigt, bildet schon die zeitgenössische Praktik des Erwerbs von Produkten eine Grundlage für verschiedenste Stilisierungen: In einer Gesellschaft, in der sich das Interesse der Konsumenten nicht mehr um ein geographisch fixiertes, Gemeinschaft stiftendes Zentrum richtet, sondern auf geographisch auseinander gelegene Orte, die nur noch in der Bewegung individuell kombiniert werden (Arbeitsort, Wohnort, Naherholungsgebiet, Ferienorte, Unterhaltungsorte wie Restaurants, Kinos, Museen ...), simuliert bspw. das Einkaufszentrum die verlorene Gemeinschaft. Das moderne Einkaufszentrum- gleichfalls ein in der Bewegung erschlossener Punkt im Raum- präsentiert sich als Dorf, in dem auf dem Weg von der Arbeit nach

Hause shoppend die nötigen Produkte zusammengesucht werden. Wie in einem traditionell funktionierenden Dorf kann man sich hier zeigen und gesehen werden, mit dem kleinen Unterschied allerdings, dass man nicht erkannt und mithin nicht kontrolliert wird.

Wo als Folge des geographisch dezentrierten Lebens in der simulierten Gemeinschaft des Warenhauses ein Manko an Eingebundenheit verspürt wird, wo der Verdacht eines Authentizitätsverlustes aufkommt, wird oft das "Einkaufen im Dorf" wiederentdeckt. In den idealen "Schlafgemeinden", die durch den Bau moderner Wohnsiedlungen eine enorme Erweiterung erfahren haben, erleben Quartierläden einen neuen Zulauf von Konsumenten, die in diesen einen Bestandteil einer traditionellen Gemeinschaft entdecken. Sobald der Konsument aber einen entlokalisierten Lebensstil führt, entlarvt sich das Einkaufen im Quartierladen genauso wie das Shopping als Stilisierung, die in der Praktik des Einkaufens die Illusion einer traditionellen Gemeinschaft zelebriert. Im Sinne von Wildermuth könnte von einem Sozio-Design des Konsumenten gesprochen werden (vgl. Wildermuth 1987, 169). Als Erwerbstätiger, der für Arbeit und kulturelle Unterhaltung in die Stadt pendelt, ist der Konsument immer schon potentiell dem Einkaufszentrum angeschlossen, womit der Ort des Einkaufens zu einer Option wird.

Die Stilisierung der Gemeinschaft beim Einkaufen im Quartierladen tritt zutage, wo die Züge der traditionellen Gemeinschaft über die werbemässig symbolhaften Merkmale hinausgehen (die Begrüssung mit Namen, die speziellen Empfehlung bestimmter Frischprodukte, die Erkundigung nach den Kindern, die Bemerkung zum Wetter ebenso wie der Verkauf von offener Milch und von Eiern aus der eigenen Hühnerhaltung). Der Verkauf von südländischen Früchten und Tomaten aus niederländischen Gewächshäusern, die das Wintergemüse der Dorfbauern konkurrenzieren, wird als willkommene Bereicherung und nicht als Beeinträchtigung der Interessen der Gemeinschaftsmitglieder erlebt. Dem Laden, der nicht mit der Zeit gegangen ist, (das Obst, das in Harassen abgefüllt, teilweise angeschlagen ist, der nicht unter Cellophan verpackte Käse, oder das Fleisch, das wegen seiner gegenüber dem Einkaufszentrum längeren Auslagezeit bräunlich anläuft,) kreidet man dies als qualitativen Mangel an. Die optisch perfekte Erscheinung der Produkte im Einkaufszentrum gibt dem Konsumenten den Massstab auch für den Einkauf im Quartierladen. Die Diskrepanz zwischen der stilisierten und der traditionellen Gemeinschaft drückt sich ebenso im Warten auf die Bedienung aus, das durch das Geplauder zwischen Gemeinschaftsangehörigen zustandekommt, oder auch im plötzlichen Verstummen des Geplauders wenn der Konsument den Laden betritt. Die Realität der traditionellen Gemeinschaft, die in der unausweichlichen gegenseitigen Abhängigkeit besteht, und im Tausch von Erwartungen und Verpflichtungen ausgedrückt wird, tritt in diesen als Einengungen erlebten Aeusserungen aus der stilisierten Gemeinschafts-Illusion hervor.

5.2.2 Die Gestaltung der Wohnräume als Mittel der Partizipation an beliebigen Lebensstilen

Die vom Konsumenten belegten Wohnräume bieten ihm einen Gestaltungsraum, mit dem er symbolisch an beliebigen gesellschaftlichen Teilbereichen partizipieren kann. Knüpfen wir an das obige Beispiel an, kann der Rückzug aus der mobilen Gesellschaft sogar in einer Wohnsiedlung, die selbst Ausdruck der Mobilität ist, symbolisch zu einem stabilen Ort, der die Gewissheit der Zugehörigkeit vermittelt, stilisiert werden. Holzmöbel, rustikales Geschirr, eine elektrifizierte Stalllaterne, eine alte Standuhr, ein massives Cheminée und die perfekte Beschallung des Raumes mit Ländler- oder Countrymusik verleihen dem Wohnzimmer Gemütlichkeit als Ausdruck eines stabilen Landlebens. Antiquitäten symbolisieren durch den Eindruck von "Vergangenheit" (engl. "Pastness") (vgl. Jameson 1986, 65) die eigene geschichtliche Eingebundenheit.

Genauso wie den Rückzug in ein stabiles Leben mit einem örtlichen

Fixpunkt kann die Wohnungseinrichtung die Einbindung in die mobile, ungebundene Gesellschaft stilisieren. Durch Farblosigkeit (Hervortreten von Schwarz und Weiss, Glas und Metall, helles und kaltes Licht) wird die Beziehungskälte, die Sterilität und Anonymität der Arztpraxis assoziiert. Die Leichtigkeit der Möbel und die Modulbauweise von Gestellen und Sitzgelegenheiten erlaubt, den Wandel in den eigenen Wohnräumen zu inszenieren. Die Bejahung der Moderne wird durch die Akzeptanz von Technik und Funktionalität stilisiert. Das futuristische Design von Haushaltsgeräten und "Haushaltselektronik" (Video-, Fernseh-, Stereoapparate, Computer), das Funktionalität und Technik betonende Styling von Haushaltsapparaten, das unübersehbar die Physiognomie des Wohnraumes prägt, vermittelt die Akzeptanz des modernen Lebens.

Diese Beispiele zeigen im Bereich der Wohnraumgestaltung, wie die zeitgenössischen Konsumenten durch symbolische Stilisierung mit und in Kontexten leben, die nicht als Einheit bestimmter Lebensbedingungen, sondern der gewählten Teilnahme an symbolischen Kontexten entspringen. Dementsprechend wird in der Wohnungseinrichtung selten eine Stilisierung ohne "Stilbrüche" im Sinne einer authentischen Nachbildung eines bestimmten Kontext realisiert. Man partizipiert an verschiedensten Bereichen zugleich symbolisch, indem man bei entsprechenden Platzverhältnissen bestimmte Stilisierungen in abgetrennten Räumen mehr hervorhebt, oder in einem offenen Raum (bspw. moderne Wohnküche, die an ein rustikales Wohnzimmer angrenzt) verschiedene Stilisierungen frei kombiniert. In vielen Fällen reicht der Einbau alter Strebebalken, alter Holztüren oder gar einer alten Mauer in einen modernen Wohnraum, um gleichzeitig Modernität und Traditionalität zu demonstrieren. So partizipiert der zeitgenössische Konsument gleichzeitig an verschiedenen Stilisierungsbereichen. Er konsumiert als Stilisierungen, bleibt aber gegenüber den Wertordnungen, die sie repräsentieren, indifferent.

5.2.3 Selbststilisierung in der Oeffentlichkeit

Der auffälligste Bereich der Stilisierung, der am Ursprung der Stilisierung überhaupt liegt, bildet die modische Gestaltung der eigenen Erscheinung in der Oeffentlichkeit ab. Während Barthes in seiner Untersuchung der offiziellen Mode, analog zu den Mythen des Alltags, noch im Jahr 1967 eine eindeutige Abbildung der sozialen Strukturen in der Mode aufdeckt (1985, 250; frz. Orig. 1967), spricht Baudrillard von der definitiven Auflösung der Welt in der Mode (1982, 133).

Barthes' Darstellung der Mode ist sicher mit Recht vorzuwerfen, dass sein Ergebnis nur aufgrund des von ihm selektionierten Untersuchungsmaterials (geschriebene Texte aus Modezeitschriften) zustande kam (vgl. McCracken 1986, 76) und deshalb nicht als allgemeingültige Interpretation der modernen Modeerscheinung verstanden werden kann. Betrachten wir bspw. die getragene Mode, ist festzustellen, dass - im Gegensatz zu Barthes Interpretation - gerade die Arbeit kein eindeutiges Abbild in der Mode mehr findet. In einer Gesellschaft, in der die Arbeit ihre zentrale Funktion als sinnstiftende Kraft eingebüsst hat, wird die Beziehung zur Arbeit von der traditionellen Rigidität befreit und für eine Stilisierung der Beziehung offen. Auf eine noch junge Stilisierung der Beziehung zur Arbeit wurde am Beispiel der Yuppies hingewiesen. Diese machen ihre Bejahung des leistungsgerichteten Produktionssystems zum zentralen Stilisierungsmerkmal; Erfolg hat, wer für den Erfolg kämpft. Alte Prestigezeichen, wie die Golduhr, der lederne Aktenkoffer, der teure modische Anzug, der korrekte Haarschnitt usw. demonstrieren das Bekenntnis zur Leistungsgesellschaft im beruflichen Alltag. Ebenso dringen die Symbolisierungszeichen in gesellschaftliche Anlässe ein, wie sie auch schon an der Universität oder der Hochschule als symbolische Teilhabe am angestrebten Berufsleben funktionieren. An der Universität existiert die Stilisierung der Yuppies neben andern typischen Erscheinungen, wie beispielsweise der "Preppy-Look" in den Vereinigen Staaten (Kaiser 1985, 284), oder der "BCBG" in

Frankreich (Obalk/Soral/Pasche 1984) die Student-Sein stilisieren.

Wie in diesen Beispielen der "beruflichen Betätigung" funktioniert die Mode in den verschiedensten Kontexten als Stilisierungsmittel, das nur noch auf sich selbst verweist. Das Tragen von Jeans, das ursprünglich als Ausdruck gegen die rigide Klassengesellschaft zu verstehen war, deutet nur noch auf eine Partizipation an einem ungezwungenen Lebensstil hin; eine Bekleidung, die noch vor zwanzig Jahren ein eindeutiges Zeichen der Feminität war (Barthes 1985, 263ff), wird in verschiedenen Bereichen als "Unisex"-Ausstattung (Sweatshirts, T-Shirts, Polohemden, Mokassin-Schuhe, Jeans usw.) von der ehemaligen Referenz befreit und als Zeichen verfügbar, das allein sich selbst genügt. Im Bereich des offiziellen Modesystems funktioniert die Befreiung als Ausweitung des modischen Vokabulars, indem durch die Aufhebung der Schranken neue Gestaltungsräume entstehen.

Während mit dem Beispiel der Kleidermode nur auf einen Bereich der Selbststilisierung hingewiesen wurde, soll dies für das Prinzip Mode repräsentativ sein, das mehr und mehr alle Komponenten der eigenen Erscheinunggestaltung erfasst.

5.2.4 Die Instrumente einer Betätigung als Mittel ihrer eigenen Stilisierung

Während die Haushaltsapparate und -werkzeuge zunächst eine wesentliche Beschleunigung und Entlastung der körperlichen Aktivität und damit eine Ausdehnung der Freizeit erlauben, nimmt die Stilisierung nicht erst in der erweiterten Freizeit, sondern in gewissem Ausmass schon in der Haushaltsarbeit selbst eine nicht zu unterschätzende Rolle ein. Einerseits drückt das Design von Haushaltsapparaten, speziell von Küchenapparaten und -instrumenten schon die Distanz zur körperlichen Arbeit aus (die Arbeit wird so weit als möglich von Mikroprozessoren übernommen, der Mikrowellen-Ofen erlaubt die Schnell-Zubereitung tiefgefrorener Fertigmenüs, der Tumbler erleichtert das Bügeln, das schliesslich mit dem futuristisch gestylten Bügeleisen bewältigt wird). Andererseits weist die raffinierte Küchenausstattung auf die Möglichkeit hin, grösste Menüs in einer professionellen Umgebung mit professioneller Ausrüstung zuzubereiten. So besehen wird selbst die Haushaltsführung von ihrer traditionellen Normgebundenheit befreit und in einen neuen Gestaltungsbereich transformiert, der ebenfalls der Stilisierung zugänglich wird. Im Extremfall kann die Haushaltsführung sowohl zum Freizeitbereich, als auch zur Pflichterfüllung mit möglichst geringem Aufwand werden. Das Beispiel Kochen zeigt unmissverständlich den Wandel der Haushaltsarbeit, der die Ausweitung des Produkteangebotes begleitet: Durch die Kücheneinrichtung und dem Design der Küche ebenso wie durch die Hilfsmittel kann das Kochen dem Bereich der Stilisierung zugeführt werden.

Das eigentliche Reich der Stilisierung bilden aber (immer mehr) die Freizeitbeschäftigungen. Die unzähligen Möglichkeiten der Sport-(Freizeit) Betätigung, mit denen sich der Konsument auf verschiedenste Weise die Umgebung körperlich aneignet, bieten gleichzeitig die Gelegenheit einer Stilisierung der jeweiligen Betätigung. Während selbst traditionelle Sportarten, die mit wenig spezialisierten Geräten auskommen (Wandern, Schwimmen, Laufen, Langlaufen) durch die Ausweitung eines zunehmend spezialisierten Angebots der Stilisierung geöffnet werden, steht dem Konsumenten im Bereich der sportlichen Betätigungen, die zur Aneignung der Umgebung auf spezielle Geräte angewiesen sind, ein Paradies der Stilisierungsmöglichkeiten offen. Allein beim Kauf eines Fahrrades muss entschieden werden zwischen Rennrahmen, Tourenrahmen, Mountainbike-Rahmen, zwischen 3-, 6-, 7-, 8-, 12-, 18-, 21-Gang-Uebersetzung, zwischen Rennsattel, Tourensattel, Leder- oder Kunststoffsattel, zwischen Strassen- oder "Offroad"-Reifen, zwischen Rennlenker, Tourenlenker, geradem Lenker oder Zwischenlösung, zwischen "LOOK"-Pedalen, die nur mit den passenden Schuhen bestiegen werden können, Pedalen, die den Fuss mit einer Schlaufe halten und Pedalen ohne Fixierung für den Fuss. Sind die Komponenten ausgesucht, steht dem Konsumenten die Wahl zwischen verschiedensten qualitativen Ausführungen (Farben, Material), verschiedensten Marken (Schweizer Fahrrad oder Import, Prestigemarken oder günstige Importmarken aus Schwellenländern) und dementsprechend verschiedensten Preisen (vom 300-fränkigen Sonderangebot bis zum 4000-fränkigen Profirad) offen. Dazu kommt das ganze Angebot an technischen Zusatzausrüstungen und ein breiter Bereich modischer Accessoires. Eine Stellungnahme ist bei diesem Angebot unumgänglich und wäre ohne die Hilfe symbolischer Stilisierungsmittel gar nicht mehr möglich. Selbst wer sich beim Kauf auf seine traditionelle Vorstellung eines Fahrrades abstützt, wird bald entdecken, dass er diese Vorstellung stilisieren muss. In diesem Sinn müssen wir Farschou (1987, 82) recht geben, wenn er schreibt, dass nicht mehr Körper Produkte herstellen, sondern Produkte Körper erzeugen. "Bodies for aerobics, bodies for sports cars, bodies for vacations, bodies for Pepsi, for Coke and of course, bodies for fashion, - total bodies, a total look."

5.3 Der Konsument als Teilnehmer verschiedener Stilisierungsbereiche

Auf dem Hintergrund der vorangehenden Darstellung verschiedener Stilisierungsbereiche kann nun der Begriff der "Vergesellschaftung über Teillagen" verdeutlicht werden. Ein wesentliches dieser Vergesellschaftungsform besteht im spürbaren Nachlassen der von Goffman beschriebenen Sorge des Konsumenten um die Konsistenz seiner Erscheinung in der Begegnung mit andern. Die oft zu vernehmende Klage, dass der einzelne mit seinem Verhalten in einem Kontext dem eigenen Verhalten in einem andern Kontext widerspreche, oder seine Erscheinung gar innerhalb eines Kontexts einen Widerspruch erkennen lasse, weist auf die veränderte Weise hin, mit der der einzelne an einem Kontext oder einer Teillage partizipiert. Nicht mehr eine tieferliegende Wirklichkeit bildet die Grundlage der Vergesellschaftung. Die unter dem Prinzip der Mode gestiftete Sozialität der Stilisierung ist eine unmittelbare Teilnahme an Zeichen (Baudrillard 1982, 142). Die Mode wird zur "Inszenierung des Körpers", zur Stilisierung des Konsumenten, dessen Ziel "von Anfang an Sozialität ist [...]. Aber im Unterschied zur Sprache, die auf den Sinn gerichtet ist und vor ihm in den Hintergrund tritt, ist die Mode auf eine theatralische Sozialität gerichtet und findet ihren Gefallen an sich selber. [...] Im Gegensatz zur Sprache, die eine Kommunikation anvisiert, spielt sie die Kommunikation und macht diese zum endlosen Einsatz einer Signifikation ohne Botschaft" (ebd., 143f). Wenn unter diesen Bedingungen der einzelne abwechslungsweise an verschiedenen symbolisch stilisierten Kontexten zu partizipieren scheint, ohne sich im Detail um die Konsistenz seiner Erscheinung zu kümmern, wird immer noch der Bezug der Erscheinung auf eine Referenz vorausgesetzt. Dabei wird übersehen, dass er an verschiedenen Bereichen teilnimmt, in denen sich die Teilnahme nicht mehr primär am Thema ausrichtet, das zur Herauslösung eines bestimmten Stilisierungsbereiches geführt hat, sondern über die Partizipation der sich verselbständigenden Stilisierung. Wichtiger als die konsistente Repräsentation ist die Ausdruckshaftigkeit der Präsentation. Die Wertordnung der einzelnen Stilisierungbereiche steht dabei eher als Begleiterscheinung im Hintergrund.

Was in Goffmans Konzept der "Rollen" schon angelegt war, setzt sich bei der symbolischen Teilnahme an Teillagen, vollends durch. Das Individuum kann nicht mehr im traditionellen Sinn als konstitutives Zentrum verstanden werden, das alle Wahrnehmung in einem bestimmten "Subjekt" vereint, sondern als "Ort" je situationsgerechter Rollen oder Stilisierungen. In einer Lebenswelt, in der der einzelne - speziell durch die modernen Kommunikationsnetze gefördert - an Bereichen teilnimmt, die in ihrer Rationalität weitgehend gegeneinander abgetrennt sind, kann das Subjekt nur noch als Pluralität "schwebender Identitäten, vereinzelter und vielfältiger Sprachspiele" aufgefasst werden (Raulet 1988, 180). Die strukturalistische These, dass das Subjekt als Zentrum der Konstitution von Bedeutung und Werten höchstens ein untolerierbar verwöhntes Kind ist, das schon zu lange die Aufmerksamkeit der Philosophie auf sich gezogen hat (vgl. Lévi-Strauss 1971), gewinnt gegenüber der vorherrschenden Alltagserfahrung eines konsistenten "Ich" gegenwärtig zunehmende Evidenz.

Ob das Subjekt im phänomenologischen Sinn schon immer ein "ideologisches Trugbild" war, das im ausgehenden sechzehnten Jahrhundert seinen Ursprung hat, oder ob "ein früher, im Zeitalter des klassischen Kapitalismus und der Kleinfamilie existierendes 'zentriertes' Subjekt sich heute im Zeitalter des bürokratischen Apparats, aufgelöst hat" (vgl. Jameson 1986, 59), ist für unsere Darstellung von wenig Belang. Ob Fiktion oder Realität, für die Analyse der gegenwärtigen (Konsum-) Situation ist entscheidend, dass - wie es sich mit dem oft zitierten Schluss von Foucaults "Die Ordnung der Dinge" (1988, 462) ausdrücken lässt - "der Mensch (als Subjekt) verschwindet wie am Meeresufer ein Gesicht im Sand". Um den Individuen, die abwechslungsweise stilisierend an verschiedenen Kontexten teilnehmen, gerecht zu werden, müssen wir jedenfalls gegenwärtig die Vorstellung eines um die Konsistenz seiner Wahrnehmung und seiner Aeusserungen bemühten Subjekts aufgeben zugunsten eines Individuums, das sich stilisierend in verschiedenste Kontexte einfügt.

Das "flatterhafte" Engagement, das sich in einem "Schwinden des Affekts" (vgl. Jameson 1986, 55ff), in einem Verlust an Tiefe abzeichnet, verleiht dem Individuum den Charakter einer schizophrenen Identität. Die Heterogenität der verschiedenen Teilsysteme, an denen der einzelne teilnimmt, herrscht nicht nur zwischen den Bereichen, sondern dringt auf die Individuen ein. Das Individuum vereint als Folge der unterschiedlichen Partizipationen "vielfache Neigungen und Identitäten und folgt unterschiedlichen Interessen und Werten", zwischen denen "Konflikte unvermeidlich" und "eine Versöhnung unmöglich ist" (vgl. Welsch

1988, 24f). Die als Charakteristikum der zeitgenössischen Menschen auszumachende Schizophrenie hebt sich von der klinischen Form der Schizophrenie, die an "düster morbiden Inhalt" gebunden ist, wesentlich durch ihre Offenheit gegenüber Intensitäten fröhlicher Art ab (Jameson 1986, 74).

Nochmals: Wenn wir hier den Bezug zur strukturalistischen These der Dezentrierung des Subjekts oder Egos herstellen, dann um zu zeigen, dass die weitherum festgestellte Tendenz in Richtung einer Abstraktion, Entkörperung und sogar des Verschwindens des Subjekts im eigentlichen Prinzip der Mode implizit vorhanden ist. "- that if the subject is on the way out, it is going out of style" (Faurschou 1987, 79). Mit der Partizipation des Individuums an der Stilisierung verschiedener Teilsysteme mit eigenen Wertbereichen und dem Verlust der Referenten in den Stilisierungen büsst das Individuum sein als Subjekt verstandenes Zentrum, das den vereinenden Bezugspunkt der Erfahrungen bildete, ein.

5.4 Die Neue Nachfragetheorie unter den Bedingungen der Stilisierung

Wir wollen uns nochmals mit der zentralen Frage der Adäquanz der von der Oekonomie erzeugten Abbildung des Konsums zuwenden. Wenn wir das Postulat der Adäquanz ökonomischer Modellkonstruktion in den Vordergrund der Beurteilung stellen, verlangen wir mit Schütz, dass die Konstruktionen des Sozialwissenschaftlers übereinstimmen müssen mit den Konstruktionen, die sich die Handelnden im Alltag von der Wirklichkeit machen (vgl. Eberle 1987, 104ff, O'Sullivan 1987, 201ff). Der Umstand, dass sich die Entscheidungsträger ihrer Maximierungsbestrebungen nicht notwendig bewusst sind (Becker 1982, 6), darf nicht dazu Anlass geben, fremdes Verhalten beliebig ökonomisch zu interpretieren. Denn jede Handlung ist, entgegen der utilitaristischen Abstraktion, in einen "Sinnzusammenhang übergreifender Pläne und vergangener lebensgeschichtlicher Erfahrungen" eingebettet (Eberle 1987, 91) und kann aufgrund dieser Verflechtung auf ihre Rationalität hin untersucht werden.

Wenden wir uns nun wieder der Neuen Nachfragetheorie zu, halten wir zum Zweck der Kritik den produktionstheoretischen Ansatz von Lancaster und den darauf aufbauenden "ökonomischen Ansatz zur Erklärung menschlichen Handelns" (Becker 1982) auseinander.

Lancaster hat die Idee in die Nachfragetheorie eingebracht, dass der Nutzen der konsumierten Güter nur mittelbar von den Gütern und unmittelbar von deren Eigenschaften abhängt (Luckenbach 1980, 309f). Die Konsumgüter werden demgemäss als Bündel von Eigenschaften eingekauft, die zum Zweck einen erwünschten Nutzen zu produzieren, in die Produktionsfunktion des Konsumenten eingehen. Der Haushalt hat unter diesen Umständen - wie eine Unternehmung- zunächst ein Effizienzproblem (minimaler Aufwand für den angestrebten Output) zu lösen, das rein ökonomisch, von seinen Präferenzen unabhängig ist. Diese Interpretation des Konsums hat den Vorteil, dass als Folge von Preisänderungen zwei Effekte in der Nachfrage unterschieden werden können (Effizienz- und Optimierungseffekt), von denen der Effizienzeffekt ohne Kenntnis der Präferenzen mit rein ökonomischen Mitteln vorausgesagt werden kann.

Das unübersehbare Problem dieser Interpretation des Konsums steckt in der Annahme objektiver Produktequalitäten. Im Falle von Lebensmitteln, die als Rohstoffe zum Kochen verwendet werden, mag diese Annahme dem Hintergrund unseres funktionalistischen Alltagsdenkens möglicherweise noch wenig stossend wirken. Ihre Unhaltbarkeit wird aber offensichtlich bei Produkten wie bspw. einer Uhr, die die Qualitäten Präzision und Eleganz enthalten (vgl. Zweifel 1985, 410ff). Wird eine Rolex-Uhr als Zeichen der Eleganz angepriesen, heisst dies noch lange nicht, dass sie in den Augen der Konsumenten mehr Eleganz verkörpert als eine Swatch. Müssen wir aber das Kriterium objektiver Qualitäten, das sich gerade im Zeitalter der Simulation durch das Verschwinden der Referenz immer deutlicher als Phantom erweist, fallen lassen und statt dessen den phänomenhaften Charakter der Produkte eingestehen, stellt sich Lancasters Formulierung der Neuen Nachfragetheorie bestenfalls als Spezialfall der neoklassischen Nachfragetheorie heraus (Hendler 1975, 196ff).

Ein weiteres Problem, auf das Hendler (ebd.) und Eberle (1987, 103ff) hinweisen, besteht unmittelbar in der produktionstheoretischen Vorstellung des Konsums, indem sie den Eigenwert der Praktik des Konsums unterschlägt und sich nur am Ziel der Produktverwendung orientiert. Aus dieser Sicht spielt es keine Rolle, wie die Produkte verwendet werden, massgebend ist allein die Effizienz der Erlangung eines bestimmten Ergebnisses. Unsere Untersuchung hat aber gezeigt, dass gerade die Praktik im Vordergrund des Konsums steht und diesem theoretisch entsprochen werden muss.

Obwohl Becker den Gedanken des produktionstheoretischen Ansatzes in seine Theorie zur Erklärung menschlichen Handelns aufnimmt, wird seiner Theorie durch die Zurückweisung der Lancasterschen Interpretation der Boden (noch) nicht entzogen. Gegenüber Lancasters Ansatz weist sich derjenige Beckers vor allem durch die Zurückweisung individueller Präferenzen aus. Die individuellen Präferenzen ersetzt er, um das menschliche Verhalten durchwegs ökonomisch erklärbar zu machen, durch "grundlegende Aspekte des Lebens" (v.a. Hedonismus, Gesundheit, Stratifizierung) und durch die individuelle Verfügbarkeit realer Ressourcen (biologische, schulische, finanzielle usw.). Unter diesen Annahmen leiten alle Konsumenten die Nutzen "von den gleichen 'grundlegenden Freuden' oder der gleichen Präferenzfunktion" ab und unterscheiden "sich lediglich in ihrer Fähigkeit zur Produktion dieser Freuden" (Becker 1982, 162). Der Nutzen aus dem Konsum kommt also allein aus der Produktionsfähigkeit des Individuums, d.h. aus dessen Ressourcenausstattung zustande. Unterschiede in der Konsumpraktik sind anstatt auf Präferenzen einzig auf unterschiedliche Produktionsvoraussetzungen und die mit diesen verbundenen Gesamtkosten der Produktion (insbesondere auch Schattenpreise) zurückzuführen.

Im Unterschied zu Lancasters Ansatz ist derjenige von Becker nicht auf die Annahme objektiver Produkteigenschaften angewiesen, sondern macht den Wert der Produkte von den Voraussetzungen abhängig, die ein Konsument in die Verwendung der Produkte einbringt. Was in der traditionellen neoklassischen Nachfragetheorie als Präferenzen interpretiert wird, ist bei Becker eindeutig auf die Voraussetzungen des einzelnen Konsumenten zurückzuführen. Um Aenderungen im Nachfrageverhalten als Folge von Aenderungen im Preisgefüge zu erklären, genügt deshalb allein die Bestimmung der "Produktions"-voraussetzungen. Damit wird aber auch bei Beckers Ansatz die Beschränkung der rein ökonomischen Interpretation ersichtlich, denn soll die Theorie nicht nur ex post ökonomische Interpretationen von Verhaltensänderungen liefern, sondern idealtypische Erklärungen ex ante stellen, ist sie auf eine Theorie der produktionsrelevanten Faktoren angewiesen, die sie nicht selbst erbringen kann. Demgemäss ist sie zwar nicht auf eine Theorie der Präferenzen angewiesen, dafür aber auf eine Analyse der Voraussetzungen, die der Optimierung der Produktion zugrunde liegen.

Dieser Interpretation des Beckerschen Ansatzes zufolge widerspricht der Ansatz zwar unseren Anforderungen an die Theorie nicht, die Schwierigkeiten, die mit der Bestimmung der relevanten "Produktions"-faktoren verbunden sind, weisen aber auf die weiterhin zu berücksichtigende Anforderung der Adäquanz hin, welche die Theorie zu berücksichtigen hat, sobald sie einen Bezug zur Lebenswelt der Konsumenten herstellt. Um sicherzustellen, dass der Oekonom nicht "'das verschleiernde Gespinst von Symbolen', das er selbst errichtet hat, [...] eines Tages für die Wirklichkeit selbst" hält (Eberle 1987, 96), hat er sich zunächst zu vergewissern, dass seine ökonomische Interpretation des sozialen Verhaltens idealtypischerweise den Strukturen des jeweiligen Sinnbereichs entspricht (ebd., 104). Erst wenn, wie die Untersuchungen von Veblen und Bourdieu im Bereich des Geschmacks für sich in Anspruch nehmen, der Zusammenhang von objektiven Voraussetzungen und subjektiver Wahrnehmung und Handeln als durchgängig ökonomisch im Sinne der Maximierung auf ein allgemeines Ziel erkannt wird, erfüllt die ökonomische Interpretation den Anspruch der Adäquanz. Andernfalls läuft sie gerade darauf hinaus, mit dem ökonomischen Ansatz "verschiedene Verhaltensweisen [...] lediglich noch einmal - in einer den Oekonomen vertrauten Sprache- [zu] umschreib[en], wobei jegliche Irrtumsmöglichkeit durch eine Reihe von Tautologien beseitigt wird" - was Becker eben gerade vermeiden wollte (Becker 1982, 10).

Dass Becker auf dem Hintergrund der gegenwärtigen, in der vorliegenden Arbeit beschriebenen Konsumsituation in Schwierigkeiten gerät, zeigt sich an seiner für den Hegemonialanspruch seiner Theorie ökonomischen Verhaltens notwendigen und explizit genannten Ablehnung der Möglichkeit, dass der Mensch verschiedenen Wertbereichen und Rationalitäten folge. "Der Kern meines Argumentes ist, dass menschliches Verhalten nicht schizophren ist: einmal auf Maximierung ausgerichtet, einmal nicht; manchmal durch stabile Präferenzen motiviert, manchmal durch unbeständige; manchmal zu einer optimalen Akkumulation von Information führend, manchmal nicht." (ebd., 15).

5.5 Das "Oekonomische" im Produktekonsum: symbolisches Stilisierungsmittel statt a priori menschlichen Handelns

In seiner Einleitung zu "Der ökonomische Ansatz zur Erklärung menschlichen Verhaltens" (Becker 1982) kritisiert Becker ökonomische Ansätze, die sich durch den Bereich ihres Geltungsanspruchs definieren und dadurch explizit oder implizit bestimmte Gebiete menschlichen Handelns aus der Oekonomie ausklammern (ebd., 1f). Er spricht damit Autoren wie Jevons oder Boehm-Bawerk an, die ausgehend von einem Dualismus der Ziele beispielsweise annehmen, dass das ökonomische Denken in den höheren und höchsten Sphären menschlicher Bemühung keinen Einfluss ausübt (vgl. Kauder 1965,

129). Andere Ansätze schliessen Bereiche, die stark durch religiöse Werte geprägt sind, von der ökonomischen Interpretation des Handelns aus. Gemein ist diesen Ansätzen die Sorge darum, Handlungen, die im Weberschen Sinn von einer Wertrationalität dominiert werden, nicht ökonomistisch zu reinterpretieren oder, gemessen an der Adäquanz, zu missinterpretieren.

Während Untersuchungen wie diejenigen von Veblen oder Bourdieu dem umfassenden Anspruch des Beckerschen Ansatzes entgegenkommen, muss in der "postmodernen Situation" selbst im Bereich des Konsums zwischen verschiedenen Werten oder Symbolisierungs-Rationalitäten unterschieden werden. Schon Bataille hat in "Die Aufhebung der Oekonomie" auf die Möglichkeit einer Heterologie von Produktions- und Verbrauchslogik hingewiesen. Er zeigt, dass in vorkapitalistischen, vor allem archaischen Gesellschaften der Verbrauch der Ueberschussproduktion, nicht wie der Luxus- oder Prestigekonsum bei Veblen derselben Rationalität wie die Produktion, sondern einer ihr eigenen Rationalität der rauschhaften Verschwendung folgt (Bataille 1985).

In den postmodernen Konsum-Kontext hineinverlegt bringt der "verfemte Teil" (ebd., 33ff) den Eigenwert, die Abtrennung des Konsums von einer übergreifenden ökonomischen Logik beispielhaft zum Ausdruck. In der Erscheinung der Yuppies, in der die Verschwendung zum zentralen Stilisierungsmittel wird, wird ein Eigenwert der Verschwendung - wenn auch nur in stilisierter Weise - ausgedrückt. Der Verbrauch wird als Verschwendung der im Spiel der Partizipation am Produktionssystem reichlich fliessenden Ressourcen stilisiert. Während die Verschwendung der Yuppies ihre Publikumsorientiertheit extrem stilisiert, sind andere Verschwendungs-Stilisierungen stärker auf den privaten Genuss ausgerichtet. Der Genuss des Essens im Restaurant ist oft erst unbeeinträchtigt, wenn das Oekonomische aus dem Konsum verbannt oder als Nicht-Faktor stilisiert wird. Wenn symbolisiert werden kann, dass das Oekonomische für das Konsumieren irrelevant zu sein scheint, findet das Konsumieren erst seinen wirklichen Wert.

Während in diesem Fall das Oekonomische als Referenz immer noch mitanwesend ist, wird es beispielsweise im Bereich der Hobbys oft der situationseigenen Rationalität völlig untergeordnet, was dem Ausgabeverhalten den Eindruck von Masslosigkeit verleiht. Auch in anderen Bereichen der Stilisierung, wie beispielsweise der beim Einkaufen im Quartierladen gelebten Gemeinschaftsstilisierung, wird ein Teil der ökonomischen Möglichkeiten bewusst der Stilisierung untergeordnet. Die Oekonomie wirkt in diesem Kontext nicht mehr als zwingendes Handlungsapriori, sondern allenfalls noch als Illusion, die in die Stilisierung einbezogen wird. Der illusorische Charakter der Oekonomie im Kontext einer bestimmten Stilisierungsrationalität zeigt sich besonders deutlich in bestimmten Mitteln der Wohnungsgestaltung. Die Verwendung von Zivilisationsabfällen wie Harassen, alten aufgerüsteten oder umfunktionierten Möbeln weisen stilistisch auf die Funktion einer Oekonomie hin. Nur zu leicht lässt der Kontext allerdings erkennen, dass die dargestellte Sparsamkeit nicht einer finanziellen Bedürftigkeit entspringt, wie sie von Bourdieu (1982, 585ff) beschrieben wurde, sondern nur noch als Illusion gegenwärtig ist. Wie beispielsweise die Preise von "Luxusharassen" zu erkennen geben, ist die ökonomische Rationalität hauptsächlich in der Form der symbolisierten Sparsamkeit vorhanden.

Das Schicksal des Oekonomischen zeichnet sich in der Form der Mode ab, die dem Geld und der Oekonomie auf dem Weg allgemeiner Kommunikation weit voraus ist (Baudrillard 1982, 141). Je mehr die Simulation in das gesellschaftliche Leben vordringt, desto mehr wird das Oekonomische als Apriori menschlichen Handelns durch die Rationalität des jeweiligen Stilisierungsbereichs, an der symbolisch partizipiert wird, verdrängt. Die ökonomische Rationalität wird, wo sie überhaupt noch einen Einfluss ausübt, in der einen oder andern Form gleichfalls zu einem symbolischen Stilmittel. Will man ihre Wirkungsweise verstehen, muss ihr symbolischer Stellenwert in der Rationalität des jeweiligen Stilisierungsbereichs untersucht werden.

ABSCHLIESSENDE BEMERKUNGEN

Ausgangspunkt der vorliegenden Arbeit war die Frage nach dem Anspruch, den die Oekonomie gegenwärtig als Sozialwissenschaft zu erfüllen vermag. Für die Beantwortung der Frage habe ich mich mit der neoklassischen Konsumtheorie, einem Teilgebiet der mikroökonomischen Theorie zugewandt, das für die Entwicklung der ökonomischen Denkweise massgebend verantwortlich war.

Im ersten Teil der Arbeit ging ich der Frage nach dem historischen Umfeld nach, in dem sich die Nachfragetheorie entwickelt hat. Der historische Ueberblick liess erkennen, dass die ökonomische Gesetzbildung ursprünglich eindeutig einer alltäglichen Erfahrung entsprang. Den für das Interesse der Konsumenten an den Produkten verantwortlich gemachten Nutzen, verstanden die Oekonomen bis in die Anfänge der Grenznutzentheorie als objektiv fassbare Grösse. Mit dem eigentlichen Paradigmenwechsel hin zur Grenznutzentheorie wandten sich die Oekonomen, wie die mathematische Bildung der zentralen Theoretiker verrät, vermehrt der logischen Weiterentwicklung ihrer Disziplin zu und liessen deren Verwurzelung in der Erfahrung des Alltags zunehmend unbeachtet. Um sich nicht mehr in philosophische Diskurse zu verstricken, wurde die bereits subjektivierte Nutzenbeurteilung schliesslich endgültig durch ein Axiom der Nutzenmaximierung ersetzt. Das Handeln der Wirtschaftssubjekte wurde von diesem Moment an a priori als Nutzenmaximierung oder als Vorzugshandlung definiert. Die Neue Nachfragetheorie - vor allem in der von Becker, Stigler und Lancaster entwickelten Version -, die in unserem Ueberblick die historisch neuste geschlossene Nachfragetehorie bildet, unterstellt schliesslich allem menschlichen Handeln eine ökonomische Motivation. Dass sich tatsächlich jedes menschliche Handeln nach dem Muster der Neuen Nachfragetheorie ökonomisch erklären lässt, bedeutet aber noch nicht, dass das individuelle Handeln jederzeit ökonomisch bestimmt ist. Möglicherweise liegt die Fähigkeit der Theorie, alle Handlungen ökonomisch erklären zu können einfach darin, dass sie sich in der Erklärung selbst bewahrheitet.

Um die Frage nach zu beantworten, ob das individuelle Alltagshandeln im Sinne der neoklassischen Theorie tatsächlich ökonomisch besimmt ist, bedürfen wir einer Methodik, die eine Untersuchung der Handlungsgrundlage erlaubt. Da sich die Grenznutzentheorie auf das subjektive Urteil der Handelnden beruft, lag es nahe, auf eine Methodik zurückzugreifen, die auf die individuelle Wahrnehmung der Handelnden rekurriert. Aufgrund dieser Ausgangslage habe ich die Erfahrung des Konsumenten in Anlehnung an die Phänomenologie und ihr verwandter Methoden sehr ausführlich untersucht. Dazu war es nötig, die Begegnung des Konsumenten mit dem Produkt in verschiedenen Phasen und unter verschiedenen Umständen darzustellen. Die Abbildung des Kaufaktes, der Kaufsituation, das Verhalten zum Produkt und zu dessen Eigenleben und schliesslich dessen Ausscheiden aus dem Alltag des Konsumenten haben den Konsum in seiner gegenwärtig typischen Erscheinung aufgezeigt. Dabei wurde sehr bald ersichtlich, dass die produktebezogene Erfahrung in den letzten zwanzig Jahren einen fundamentalen Wandel durchgemacht hat, der die visuelle Erfahrung der Produkte in den Vordergrund rückte. Was die Oekonomie weitgehend ausser Acht liess, haben die Strategen des gegenwärtigen Designs von Produkten und Lebensstilen unterdessen klar erfasst. Mit Produkten und Werbung wird eine zunehmende Semiotisierung der Lebenswelt betrieben. Dabei wird, wie sich in der Analyse des Konsums zeigt, der Konsum selbst zum Objekt des Konsumierens. Bei der Analyse der Produkte zeigt sich, dass sich mit der technischen Entwicklung der Produkte gleichzeitig eine Befreiung der Produkte vom Verwendungskontext vollzogen hat. Die Produkte werden zu Erlebniseinheiten, die das Erlebnis durch ihren zeichenhaften Charakter wesentlich mitgestalten. Sie emanzipieren sich zu frei verfügbaren Signifikanten.

Im dritten Teil der Arbeit habe ich die Konsumerfahrung gesellschaftlich aufgefangen, denn wie sich früh schon gezeigt hat, wird man einer Erfahrung nur gerecht, wenn man die Interaktionspartner mitberücksichtigt, die im Sinne eines verallgemeinerten Andern immer am Konsum beteiligt sind. Der einzelne ist in das Netz einer Kultur eingebettet, das für siene Beurteilung und Produkterfahrung relevant ist. Die Ansätze von Veblen, Bourdieu und Barthes, die von einer der Gesellschaft zugrundeliegenden strukturbildenden Totallogik ausgehen, erwiesen sich - gemessen an den vorangehend beobachteten Phänomenen allerdings als unzureichend. Sie vermögen der von Situation zu Situation wechselnden Konsumpraktik nicht mehr gerecht zu werden.

Auf der These von Baudrillard basierend, sah ich mich bald auf eine Theorie angewiesen, die die Gesellschaft als ein über Teillagen lose zusammengesetztes loses Gefüge versteht. Die Theorie muss einen Konsumenten einfangen, der in vermeintlich krankhaft schizophrener Weise scheinbar widersprüchliche Konsumakte zeitlich gestaffelt oder sogar synchron zusammenbringt. Auf dem Hintergrund dieser Darstellung wurde deutlich, dass sich die Produkte immer mehr als Signifikanten befreien, als die sie nur noch auf sich selbst verweisen. Ohne auf eine gesellschaftliche Referenz zu verweisen, wird ihr Einsatz als Zeichen für die Stilisierung der verschiedensten Kontexte frei. Aus dieser Konsumdiagnose ergeben sich schwerwiegende Konsequenzen für die ökonomische Theorie.

Einerseits kann realistischerweise nicht mehr von einer konsistenten Präferenzorndung der Konsumenten ausgegangen werden, aus der sich der Konsum allein aus den individuell verschiedenen "Produktionsfaktoren" ableiten lässt. Die persönlichen Voraussetzungen können nicht mehr als systematische Ursache eines bestimmten Konsumverhaltens (einer bestimmten Präferenzordnung) ausgemacht werden. Die Präferenzen sind vielmehr situationsspezifisch definiert und variieren dementsprechend von Fall zu Fall.

Andrerseits kann die Knappheit der individuellen Ressourcen nicht mehr als allgemein wirkendes Prinzip vorausgesetzt werden. Denn selbst Knappheit wird stilisiert, ebenso wie umgekehrt Ueberfluss gerade zu einer Grundlage der Stilisierung des Konsums wird. Im Sinne von Batailles Verschwendungstheorie müssen wir davon ausgehen, dass der Konsum gegenüber der Produktion verfemt - d.h. immer weiter von einer ökonomischen Grundlage abgetrennt - wird und eigenen Gesetzen zu gehorchen beginnt.

Unter diesen Voraussetzungen ist eine Ueberprüfung der Sinnkonstitution im Alltag unerlässlich, bevor das ökonomische Erklärungsmuster angewendet wird. Andernfalls besteht eine grosse Gefahr, dass das beobachtete Problem lediglich ökonomistisch (miss-)interpretiert wird. Eine Zeichentheorie, die nicht a priori die Knappheit in den Vordergrund ihrer Erklärung stellt, hätte unter derartigen Bedingungen gute Aussichten, eine vorgängige Antwort auf die Frage nach der Adäquanz, d.h. der Angemessenheit der ökonomischen Erklärung gegenüber der Sinnkonstitution der Konsumenten zu liefern.

LITERATURVERZEICHNIS

ALTHEIDE, D.L.: Media Power, Beverly Hills/London/New Delhi 1985

ARENDT, H.: Vita aciva oder Vom tätigen Leben, München 1960

BACK, K.W.: Modernism and Fashion: A Social Psychological Interpretation, in: M.S. Solomon (Ed.), The Psychology of Fashion, New York University Press, Lexington, Massachusetts/Toronto 1985

BALOGH, T.: The Irrelevance of Conventional Economics, London 1982

BARRETT, W.: Irrational Man, New York 1962

BARTHES, R.: Die Sprache der Mode, Frankfurt am Main 1985

BARTHES, R.: L'aventure sémiologique, Paris 1985a

BARTHES, R.: Mythen des Alltags, Frankfurt am Main 1964

BATAILLE, G.: Die Aufhebung der Oekonomie, 2. erweiterte Auflage, München 1985

BATESON, G.: Difference, Double Description and the Interactive Designation of Self, in: Publications in Anthropology 14/Jahr unbekannt, S. 5-8

BAUDRILLARD, J.: La société de consommation, Saint-Amand (Cher) 1986

BAUDRILLARD, J.: Le système des objets, Saint-Amand (Cher) 1985

BAUDRILLARD, J.: Der symbolische Tausch und der Tod, München 1982

BAUDRILLARD, J.: Pour une critique de l'économie politique du signe, Saint-Amand (Cher) 1982

BAUDRILLARD, J.: Le miroir de la production, ohne Ortsangabe (Casterman) 1973

BECK, U.: Risikogesellschaft. Auf dem Weg in eine andere Moderne, Frankfurt am Main 1986

BECK, U.: Jenseits von Stand und Klasse? Soziale Ungleichheiten, gesellschaftliche Individualisierungsprozesse und die Entstehung neuer sozialer Formationen und Identitäten, in: R. Kreckel (Hrsg:), Soziale Ungleichheiten, Soziale Welt, Sonderband 2, Göttingen 1983, S. 35-74

BECKER, G.: Der ökonomische Ansatz zur Erklärung menschlichen

Verhaltens, Tübingen 1982

BELL, D.: Die nachindustrielle Gesellschaft, Frankfurt am Main 1975 (Orig. 1973)

BENJAMIN, W.: Gesammelte Schriften, R. Tiedemanan (Hrsg.), Vol. I/II, Frankfurt am Main 1982

BENJAMIN, W.: Das Kunstwerk im Zeitalter seiner technischen Reproduzierbarkeit, Frankfurt am Main 1977

BERGER, P.L./LUCKMANN, T.: Die gesellschaftliche Konstruktion der Wirklichkeit, Frankfurt am Main 1982

BERMAN, M.: The Reenchantment of the World, Toronto/New York/London/usw. 1988

BIRNBACH, L.: The Official Preppy Handbook, New York 1980

BLACK, J.A./GARLAND, U.: A History of Fashion, London 1980

BLACK, R.D.C.: Utility, in: The New Palgrave. A Dictionary of Economics, Vol. 4, Eatwell/Milgate/Newman (Eds.), London/usw. 1987

BLAUG, M.: Economic Theory in Retrospect, Cambridge University Press, Cambridge/London/New York/usw. 1985

BLAUG, M.: The Methodology of Economics, Cambridge University Press, Cambridge/London/New York/usw. 1980

BLAUG, M.: Economic Theory in Retrospect, London/Cambridge/Melburne usw. 1977

BOEHM, V./HALLER, H.: Demand Theory, in: The New Palgrave. A Dictionary of Economics, Vol. 1, Eatwell/Milgate/Newman (Eds.), London/usw. 1987

BOLAND, L.A.: Methodology, in: The New Palgrave. A Dictionary of Economics, J. Eatwell, M. Milgate, P. Newman (Eds.), London usw. 1987

BOURDIEU, P.: Sozialer Sinn, Frankfurt am Main 1987a

BOURDIEU, P.: Choses dites, Paris 1987b

BOURDIEU, P.: Sozialer Raum und "Klassen" / Leçon sur la leçon, Frankfurt am Main 1985

BOURDIEU, P.: Die feinen Unterschiede, Frankfurt am Main 1982

BOURDIEU, P.: Zur Soziologie der symbolischen Formen, Frankfurt am Main 1970

BOURDIEU, P./PASSERON, J.-C.: Grundlagen einer Theorie der symbolischen Gewalt, Frankfurt am Main 1973

BOWLBY, R.: Modes of modern Shopping: Mallarmé at the Bon Marché, in: N. Armstrong/L. Tennenhouse (Eds.), The Ideology of Conduct, New York/London 1987

BURKE, K.: A Grammar of Motives, New York 1945

CALDWELL, B.J.: Beyond Positivism: Economic Methodology in the Twentieth Century, London/Boston/Sydney 1982

CAMPUS, A.: Marginalist Economics, in: The New Palgrave. A Dicionary of Economics, Vol. 3, Eatwell/Milgate/Newman (Eds.), London/usw. 1987

CASSIRER, E.: Was ist der Mensch? Versuch einr Philosophie der menschlichen Kultur, Stuttgart 1960

CERTEAU, M. de: Kunst des Handelns, Berlin 1988

CERTEAU, M. de: Histoire et psychanalyse entre science et fiction, La Flèche 1987

CHANG, B.G.: World and/or Sign: Toward a Semiotic Phenomenology of the Modern Life-World, in: Human Studies, 10/1987, S. 311-331

COOLEY, C.H.: Human Nature and the Social Order, New York 1902

CSIKSZENTMIHALY, M./ROCHBERG-HALTON, E.: The Meaning of Things, Cambridge 1981

DEANE, P.: The Evolution of Economic Ideas, Cambridge University Press, Cambridge/London/New York usw. 1978

DEBORD, G.: La société du spectacle, Paris 1967

DEWEY, J.: Art as Experience, New York 1958

DEWEY, J.: The Reflex Art Concept in Psychology, in: Psychological Review 3/1986, S. 357-70

DICHTER, E.: Why We Dress the Way We Do, in: M.R. Solomon (Ed.), The Psychology of Fashion, New York University Press, Lexington, Massachusetts/Toronto 1985

DOUGLAS, M./ISHERWOOD, D.: The World of Goods, London 1979

DURKHEIM, E.: Die elementaren Formen religiösen Lebens, Frankfurt am Main 1981

EBERLE, T.S.: Die deskriptive Analyse der Oekonomie durch Alfred Schütz, in: Grazer Philosophische Studien, List/Srubar

(Hrsg.); Sonderband Schütz, Amsterdam 1987

EBERLE, T.S.: Sinnkonstitution im Alltag, Bern 1984

ECO, U.: Travels in Hyperreality, San Diego/New York/London 1986

ENNINGER, W.: Kodewandel in der Kleidung, in: Semiotik 5/1983, S. 23-48

FAURSCHOU, G.: Fashion and the Cultural Logic of Postmodernity, in: A. Kroker/M. Kroker (Eds.), Body Invaders, New York 1987

FEYERABEND, P.: Wissenschaft als Kunst, Frankfurt am Main 1984

FISKE, J./HODGE, B./TURNER, G.: Myths of Oz, Boston/London/Sydney/usw. 1987

FOUCAULT, M.: Die Ordnung der Dinge, Frankfurt am Main 1988

FOUCAULT, M.: Language, Counter-memory, Practice. Selected Essays and Interviews, Cornell University Press, Ithaca 1977, S. 113-138

FRIEDLAENDER, U.: An Historical Perspective on the New Wave in Design, in: Innovations, The Journal of the Industrial Designers Society of America, 3, 2/1984, S. 12-15

GADAMER, H.-G.: Wahrheit und Methode. Grundzüge einer philosophischen Hermeneutik, Tübingen 1975

GALBRAITH, J.K.: The Affluent Society, New York 1984 (Orig. 1958)

GALLAGHER, S.: Lived Body and Environment, in: Research in Phenomenology, XVI/1986, S. 139-170

GEORGESCU-ROEGEN, N.: "Utility", in: International Encyclopaedia of the Social Sciences, Vol. 16, D.L. Sills (Ed.), London/New York 1968, S. 236-267

GLASER, H.: Stadt - quo vadis?, in: Neue Zürcher Zeitung, No 29, 1989, S. 82-84

GOFFMAN, E.: Das Individuum im öffentlichen Austausch, Frankfurt am Main 1982

GOFFMAN, E.: Wir alle spielen Theater, München 1985

GOFFMAN, E.: Interaktionsrituale. Ueber Verhalten in direkter Kommunikation, Frankfurt am Main 1971

GOOD, P.: Anschauung und Sprache, in: ders. (Hrsg.), Max Scheler im Gegenwartsgeschehen der Philosophie, Bern/München 1975, S. 111-125

GORZ, A.: Wege ins Paradies, Berlin 1983

GOTTHELF, J.: Der Bauernspiegel, Zürich 1986

GUGGENBERGER, B.: Sein oder Design, Berlin 1987

HABERMAS J.: Die Einheit der Vernunft in der Vielheit ihrer Stimmen, in: Merkur 1/89, S. 1 - 14

HÄRTEL, U./MATTHIESEN, U./NEUENDORFF, H.: Kontrastierende Fallanalysen zum Wandel von arbeitsbezogenen Deutungsmustern und Lebensentwürfen in einer Stahltstadt, Projektvorschlag, Dortmund 1985

HAUG, W.F.: Kritik der Warenästhetik, Frankfurt am Main 1971

HAUG, W.F. (Hrsg.): Warenästhetik. Beiträge zur Diskussion, Weiterentwicklung und Vermittlung ihrer Kritik, Frankfurt am Main 1975

HAUSMANN, D.M. (Ed.): The Philosophy of Economics, Cambridge University Press, Cambridge/London/New York/usw. 1984

HEAD: Aphasia and Kondred Disorders of Speech, Cambridge University Press, Cambridge 1926

HEBDIGE, D.: Subculture. The Meaning of Style, New York/London 1979

HEIDEGGER M.: Sein und Zeit, Tübingen 1963

HELLE, H.J/EISENSTADT, S.N. (Eds.): Micro-Sociological Theory, London/Beverly Hills/New Delhi 1985

HENDLER, R.: Lancaster's New Approach to Consumer Demand and its Limitations, in: The American Economic Review, 65/1, March 1975, S. 194-199

HOCHSCHILD, A.R.: The Managed Heart, University of California Press, Berkeley/Los Angeles/London 1983

HOERNING, K.H. u.a.: Lebensstil und Zeiterfahrung. Lebensgestaltung unter der Bedingung reduzierter Arbeitszeit, Zwischenbericht Forschungsprojekt, Aachen 1986

HOLLANDER, L.: Music and the Path of Enlightenment, in: Studies in Formative Spirituality, IV/1, Februar 1983, S. 117-132

HORN, M.G./GUREL: L.M., The second skin, Boston 1981

HUSSERL, E.: Grundprobleme der Logik, 1925/26, in: Husserliana Bd. XI, Analysen zur passiven Synthesis, Fleischer (Hrsg), Den Haag 1966

HUSSERL, E.: Die Krisis der europäischen Wissenschaften und die transzendentale Phänomenologie 1936, Husserliana Bd. VI, Biemel (Hrsg.), Den Haag 1954

HUSSERL, E.: Vorlesungen zur Phänomenologie des inneren Zeitbewusstseins, 1928, in: Jahrbuch für Philosophie und phänomenologische Forschung, Heidegger (Hrsg.), Tübingen 1980

JACOBS, J.: The Mall, Prospect Heights, Illinois 1984

JAMESON, F.: Postmoderne - zur Logik der Kultur im Spätkapitalismus, in: A. Huyssen/K.R. Scherpe (Hrsg.), Postmoderne, Hamburg 1987

JEVONS, W.S.: The Theory of Political Economy, London/New York 1957

KÄGI, E.: Vom Beruf zum Job, Metamorphosen der Einstellung zu Erbeit, in: NZZ, Nr. 162, 1989, S. 21

KAISER, S.: The Social Psychology of Clothing, New York/London 1985

KALDOR, N.: Die Irrelevanz der Gleichgewichtsökonomie, in: W. Vogt (Hrsg.), Seminar: Politische Oekonomie, Frankfurt am Main 1973

KATOUZIAN, H.: Ideology and Method in Economics, London/Basingstoke 1980

KIKI PICASSO: Peinture et palette électronique, in: Art Press; design, hors série, No 7, 1er trimestre 1987, S. 41-43

KIRZNER, I.M.: Austrian School of Economics, in: The New Palgrave. A Dictionary of Economics, Vol. 1, Eatwell/Milgate/Newman (Eds.), London/usw. 1987

KOENIG, R.: Kleider und Leute, Frankfurt am Main/Hamburg 1967

KOSLOWSKI, P.: Die postmoderne Kultur, München 1988

LANCESTER, J.K.: Consumer Demand: A New Approach, New York 1971

LANCESTER, J.K.: A New Approach to Consumer Theory, in: Journal of Political Economy 74/1966, S. 132-157

LANDSHUT, S.: Historische Analyse des Begriffs des Oekonomischen, in: H.U. Wehler (Hrsg.), Geschichte und Oekonomie, Köln 1973

LANGER, S.K.: Philosophy in a New Key: A Study in Symbolism of Reason, Rite and Art, Cambridge 1957

LANNOCH, H.J.: How to Move from Geometric to Semantic Space, in: Innovations. The Journal of the Industrial Designers Society of America, 3, 2/1984, S. 20-22

LAVER, J.: Taste and Fashion, London/Toronto/Bombay/usw. 1937

LEISS, W.: Social Communication in Advertising, New York 1986

LEISS, W.: The Limits to Satisfaction: An Essay on the Problem of Needs and Commodities, Toronto/Buffalo 1976

LEVI-STRAUSS, C.: L'homme nu, Paris 1971

LUCKENBACH, H.: Nachfrage des Haushalts, in: Handwörterbuch der Wirtschaftswissenschaft, Bd. 5, Albers/Born/Dürr (Hrsg.), Stuttart/New York 1980

LYOTARD, J.-F.: Das postmoderne Wissen, Graz/Wien 1988

MACCANNELL, D.: Sex Sells: Comment on Gender Images and Myth in Advertising, in: J. Umiker-Sebeok (Ed.), Marketing and Semiotics, Berlin/New York/Amsterdam 1987

MACCANNELL, D.: Erving Goffman, Commemorative Essay, in: Semiotica 45, 1/2 1983, S. 1-33

MACCANNELL, D.: The Tourist: A new Theory of the Leisure Class, New York 1976

MACCANNELL, D.: Christmas Present, unpublished

MACHLUP, F.: Methodology of Economics and Other Social Sciences, New York/San Francisco/London 1978

MALLALIEU, H. (Ed.): The Popular Antiques Yearbook; A Christie's South Kensington Collectors Guide, Oxford 1985

MARCUSE, H.: Triebstruktur und Gesellschaft, Frankfurt am Main 1968

MARX, K.: Oekonomisch-philosophische Schriften aus dem Jahr 1844, in: Marx/Engels Werke, Ergänzungsband, Schriften bis 1844, erster Teil, Institut für Marxismus-Leninismus BEim ZK der SED, Berlin 1971

MAUSS, M.: Die Gabe, Frankfurt am Main 1984

MCCLOSKEY, D.N.: Economics as an Historical Science, in: W.N. Parker (Ed.), Economic History and the Modern Economist, Oxford/New York 1986

MCCLOSKEY, D.N.: The Rhetoric of Economics, Wisconsin/Brighton 1985

MCCOY, M.: Defining a New Functionalism in Design, in: Innovations, The Journal of the Industrial Designers Society of

America, 3,2/1984, S. 16-19

MCCRACKEN, G.: Culture and Consumption: A Theoretical Account of the Structure and Movement of the Cultural Meaning of Consumer Goods, in: Journal of Consumer Research, Vol. 13, June 1986, S. 71-84

MCCRAKEN, D.G.: Culture and Consumption, Indiana University Press, Bloomington/Indianapolis 1988

MCKENZIE, R.B.: The Limits of Economic Science, Boston/The Hague/London 1982

MCLUHAN, M.: Die magischen Kanäle, Düsseldorf/Wien 1968

MEAD, G.H.: Geist, Identitat und Gesellschaft, Frankfurt am Main 1973

MERLEAU-PONTY, M.: Phénoménologie de la perception, Saint-Amand 1985

MEYROWITZ, J.: No Sense of Place, Oxford University Press, New York/Oxford 1985

MICHAILOW, M.: Lebenstil als Vergesellschaftungsform. Zum Problem von sozialstrukturellen Wandlungstendenzen und Sozialintegration Arbeitspapier, Aachen 1986

MILL, J.S.: Collected Works, Essays on Economy and Society, in: M. Blaug, The Methodology of Economics, Cambridge University Press, Cambridge usw. 1980

MITCHELL, J.N.: Social Exchange, Dramaturgy and Ethnomethodology, New York/Oxford 1978

MOLES, A.: Vivre avec les choses: contre une culture immateriel-le, in: art press; design, hors série no 7, 1er trimestre 1987,
S. 12-17

MUELLBAUER, J.: Consumer Behavior, in: The Social Sciences Encyclopaedia, Kuper/Kuper (Eds.), London/Boston/Henley 1985

MYERS, M.L.: The Soul of Modern Economic Man, University of Chicago Press, Chicago/London 1983

NEUMER, K.: Sprachspiel und Tradition, in: Semiotische Berichte und Doxa 13, Jg. 11 - 3/4, 1987, S. 299-341

NUNTZINGER, H.G.: Wirschaftstheorie aus der Sicht der politischen Oekonomie, in: W. Vogt (Hrsg.), Seminar: Politische Oekonomie Frankfurt am Main 1973

O'SULLIVAN, P.J.: Economic Methodology and Freedom to Choose,

London/Boston/Sydney/usw. 1987

OBALK, H./SORAL, A./PASCHE, A.: Les mouvements de mode, Paris 1984

PENINOU, G.: Intélligence de la publicité, Paris 1972

PENINOU, G.: Reflexion sémiologique et création publicitaire/III, in: Recherches publicitaires 28/1968, S. 29-48

PENINOU, G.: Reflexion sémiologique et création publicitaire/I, in: Recherches publicitaires 19/1966, S. 19-25

PIERO, M.J./SABEL, C.F.: Das Ende der Massenproduktion, Berlin 1985

RADKOWSKY, G.H.: Les jeux du désir, Paris 1980

RAULET, G.: Leben wir im Zeitalter der Simulation? Neue Informationstechnologien und sozialer Wandel, in: P. Kemper (Hrsg.), 'Postmoderne' oder Der Kampf um die Zukunft, Frankfurt 1988

RIESMAN, D.: Die einsame Masse, Hamburg 1958

RITTNER: Zur Soziologie körperbetonter sozialer Systeme, in: F. Neidhardt (Hrsg.), Gruppensoziologie, Kölner Zeitschrift für Soziologie und Sozialpsychologie, Sonderband 25, 1983, S. 233-255

ROSENBLUM, B.: Photographs at Work, New York 1978

ROWTHORN, B.: Die neoklassische Volkswirtschaftslehre und ihre Kritiker - eine marxistische Beurteilung, in: W. Vogt (Hrsg.), Seminar: Politische Oekonomie, Frankfurt am Main 1973

RYAN, A.: John Stuart Mill, in: The New Palgrave. A Dictionary of Economics, Vol. 3, Eatwell/Milgate/Newman (Eds.), London/usw. 1987

SARTRE, J.P.: L'imaginaire, Paris 1940

SASSOWER, R.: Philosophy of Economics, New York/London 1985

SAWCHUK, K.: A Tale of Inscription: Fashion Statements, in: Kroker/Kroker (Eds.), Body Invaders, New York 1987

SCARDIGLI, V.: La consommation. Culture du quotidien, Paris 1983

SCHUDSON, M.: Advertising. The Uneasy Persuasion, New York 1984

SCHUETZ, A.: Das Problem der Relevanz, Frankfurt am Main 1971

SCHUETZ, A./LUCKMANN, T.: Strukturen der Lebenswelt, Bd. 2,

Frankfurt am Main 1984

SCHUETZ, A./LUCKMANN, T.: Strukturen der Lebenswelt, Bd. 1, Frankfurt am Main 1979

SCHWARTZ, U.D./WADE, B.: The New York Times Book of Antiques, New York 1972

SENNEVILLE, E. de: Mode et ordinateur, in: Art Press; design, hors série, No 7, 1er trimestre 1987, S. 44-46

SLOTERDIJK, P.: Kopernikanische Mobilmachung und ptolomäische Abrüstung, Frankfurt am Main 1987

SLOTERDJIK, P.: Kritik der zynischen Vernunft, Frankfurt am Main 1983

STADERMANN, H.-J.: Oekonomische Vernunft, Tübingen 1987

STIGLER, G.J./BECKER, G.S.: De gustibus non est disputandum, in: American Economic Review 67/1977, S. 76-90

STONE, G.P.: Appearance and the Self, in: A. Rose (Ed.), Human Behavior and Social Process, Boston 1962

STRAUSS, A.: Spiegel und Masken, Frankfurt am Main 1974

STRUEMPEL, B./PETER, M.: Wirtschaftliches Handeln unter Bedingungen verbreiteten materiellen Wohlstands, in: Zeitschrift fur Soziologie und Sozialpsychologie, Sonderheft 28/1987, Soziologie wirtschaftlichen Handelns, S. 417-429

STRUMPEL, B./MORGAN, J.N./ZAHN, E.: Human Behavior in Economic Affairs, San Francisco/Amsterdam 1972

SUDNOW, D.: Pilgrim in the Microworld, New York 1983

SUDNOW, D.: Talk's Body; A Meditation Between Two Keyboards, New York 1979

THOMPSON, M.S.: Rubbish Theory, Oxford/London/Glasgow 1979

TOURAINE, A.: Die postindustrielle Gesellschaft, Frankfurt am Main 1972 (Orig. 1969)

ULRICH, P.: Transformation der ökonomischen Vernunft: Fortschrittsperspektiven der modernen Industriegesellschaft, Bern/Stuttgart 1987

VEBLEN, T.: Theorie der feinen Leute, München 1981

VERHOEVEN, J.: Goffman's Frame Analysis and Modern Micro-Sociological Paradigms, in: Helle/Eisenstadt (Eds.), Micro-Sociological Theory, London/Beverly Hills/New Dehli 1985

VICTOROFF, D.: La publicité et l'image, Paris 1978

VICTOROFF, D.: Publicité et intégration sociale, in: Sociologia internationalis, vol. 4, no 2, 1966

VOGT, W.: Zur Kritik der herrschenden Wirtschaftstheorie, in: ders. (Hrsg.), Seminar: Politische Oekonomie, Frankfurt am Main 1973

WELCH, C.: Utilitarianism, in: The New Palgrave. A Dictionary of Economics, Vol. 4, Eatwell/Milgate/Newman (Eds.), London/usw. 1987

WELSCH, W.: "Postmoderne". Genealogie und Bedeutung eines umstrittenen Begriffs, in: Kemper (Hrsg.) "Postmoderne" oder Der Kampf um die Zukunft, Frankfurt am Main 1988

WERTZ, F.J.: Merleau-Ponty and the Cognitive Psychology of Perception, in: D. Welton and H.J. Silverman (Eds.), Critical and Dialectical Phenomenology, State University of New York Press, Albany 1987

WILDERMUTH, A.: Design als die Kunst der ästhetischen Lüge? in: M. Dahinden, Neue soziale Bewegungen - und ihre gesellschaftlichen Wirkungen, Zürich 1987

WILDERMUTH, A.: Alltagsorientierung durch Bilder, in: Studia Philosophica 40/1981, S. 117-160

WILLIAMSON, O.E.: The Economic Insititutions of Capitalism, New York/London 1985

WITTGENSTEIN, L.: Philosophische Untersuchungen, Frankfurt am Main 1983

WYSS, W.: Die sechs Typen von Schweizern, Luzern 1983

YOUNG, J./YOUNG, J.: The Garage Sale Manual, New York/Washington D.C./London 1973

ZOLA, E.: Les Rougon-Macquart, Dijon 1964

ZWEIFEL, P.: Wettbewerbsfähigkeit im internationalen Handel: Konzeptionelle Klärung, in: Aussenwirtschaft, 40. Jg., Heft IV, Dezember 1985, S. 407-426